Risk Management for
International EPC Projects
(Second Edition)

国际工程
EPC 项目风险管理
(第二版)

刘俊颖 等 著

中国建筑工业出版社

图书在版编目（CIP）数据

国际工程EPC项目风险管理／刘俊颖等著. —2版.
—北京：中国建筑工业出版社，2019.9
ISBN 978-7-112-23719-7

Ⅰ.①国… Ⅱ.①刘… Ⅲ.①国际承包工程－风险管理－研究 Ⅳ.①F746.18

中国版本图书馆CIP数据核字（2019）第087213号

本书由9章构成：第1章分析EPC总承包模式的发展现状及趋势，总结EPC合同中双方的义务及风险分担情况，并增加对2017版FIDIC银皮书合同条件中风险分担变化的解读；第2章从EPC项目市场开发风险出发，探究东道国宏观环境和当地市场情况对企业的影响，以及相关条件下的合规经营实践方法；第3章立足于EPC项目财税风险管理，探寻项目不同阶段的税务风险管理，包括资金、保函、汇率、通胀等资金类业务的风险管理，以及融资风险管理的具体手段；第4章围绕分包风险管理，重点分析三种分包类型的主要风险，并结合工程实践提出建议性的风险应对措施；第5章总结设计输入条件、设计工作过程、设计配合等方面可能出现的风险，并辅以具体案例进行分析；第6章解析采购工作面临的外部环境风险，并分别针对项目投标报价及采购执行过程中的采购风险展开分析；第7章从项目管理的自源性风险和外部环境的输入性风险两方面，关注国际工程EPC项目的施工风险，将施工风险模块化；第8章聚焦保险管理，解析保险的设计、投保责任分配、保险投保和维护等核心问题；第9章围绕风险量化，汲取国际上风险量化的先进思想和前沿实践，以炼化工程项目为案例，分析国际工程EPC项目风险量化的最佳实践。

本书适合国际工程管理从业人员学习参考。

责任编辑：李天虹　朱首明
书籍设计：锋尚设计
责任校对：王　瑞

国际工程EPC项目风险管理（第二版）
刘俊颖　等著
*
中国建筑工业出版社出版、发行（北京海淀三里河路9号）
各地新华书店、建筑书店经销
北京锋尚制版有限公司制版
天津翔远印刷有限公司印刷
*
开本：787×1092毫米　1/16　印张：16　字数：294千字
2019年7月第二版　2019年7月第二次印刷
定价：53.00元
ISBN 978-7-112-23719-7
（34005）

版权所有　翻印必究
如有印装质量问题，可寄本社退换
（邮政编码100037）

序 PREFACE

近年来，面对全球经济增长缓慢、贸易保护主义抬头、企业成本竞争优势下降等错综复杂的形势，中国坚持以习近平新时代中国特色社会主义思想为指导，坚定不移走对外开放道路，在"一带一路"倡议引领下，中国企业积极"走出去"，加快国际化进程，与东道国互利共赢、共同发展，为构建人类命运共同体做出积极贡献。2018年，我国对外承包工程完成营业额1690.4亿美元，同比增长0.3%，工程承包已经成为我国国际化经营不可忽视的重要力量。我国企业在"走出去"的过程中，不仅面临复杂多变的政治、经济与公共安全等外部环境风险，也面临着质量、工期、成本等项目特有风险，项目实施难度及压力渐增，工期延误、项目亏损的情况经常发生，这使得国际工程项目的风险管理变得十分重要和急迫。

一些企业在海外开展项目的过程中，积极尝试建立有效的国际工程EPC项目风险管理体系，并取得了显著成绩，但大部分企业仍处在探索完善阶段，尚未建立科学、有效接轨国际惯例的工程项目风险管理体系。更多的企业尚缺乏对风险有效控制与管理经验，导致一些工程项目因风险未得到及时有效的处理而产生较严重后果。国际工程EPC项目领域的风险管理知识和相关实践经验亟须总结完善，以启迪和帮助后继者提高中国工程企业国际EPC项目风险管理水平。

本书作者们长期从事国际工程风险管理教学、科研与实践工作，积累了丰富的风险管理的理论知识和实践经验。在本书中，他们全方位、多维度、全过程详细识别、分析与管理工程项目全生命周期内的重要风险，包括设计风险、采购风险、施工风险、分包风险，并联系实际，应用大量案例实证分析，使内容深入浅出，便于理解应用。

  本书既有理论上的深入阐述，又有大量案例的生动剖析，在国际工程项目风险管理领域颇具指导价值，可以为政府、企业和高校的专业人员开展相关研究和实践工作提供依据和指导。当然，工程项目风险管理理论不断发展，读者要与时俱进，不断学习利用最新的研究和实践成果。通过本书的出版，相信有更多的专业人员能够关注国际工程EPC项目风险管理理论与实践的发展，共享与交流经验，积极应用并创新风险管理理论与实践，推动国际工程EPC项目风险管理体系的建立、完善和成熟。为中国工程企业发展国际化经营做出贡献！

向文武

中石化炼化工程集团总经理

第二版前言
PREFACE TO THE SECOND EDITION

2018年，中国对外工程承包迈入"不惑之年"，深耕之下成果丰硕，政府方以更加系统完善的政策体系支持对外投资，不断提升对外投资质量效益，实现向对外投资强国的转变。同时，我国加大"引进来"力度，首届中国国际进口博览会成功举办，"一带一路"倡议积极推进，我国企业国际化程度大幅提升，以更加健全的内部治理结构促进企业业务转型。2018年，我国对外承包工程完成营业额1690.4亿美元，同比增长0.3%；然而，新签合同额2418亿美元，同比下降8.8%，自2001年来首次出现下滑。的确，对外承包企业在复杂的国际形势下面临着全球经济增长缓慢、贸易保护主义抬头、企业成本优势下降、综合管理与合规能力有待提升等全新挑战。同样是在2018年，中兴事件、马来西亚东海岸铁路项目无限期暂停等事件也牵动着中国"走出去"企业的神经。

面向未来，机遇与风险并存。亚洲基础设施投资银行首份融资报告表示，将在2019年助力企业把握亚洲基础设施建设投资潜力，鼓励更多私营部门参与，并将扩大合作国家和领域，年度新批贷款有望达到40亿美元。然而，报告同样强调一些市场仍存在较高政治风险和汇率风险。在国际工程领域，"一带一路"投资项目的风险受到广泛关注，项目投融资模式不可持续、投资保护不完善、债务违约、信息不透明等薄弱环节是"走出去"企业面临的主要瓶颈。而现阶段融合设计、采购与施工的EPC模式仍是主流，在中国企业承接国际工程项目中，EPC项目约占60%以上；进一步整合而成的"EPC+融资""参股投资+EPC"等模式也给承包企业带来更高的风险与考验。随着企业的市场承诺度不断增加，以国际化管理和资源整合能力实现价值链利益优化和共享的重要性日益突出。因此，我国企业要迎难而上，防控风险，不仅需要政策支撑，同时"打铁亦须自身硬"，系统提升风险管理水平。总体来说，风险管理水平的系统提升需要从点-线-面三个维度开展：以项目层级为"点"，以风险思维对项目全过程风险进行管控，深入理解采购模式的风险DNA，做好对风险的主动管控；以企业层级为"线"，重视从经验中学习（lessons learned），通过PDCA对企业风险管控进行持续性改进，保证风险管控符合最新市场规则和业主要求；以行业层级为"面"，提升行业风险管理理念，建立行业风险管理标准，总结并推广系统风险管理的知识、方法和工具，培养风险管理人才。

总而言之，在开展国际业务的过程中，中国企业不仅要不断提高专业技术水平，同时企业自身也需要更加成熟健全的风险管理体系与能力，两者并驾齐驱才能为项目预期效益的实现"保驾护航"，使企业在国际市场中稳固自身地位，增强竞争实力。有鉴于此，笔者以多年的风险管理教学与科研经验为基础，在具有丰富实践素养的业界专家支持下，凝练理论与实践经验并付之梨枣。本书基于国际工程EPC项目总承包商的视角，着眼于国际工程EPC项目风险管理最佳实践，识别并分析总承包商在项目不同阶段和不同项目管理工作中的重要风险及其影响，并提出相应的风险应对措施。考虑到实务中存在具体项目风险管理理念与方法的差异，本书在理论撰写时尽可能寻求"最大公约数"，强调风险管理中的共性规律与问题，使用不同行业、不同项目与不同事件的案例时独辟蹊径，实现点、线、面的统一。希望本书提及的国际化风险管理流程、方法和知识，能够响应对外承包企业在"走出去"过程中对风险管理人才培养和企业文化建设的需求。

本书第一版2017年面世以来，收到了许多经验丰富的国际工程行业专家和天津大学工程管理系同事的宝贵建议，基于这些建议和行业发展的新特点，此次改版对一些内容和章节安排做出了调整：增加国际工程EPC项目的市场风险管理、财税风险管理等相关内容；全新的国际工程EPC项目的施工风险管理分析；结合2017版FIDIC合同条件，更新相关分析内容。

本书汇集了行业各方的智慧，分别来自（按章节排序）天津大学、中国机械设备工程股份有限公司、中国石油集团工程股份有限公司、富力地产集团、中国恩菲工程技术有限公司、中国寰球工程公司、中国河南国际合作集团有限公司、阳光保险经纪有限公司、中石化炼化工程集团，在此向以上企业的行业专家致以诚挚谢意。另外，非常感谢中国建筑工业出版社的朱首明编辑和李天虹编辑在本书成稿后的编辑和校对工作中给予的大力支持。还要感谢曾令锐、薛鹏、阿加克布、张健，以及天津大学工程管理系的章洁、刘齐鹏、张育彬等同学对本书最终定稿所付出的努力。

国际工程市场需要勇者的身影，更需要智者的融会与贯通，"路漫漫其修远兮，吾将上下而求索"，衷心期望全体国际工程从业者能够勠力同心、砥砺前行，为我国国际工程事业发展而不懈努力。

刘俊颖　教授
liujunying@tju.edu.cn
2019年3月

第一版前言
FOREWORD

纵观"走出去"战略构想提出至今近40年的历程，我国对外工程承包已经取得长足的进步，承包业务总营业量大幅增加。2016年度，我国对外承包工程业务完成营业额1594亿美元，同比增长35%，新签合同额达2440亿美元，同比增长16.2%，并呈现大项目聚集的特点，且"一带一路"沿线国家市场发展迅猛。我国企业"转型升级"的需求和"走出去""一带一路"政策的支持鼓励，不仅推进承包商及有关材料、货物供应商走出去，而且还促进国内物流、金融和保险等行业逐步尝试开展外向型贸易。

目前，诸多中国承包商深耕于国际市场，在港口、石油炼化、路桥、电力建设等诸多领域的市场份额逐步扩大，工程承包也逐渐从劳动密集型向技术、资金密集型的方向转变，EPC总承包模式代替传统的DBB模式发展成为市场主流。这种趋势的变化一方面反映了业主以工程投资换得风险外包进而实现自身风险最小化的意愿，另一方面也体现了目前国际工程市场要求承包商需要对设计、采购与施工相协调、融资与EPC工程的结合、伙伴关系治理等工作洞若观火，并形成健全的项目全过程风险管理体系。只有具备良好的风险管理能力才能保证项目获得预期利益，实现决策者的初衷目标。

为此，笔者在长期从事风险管理科研与教学，以及与业界专家交流的基础上，深刻意识到我国工程企业对国际工程EPC项目风险管理理念及实践的潜在需求，希望将理论与实践经验相结合并付梓成册，为我国承包商"走出去"的风险管理提供重要的借鉴。

考虑到行业的不同、在具体项目上业主的理念及实践方式的差异、项目风险管理体系的多样性，我们在写作过程中尽量总结分析适合大多数项目的最佳实践，而在具体案例上会体现具体行业的特点，实现点面结合。

本书以EPC承包商的视角，识别其在项目不同阶段和不同项目管理工作中的重要风险，分析这些风险的可能影响，并提出相应的风险应对措施。本书分为9章：第1章由刘俊颖编写，分析EPC总承包模式的发展现状及趋势，探讨EPC项目的不同融资方式，并总结EPC合同中双方的义务及风险分配情况；第2章由程建编写，从EPC项目组织管理角度出发，探究项目组织结构、项目经理、联营体管理等方面的风险实践；第3章由赵景龙编写，围绕分包风险管理，重点分析三种分包类型的主要风险，并结合工程实践提出建议性的风险应对措施；第4章由张辉编写，立足于EPC项目投标报价阶段，分析EPC项目投标报价的特点和潜在风险；第5章至第7章分别由赵珊珊、郑盛和刘伟峰、张振宇编写，分别分析EPC项目的项目设计、采购和施工阶段的风险及应对措施；第8章由崔丰堂编写，聚焦保险管理，解析保险的设计、投保责任分配、保险投保和维护等核心问题；第9章由金峰编写，围绕风险量化，汲取国际上风险量化的先进思想和前沿实践，以炼化工程项目作为案例，分析国际工程EPC项目风险量化的最佳实践。

笔者基于多年风险管理教学和科研的体会，自2014年构思分析国际工程EPC项目风险管理最佳实践的这样一本书，并向多位具有国际工程EPC项目丰富实践经验的业界人士发出参编邀请，得到他们的高度认可与极大支持。本书汇集了从事国际工程EPC项目工程实践的这些人士的重要智慧，他们来自(按章节排序)天津大学、中国河南国际合作集团有限公司、中国寰球工程公司、中国建筑股份有限公司、中国恩菲工程技术有限公司、中国机械设备工程股份有限公司、韦莱保险经纪有限公司、中石化炼化工程集团。

在本书写作过程中，笔者得到了许多经验丰富的业内人士和天津大学工程管理系同事的指导和宝贵建议。另外，在本书成稿后的编辑和校对方面，中国建筑工业出版社的朱首明编辑对本书给予大力支持，此外天津大学工程管理系的谢群霞、张育彬、黄璐曼和崔海倩同学也对本书的最终定稿做出了非常多的努力，在此一并表示感谢。

国际工程市场需要勇者的身影，更需要智者的融会与贯通，在此，希望各位国际工程从业者能栉风沐雨、砥砺前行，为国际工程事业发展而勠力同心。

刘俊颖　教授
liujunying@tju.edu.cn
写于北洋园

目录 CONTENTS

第1章 国际工程EPC总承包模式 / 001

    1.1 国际工程EPC总承包发展概述 / 002

    1.2 EPC合同中双方的义务及风险分担 / 011

第2章 国际工程EPC项目的市场开发风险管理 / 025

    2.1 国家风险 / 026

    2.2 市场情况 / 043

    2.3 代理人 / 052

第3章 国际工程EPC项目的财税风险管理 / 057

    3.1 税务风险管理 / 058

    3.2 资金业务风险管理 / 068

    3.3 融资风险管理 / 074

第4章 国际工程EPC项目的分包风险管理 / 079

    4.1 EPC项目分包的产生背景 / 080

    4.2 EPC工程分包类型及其风险 / 082

    4.3 分包风险辨识及应对 / 090

    4.4 建立分包管理的公司级风险防控机制 / 095

    4.5 分包风险案例解析——以分包合同缔约实体的法律风险为例 / 096

第5章 国际工程EPC项目的设计风险管理

099

5.1 设计输入条件的风险 / 100

5.2 设计工作过程中的风险 / 104

5.3 设计配合风险 / 114

5.4 设计风险案例分析——以设计错误为例 / 115

第6章 国际工程EPC项目的采购风险管理

117

6.1 外部环境风险 / 119

6.2 项目投标报价的准确性风险 / 122

6.3 采购执行风险 / 126

6.4 采购风险案例解析 / 135

第7章 国际工程EPC项目施工风险管理

141

7.1 合同管理模块 / 144

7.2 控制模块 / 151

7.3 资源模块 / 166

7.4 外部环境输入性风险控制 / 169

7.5 综合性案例分析 / 172

第8章 国际工程EPC项目的保险管理

177

8.1 项目进展阶段和保险工作范畴 / 178

8.2 保险种类和设计要点 / 184

8.3 投保责任分配 / 190

8.4 保险投保和维护 / 193

8.5 FIDIC2017版本EPC合同下的保险要求要点分析 / 196

8.6 保险索赔 / 198

第9章 EPC工程风险评估实践：以炼化工程项目为例

203

9.1 业主招标文件要求 / 204

9.2 承包商响应程序 / 213

9.3 投标报价和执行阶段风险量化评估 / 233

9.4 总结与展望 / 243

第1章

国际工程EPC总承包模式

"设计-采购-施工"承包方式（Engineering Procurement Construction，EPC）最初出现于20世纪80年代初的西方国家私人投资项目，目前国际上对其还没有统一定义。根据中华人民共和国商务部《对外援助成套项目管理办法（试行）》和中国对外承包工程商会的《国际工程总承包项目管理导则》的规定，其一般指项目管理企业承担全过程项目管理任务，工程总承包企业承担前期规划、设计、采购和施工全过程管理的一种总承包任务，在这种模式下承包商承担建设过程中的大部分任务和风险。

采用EPC模式的项目，一般具有以下特点：工程项目投资规模大，以大型设备、成套设备或工艺过程为主要核心技术，设计和采购周期较长，设备投资占总投资的比例较大。此类项目综合性强，复杂度高，各部分之间的联系密切、工作界面交叉较多。为减少多头管理的负担，更好地转移项目风险、明确质量责任，同时，为缩短项目建设工期和提前掌握相对确定的工程总造价，业主更希望由一家承包商完成项目的设计、采购、施工和试运行工作，也就是工程总承包模式。

随着我国对外承包工程业务的迅速发展，EPC总承包模式已经被广泛应用，并发展成为我国对外承包工程企业承揽海外项目的最主要业务模式。据统计，目前中国对外承包工程业务中采用EPC模式或部分采用EPC模式的占比已经超过一半，带动大量中国机电设备出口。石油、化工、电力等投资规模大、技术复杂、风险高的工程领域基本均采用EPC模式。以EPC模式承接的国际工程项目中，将近20%的项目使用中国技术标准，"中国标准"因而也得到更广泛的应用。中国对外承包企业由以往单一的施工承包商、勘察设计承包商、设备制造商的角色逐渐向综合总承包商的身份转变。

1.1　国际工程EPC总承包发展概述

从整个国际工程市场来看，基础设施建设整体保持旺盛需求，一方面，新兴经济体和大部分发展中国家都保持相对稳定的增长速度，对基础设施建设的刚性需求较大；另一方面，发达国家的基础设施进入更新改造期，地铁、机场、港口、电站等基础设施面临扩容升级的需要。这两方面需求的叠加使国际工程市场的增长趋势成为必然。

全球基础设施中心（Global Infrastructure Hub，GIH）与牛津经济研究院于2017年7月26日联合发布的《全球基础设施展望》报告显示，2016-2040年间全球基础设施投资需求将达到94万亿美元，平均每年为3.7万亿美元。为了满足该投资需求，全球需要将对基础设施投资占GDP的比例提高到3.5%，而目前投资趋势下这一比例为3%。《全球基础设施展望》报告预测，2040年亚洲占全球基础设施投资需求的比例约为54%，仍将主导全球基础设施市场。❶

亚洲开发银行在2017年发布的《满足亚洲基础设施需求》报告指出，目前亚洲仍有4亿人口无法使用电力，3亿人口缺乏清洁饮用水，15亿人口没有基本的卫生环境，基础设施缺口仍然巨大，从2016年到2030年亚洲每年保持1.7万亿美元的基础设施投资规模，总计需要26万亿美元。中东地区，未来十年内建筑业总规模将扩大80%，石油化工、铁路、电力、新能源、房建、供水项目等领域都存在很大的市场需求。非洲市场，刚性需求依旧，特别是该地区内一些拥有丰富资源的国别市场，其在未来一段时间内还将实现较大幅度的增长。欧洲地区，西欧国家建筑业仍呈低迷状态，但东欧国家增长态势明显。美国市场，需求回升，由于经济衰退压抑的市场需求将逐渐释放。❷

当前全球经济复苏艰难，受国际大宗商品价格下滑的影响，非洲、东南亚、中东和拉丁美洲的政府财政收入减少，各国投入基础设施建设的资金也存在相当大的缺口，国际工程市场竞争日趋白热化。然而，得益于我国"一带一路"倡议的推进落实和企业"转型升级"的需求，我国对外承包工程业务仍保持良好的发展势头。据中国对外承包工程商会的数据显示，2018年，我国对外承包工程业务完成营业额1690.4亿美元，同比增长0.3%；新签合同额达到2418亿美元。在此大背景下，我国相关行业也随之发生了突飞猛进的进步。以保险领域为例，根据中国出口信用保险公司（简称：中国信保）数据，2018年全年，中国信保主动为"走出去"企业提供服务，对"一带一路"沿线国家的出口和投资达1507亿美元，其中，对孟加拉PAYRA2*660MW燃煤电站、缅甸仰光国际机场扩建项目等重大项目，承保金额高达522.6亿美元。此外，中国信保向"一带一路"沿线出险项目累计支付赔款6.3亿

---

❶ Chris Heathcote.Forecasting infrastructure investment needs for 50 countries，7 sectors through 2040 [EB/OL]. https://outlook.gihub.org/，2017-07-26.

❷ Asian Development Bank.Meeting Asia's Infrastructure Needs [EB/OL]. https://www.adb.org/publications/asia-infrastructure-needs，2017-02.

美元❶。另一方面,中国信保发挥出口信用保障作用,为企业向传统市场出口提供保险。2018年,中国信保短期出口信用保险业务全年承保新兴市场出口1853.3亿美元,同比增长16%;支持企业向"一带一路"沿线国家出口983.4亿美元,同比增长19.1%;对跨境电子商务、外贸综合服务平台等新业态新模式承保84.9亿美元,增长24.4%❷。由此可见,全球化战略不仅仅推动了国内工程企业"走出去",进一步扩大其在国际工程领域的市场份额,同时还推动一大批相关贸易、服务企业大踏步前进,化解了国内需求不足与产能过剩之间的矛盾,并且响应了附加值低的产业群向国外转移及国内经济结构化调整的新政策。

李克强总理在2018年政府工作报告中指出,推进国际产能合作,高铁、核电等装备走向世界❸。中国工程企业在"走出去"的过程中,不能仅仅以工程承揽为终极目标,还应带动技术标准、管理能力、人才培养等软实力一并"走出去",从工程建设逐渐迈向融资/设计/采购/施工/运营等整体交付模式,并且探索基础设施建设与盈利的重要内涵。这样才能够确保我国工程企业以自身建设实力为发力点,培养投资、建设、运营一体化的高端管理能力,把握住工程市场未来的新型盈利模式。2017年4月4日,中国高铁走出去首单项目——印尼雅加达至万隆高速铁路(简称:"雅万高铁")工程总承包(EPC)合同在雅加达签署,由中国国家开发银行负责部分融资,该项目从技术标准、勘察设计、工程施工、装备制造、物资供应,到运营管理、人才培训、沿线综合开发等方面均实现了中国化,同时还融合了印尼本土特色。雅万高铁项目不仅为国家创造了利润,还将成为中国工程商业发展的新标杆,为其他工程企业开展国际工程项目发挥了重要的示范效应。

1.1.1　中国对外承包工程发展现状

(1)中国对外承包工程行业领域发展现状

目前,中国承包商积极进入高端市场,承揽了诸多国际工程总承包项目,在国际工程市场上已争取到了更多的主动权。

首先,对外承包合同额呈现增长态势。商务部公布的2018年中国对外承包工程业务新签合同额前100强企业名单显示,中国建筑集团有限公司与中国水电建设集团

---

❶❷　中国信保. 中国信保政策性作用充分发挥承保金额突破6000亿美元[EB/OL]. http://www.sinosure.com.cn/xwzx/xbdt/193650.shtml,2019-01-16.
❸　新华网. 2018年政府工作报告全文[EB/OL]. http://www.mod.gov.cn/topnews/2018-03/05/content_4805962.htm,2018-03-05.

国际工程有限公司的新签合同额超过200亿美元,成为百强企业中的领头羊;葛洲坝与中国中冶实现了历史最高排位;一些优秀的地方对外经济贸易企业或建筑企业呈现出稳中有升的状态。

其次,我国对外承包工程企业的优势领域业务持续扩大,积极向高端市场和高端业务转移,新兴领域业务也取得了一定增长。据商务部及对外承包工程商会的统计,2017年,在"一带一路"沿线国家的工程市场上,我国企业全年完成营业额855.3亿美元,占同期对外承包工程营业总额的50.7%,同比增长12.6%;新签合同额达到1443.2亿美元,占同期我国新签合同额的54.4%,同比增长14.5%。其中,新签合同额前五名的业务领域及其占比见表1-1。

2017年对外承包工程主要业务领域　　　　　　表1-1

业务领域	新签合同额（亿美元）	占比	完成营业额（亿美元）
交通运输建设	716	27.0%	452.6
一般建筑	592.3	22.3%	344.5
电力工程建设	479.8	18.1%	281.2
石油化工	271.4	10.2%	162.8
通信工程建设	192.1	7.2%	168.8
总计	2251.6	84.8%	1409.9

其中,交通运输建设领域的新签合同额增长水平最高,达到28.5%。在一般建筑领域,中国企业新签合同额占该领域全球业务总额的45.5%,在印度尼西亚、安哥拉等市场的业绩尤为突出。在电力工程建设领域,中国企业在东南亚、南亚、非洲等地区的发展机会较大。例如,2016年11月18日,在中国国家主席习近平和厄瓜多尔总统科雷亚的见证下,厄瓜多尔辛克雷水电站正式宣布竣工,其装机容量1500兆瓦,是厄瓜多尔规模最大、外资投入最多的水电站项目。此外,新能源发电业务,如风力发电项目、太阳能电站项目等,也都取得较大突破。

但是,我国工程企业在高端市场的占有率较低,技术附加值也偏低。一方面,工程企业应不断加强技术研发和技术储备,提高自己的技术附加值和核心竞争力,加快掌握高端和先进的技术,提升企业的盈利能力,而不是在门槛较低的工程市场上通过相互压低价格、无序甚至恶性竞争的手段,将企业置于巨大的风险之中;另一方面,工程企业应该不断提升自身的精细化管理水平,提升自身履约和资源整合能力,在法律许可条件下,将更多的低附加值工作分包出去。

技术创新和管理创新,应该是国内工程企业在国际市场上"开疆扩土"、发展壮大的制胜法宝。同时,随着向高端市场的逐步迈进,为应对国际化标准的要求、本土化政策的需要,建立和完善全球化供应链也是一个工程企业国际化的必由之路。

(2)中国承包商在国际工程EPC总承包市场的发展现状

中国对外工程承包业务在经过多年的规模扩张后,行业转型升级势在必行,产业链向纵深继续发展,朝着区域规划、勘察设计、管理咨询、运营维护等高附加值领域拓展,工程承包、项目融资、设备贸易、技术转让、特许经营等相互融合的综合性项目逐渐增多,EPC总承包方式的应用也越来越广。对于中国承包商而言,"一体化交付"类型的国际工程项目建设也已经得心应手了。

从2017年对外承包工程的地区市场发展情况来看,在"一带一路"建设和"亲诚惠容"周边外交理念的背景下,亚洲地区市场仍然是我国企业发展业务的重点对象。2017年实现新签合同额1436.7亿美元,同比增长17.1%,占对外承包工程新签合同总额的54.1%;完成营业额882.9亿美元,同比增长14.9%,占对外承包工程完成营业总额的52.4%。可以看出,亚洲占据了中国对外承包工程的半壁江山。同样,为日后开拓工程市场奠定基础,也需要关注其他地区市场的占比情况,见表1-2。

2017年对外承包工程的部分市场发展情况　　　　表1-2

地区	新签合同额(亿美元)	同比	占对外新签合同总额
非洲	765.0	-6.8%	28.8%
北部	105.3	-49.2%	
南部	176.4	-7.0%	
东部	201.4	23.5%	
西部	203.3	37.9%	
中部	78.6	-30.5%	
欧洲	172.2	70.1%	12.0%
中东欧国家	20.3	74.4%	
俄罗斯	77.5	191.5%	
白俄罗斯	2.4	-50.8%	
拉丁美洲	158.6	-17.1%	11.0%
大洋洲	84.2	48.1%	5.9%

随着全球多元化的发展，各地区或国家之间的交互界面增多，世界经济和政治的不稳定因素上升，我国对外工程承包市场的机遇与挑战并存。总体而言，中国企业的业务能力日益增强，海外市场占比越来越高。与此同时，随着行业的发展，海外项目对企业商业能力提出更高要求，单纯的承包商已经不再能在这一商业平台上如鱼得水了。未来工程的建设将不仅仅单纯依靠承包商的建设能力，对我国工程企业在项目融资与运营维护阶段的业务水平及上下游资源的整合能力提出了更高要求。

1.1.2 国际工程EPC总承包发展趋势

从国际工程EPC总承包项目自身发展来看，未来几年，以EPC为代表的总承包模式越来越主流，工作范围前延后伸，实现了由单一的设计方或施工方向具有投融资、可研、设计、供货、施工、项目管理等具有全产业链服务能力的综合性承包商的蜕变。EPC项目的发展主要有以下几个特点：

（1）工程项目规模大型化、复杂化

近几年来，中国承包商承揽的合同额达上亿美元的EPC总承包项目越来越多，如SKIKDA扩改建LNG码头EPC项目（4.5亿美元）、俄罗斯日产5400吨天然气制甲醇EPC项目（14.79亿美元）、孟加拉国普尔巴里一期2000兆瓦燃煤电站EPC项目（35亿美元）等。项目的技术复杂性也逐渐增大，业务类型不再限于最初的"劳动密集型"的土木工程，"技术密集型"的石化、机电产品等项目越来越多，项目实施的难度越来越大。而随着项目规模的大型化、技术复杂化，项目的工期也越来越长，实施过程中的不确定性因素越来越多，如国家政权更迭、政策调整、金融环境变化、新的法律实施、不可抗力、项目干系人的违约等，因而业主对承包商风险管控能力的要求日渐增大。

（2）采用PMC+EPC管理模式的工程项目增多

中国承包商在"走出去"的30多年里，已逐渐进入工程承包的高端业务领域。由于大型项目管理的复杂性和高难度，传统的项目管理模式受到挑战，越来越多的项目会采取PMC（Project Management Contracting，项目管理承包）+EPC的管理模式，例如，阿曼的杜格姆炼油厂EPC项目采用这一模式并于2017年8月17日与Amec Foster Wheeler公司签订PMC合同。此外，中东地区石油项目多选择此类模式。另外，PMT+PMC+EPC的项目管理模式越来越受到推崇，即以业主管理团队PMT为决策主体，PMC承包商为项目管理主体，EPC总承包商为实施主体，代表项目见苏丹六区富拉原油外输管道项目。

（3）联合体项目承包增多

EPC项目对承包商在整个产业链提供一揽子服务的综合能力要求提高，与提供单一设计或施工服务的一般工程项目相比，EPC总承包商所承担的风险系数更大，项目实施过程中专业差异化大、专业性要求高。通过与国内外公司强强联合，有利于形成专业互补、分散项目风险、实现规模经营。而且，通过与潜在竞争者组成联合团队，可以减少竞争对手，提升自身竞争力。

在一些高风险市场，欧美等发达国家的工程企业往往凭借其技术优势，控制了项目最前端、也是相对最高端、技术附加值最高的部分，如工艺包、基础设计、前端工程设计（Front End Engineering Design，FEED）等，同时又以性能保证相"要挟"，将关键的、高附加值的设备采购（如选择供货商和定价）控制在自己手里，保证这些工程企业在整个项目中可能仅投入20%，却可获得80%的效益。因此，欧美工程企业即使本身有能力独立完成工程项目，但为了降低自己的成本风险、转移部分合同风险，多选择采用联合体形式进行投标。有时，在EPC项目的联合体协议中，欧美工程企业明确只负责FEED、关键设备、电气、仪表等采购工作，而将详细设计、钢结构、管道、电缆等这类低附加值的大宗散材采购和现场施工部分交给其合作方。

除此之外，在不少国别市场中，当地法律往往规定必须与当地公司组建联合体。

（4）对EPC总承包商的融资能力要求进一步提高

近年来，在"一带一路"倡议和基础设施互联互通的带动下，中国工程企业积极参与全球各国的基础设施项目，积累了丰富的管理经验，逐步提升承担大型国际工程项目的能力。与国际知名承包商相比，中国承包商的融资能力较弱，是与发达国家竞争对手存在差距的主要因素之一，并且这已经成为中国承包商对外承包工程业务上的发展瓶颈，制约了中国承包商进入欧美等发达市场的进程。当前国际工程市场中，提出带资承包要求的项目日趋增多，因此，融资能力、融资方案可行性等，不仅反映出承包商的综合实力，也是业主选择中标企业的主要考核因素。国际承包商通过加强与世界主要出口信贷机构、多边金融组织、商业银行及资本市场的业务往来，以拓宽融资渠道，增强融资能力，进而提高竞争力。当前，银行信贷是国际工程承包的主要融资方式，如出口信贷、项目融资、银团贷款等，随着项目的个性化发展，融资方式也在不断推陈出新。

（5）中国承包商仍面临着严峻的系统性和环境性风险

国际工程的系统性风险是指工程企业在经营时面临的外部宏观性风险，使得某个市场受到全面冲击并且难以避免,例如汇率风险、政治风险等,一般来讲,这些都是与工程经营的环境性风险相关联的。一个公司在多元化、国际化发展之前,应建立起与其业务范围相适应的公司治理结构和风险管控模型。目前国内工程企业对系统性风险、环境性风险的预见和评估普遍比较薄弱,容易被"良好"的市场预期、"开阔"的市场前景所迷惑,而忽视其潜在的风险。对完全陌生的市场环境、项目环境的预见性不够,对风险发生的可能性和后果严重程度缺乏充分准备,盲目进入国际工程市场,最终导致失败。

以欧美文化作为主流文化且经济较为发达的国家和地区是业界公认的"高端"工程市场,如欧洲、北美洲和南美洲等地区。其项目业主绝大多数会选择国际知名的工程企业作为项目管理承包商,代表业主进行项目全过程管理,并要求承包商执行其要求的欧美标准,或者由PMC提出的基于欧美标准形成的较为苛刻的技术规程和管理程序。经过国际工程企业多年的工程实践和积累,在不断发展和完善下,所形成的技术规程和管理程序有时甚至多达上千个,且彼此相互引用,逻辑严谨、体系健全,几乎涵盖了项目建设全生命周期的所有细节。对于刚刚进入这个市场的国内工程企业,在短短几个月的投标时间内,根本没有充足的时间仔细研读并消化这些文件,在投标报价中对风险的识别也明显是在"跟着感觉走",不可避免就会遭遇风险。例如,在中东某国公用工程系统改造项目的投标过程中,某国内工程企业仅安排几名商务人员在短时间内"闭门造车"完成了报价,认为该价格是国内同类工程造价的2~3倍,完全可以"兜"得住。可没想到在国内仅需10个月左右工期即可完成的项目,最终历时三年仍只完成了不足90%的工作量。该项目中,很多岗位的员工都须经过业主的考试并获得证书;在员工薪资上,一个具备作业许可(Permit to Work,PTW)的开票员也要人民币900~1000元/天;土壤密实度试验、混凝土标准养护试验的实验室必须经过业主认可,而其价格是国内的数倍甚至数十倍。这些问题在投标报价阶段都无从得知,却对项目成本造成非常大的影响。类似的案例还有俄罗斯西伯利亚的某管线工程,在施工过程中,一家国内工程企业因忽视合同技术附件中的相关要求,完全按照国内的做法执行项目,导致工程被业主多次拒收,工期一再拖延,险些被业主提前终止合同。

近年来国际工程市场变化巨大,市场竞争更加激烈,承包条件更加苛刻,相关风险增多。在此形势下,一些大型承包商开始创新商业模式,努力在对外承包工程行业实现"顶端优势",不仅开发了协助融资(F+EPC)的运作模式,也开始对项目进行

参股投资,在一些项目中,这也成为承包商中标EPC工程的前提条件之一,本书第3章将对此展开详细说明与分析。

1.1.3 国际工程EPC总承包项目管理模式

EPC项目的大型化及巨额性投资、投资主体的多元化趋势、项目不同部分专业性差别大、工艺技术的复杂性高、项目一体化的程度高、项目最终价格和要求工期的不确定性,都对业主提出更高的项目管理能力要求。而国际工程实践中,业主往往对项目的工艺不熟悉、自身管理能力无法匹配项目需求,这种情况下,业主自管这一传统的项目管理模式受到了严峻的挑战,目前,"业主+PMC(Project Management Contracting)+EPC"的建设模式受到推崇,是投资者规避风险的有效方法。

"业主+PMC+EPC"模式是指将PMC咨询模式应用于EPC项目,可以充分利用PMC+EPC模式的集成管理和集成建设优势,以减少项目建设不同阶段之间的衔接工作,降低不同界面间的风险,进而减少各阶段之间的交易费用。通常做法是,业主在完成可行性研究之后,通过招标或议标形式选择技术力量强、管理经验丰富的项目管理公司对项目实行全过程或部分阶段的项目管理,即代表业主在项目前期策划、项目定义、项目融资安排及工程设计、采购、施工、试运行等阶段,对项目的工程质量、安全、进度和成本进行全面管理,实质上是一种"小业主、大管理"的模式。

在PMC模式下,业主把项目管理外包给专业的项目管理公司,由项目管理承包商代表业主或协助业主协调和控制EPC承包商的工作,减少业主对EPC承包商的直接管理和监控。本质上,PMC承包商以合同的形式接受业主的委托,作为业主代表或业主延伸参与项目管理,EPC承包商根据合同中的管理委托接受业主和PMC承包商的联合管理,PMC承包商和EPC承包商之间没有合同关系。

实践中,按照业主和项目管理公司在项目上的决策权力分配、参与程度和任务内容组合的不同,"业主+PMC+EPC"模式存在多种变化和衍生方式,主要有以下3种典型的项目管理模式:

(1)PMC+EPC模式

业主授权项目管理承包商全面负责项目的管理、协调、监督、控制和考核。在整个项目实施过程中,业主很少参与项目的具体管理,仅对部分关键问题做决策,由项目管理承包商完成绝大部分的项目管理工作,并且要对管理绩效负责。在该模式下,项目管理承包商的项目管理工作一般贯穿于项目全过程。如CPECC科威特集油站项目中，美国PARSONS公司接受科威特石油公司（KOC）的委托和授权，以项目管理承包商的身份，对项目从前期可行性研究、基础设计编制、EPC承包商的招标直至项目最终竣工验收进行了全过程的项目管理。

（2）PMA（Project Management Agency）+EPC模式

由业主全面负责项目的管理工作，而在项目某个过程或某个部分，聘请项目管理公司作为业主的顾问，即PMA，对项目工作提供咨询服务和相关建议。该模式下，项目管理公司的工作一般是阶段性的。

此外，还有IPMT（Integrated Project Management Team）+EPC模式，即业主和项目管理公司组成联合项目管理团队。该模式下，业主对项目具有一定的控制力，但业主与PMC之间的界面较模糊，会影响决策过程、降低决策效率。因此，采取此类管理模式的企业并不多，本文仅简单介绍。

"业主+PMC+EPC"项目管理模式的采用也是对中国承包商承揽实施项目中所具有的一些错误观念的警醒：不少承包商的管理人员未能正确认识EPC总承包模式，误认为EPC总承包模式下业主不对项目的实施过程执行监管工作。然而，无论是FIDIC合同条款规定，还是在国际工程实践认知中，业主都具有审批分包商招标短名单、审批招标技术文件、批准招标结果、管控EPC总承包关键人员的权利与义务，EPC承包商的管理人员需要对业主的这些权利和义务给予必要且足够的重视，需要充分了解PMC的管理流程。另外，EPC总承包商还需要提高全面管理的意识和主动性，与业主保持及时、充分的沟通。

1.2　EPC合同中双方的义务及风险分担

不同的项目采购模式定义了不同的风险和责任分配。与传统的设计-招标-建造（Design-Bid-Build，DBB）模式相比，设计-建造（Design-Build，DB）和设计-采购-建造（Engineering-Procurement-Construction，EPC）总承包模式下，业主将设计相关的责任与义务移交给承包商。与DB模式相比，EPC模式中增加工程项目采购的工作内容，因此总承包商可获得的利润相对更多。且EPC模式作为一种"亲业主"模式，承包商承担更多风险，项目的最终价格和要求的工期具有更大程度的确定性。因此，明确业主和承包商的义务和风险，对于有效地履行合同责任、降低争端等至关重要。

1.2.1 EPC合同中双方的风险分担

在EPC承包商向业主移交最终"工程产品"前，业主和EPC承包商都面临着来自项目内外部环境中不确定性因素的影响，且由于在国际工程中业主和EPC承包商之间往往会存在语言及文化等方面的差异，相比于国内承包项目，二者之间的沟通效率有所降低，对项目的实施效率造成一定影响。为保障项目的实施效率，除了通过EPC合同规定双方的权利、义务和责任外，业主和EPC承包商需要明确界定项目风险的分担情况。在进行风险分配时，双方都需要考虑一个主要问题，即由EPC承包商承担传统采购模式下分配给业主的风险时，如设计风险，业主需要向EPC承包商支付对应的价款。

以下4条基本的风险分担原则适用于国际工程EPC项目：（1）风险与回报相适应原则，就当前在国际上通用的FIDIC标准合同文件而言，FIDIC银皮书在风险分担方面是"亲业主"（pro-employer）的，即将大部分的项目风险分配给EPC承包商，EPC承包商从而也获得了更大的利润空间，作为承担风险的对价。因而对于EPC项目而言，要求承包商对于合同中的风险能够预见且将其管控在自身的风险容忍度范围内。（2）公平原则，即由引起风险的一方承担责任的原则。（3）最有控制力的一方原则，即风险由最有控制力的一方承担原则。（4）最低成本原则，即哪一方控制风险的成本最低，则由该方承担。

美国国际成本工程协会（AACE International）的风险分担一般原则[1]：

- 许多风险不能被消除但能被控制；
- 消除一个风险可能会引发另一个风险；
- 应注意评估风险的相互依存关系，如果一个存在依存关系的风险发生，需要预测"多米诺效应"或累积影响；
- 风险的最优分担只能通过合作和责任共担来实现；
- 忽略一个风险并不能消除它的潜在影响；
- 合同中未被分担的风险将被合同的某一方或双方有意或无意地承担；
- 不同项目间的最优风险分担做法是不同的；

---

[1] AACE® International Recommended Practice No. 67R-11, Contract Risk Allocation - As Applied in Engineering, Procurement, and Construction, TCM Framework: 7.6 - Risk Management, Rev. January 14, 2014.

- 某方可以有能力承担一个风险，如果

  a）他们了解该风险潜在的原因和风险发生的后果，

  b）他们因为负责或承担该风险能够得到一个适当的风险溢价；

- 承担风险的一方应该有管理该风险的能力；
- 如果分担给某方的风险的后果是可以预见的，那么他们就有责任将这个风险纳入他们的报价或资金中（可见合同风险的定量评估）；
- 将风险转移给承包商通常将增加他们的报价，所以业主应该考虑自己保留和管理风险是否更有效；
- 应鼓励利用机会带来的利益，而参与各方的利益需要预先谈判；
- 作为他们战略规划和谈判的一部分，各方应该评估每一个风险和风险组合（即一组相互依存的风险）带来利润的可能性；
- 为避免对抗的合同关系，各方应谋求促进和谐的条款，例如，业主企图在合同中同时包含"延误免责条款"和"违约金条款"是不公平的；
- 应该认真记录并分析因风险分担不合理而得到的教训，付诸未来的项目实践中。

美国营建学会（Construction Industry Institute，CII）公布的研究报告描述了业主与承包商之间常见的分担不当的风险。按照出现频率从高到低排列，这些风险包括：延误免责、间接损失、损失补偿性保险、模糊的接收标准、新的或不熟悉的技术、不可抗力、赶工、变更的累积影响、业主指定分包商、保险、现场条件不同、设计责任、放弃索赔、谨慎程度。

从上述风险分担原则出发，结合CII报告中的风险点，对国际工程EPC项目常见风险进行分配，见表1-3。

国际工程 EPC 项目风险分担矩阵　　　　　表1-3

序号	风险	风险承担者	
		业主	承包商
一、价格和保证			
1	合同价格的正确性和充分性		√
2	任何未预见到的困难和费用		√
3	履约保证有效期的维持（即应确保履约保证直到其完成工程的施工、竣工和修补完任何缺陷前持续有效）		√

续表

序号	风险	风险承担者	
		业主	承包商
4	承包商因业主未能完成下述工作而遭受的损失： ①为永久工程取得规划、区域划定或类似的许可； ②业主要求中说明的业主取得的任何其他许可	√	
5	业主因承包商未能完成下述工作而遭受的损失： ①缴纳各项税费； ②办理并领取需要的全部许可、执照或批准		√
二、开工、延误和暂停			
1	合同变更导致的工期延误	√	
2	因业主、业主人员或在现场的业主的其他承包商的原因造成的任何延误、妨碍或阻止而出现的工作延误	√	
3	因当局造成了承包商的工作延误，且符合以下条件： ①承包商已努力遵守工程所在国依法成立的有关公共当局所制定的程序； ②一个有经验的承包商在递交投标书时无法合理预见该延误或中断	√	
4	因执行业主指示而造成的暂时停工和复工，所导致的延误和费用增加	√	
5	对暂停的工程部分的保护和保管，保证该部分工程不产生任何变质、损失或损害		√
三、设计			
1	在合同中规定的由业主负责的、或不可变的部分、数据和资料；对工程或其任何部分的预期目的的说明；竣工工程的试验和性能的标准；除合同另有说明外，承包商不能核实的部分、数据和资料	√	
2	承包商文件中的"错误、遗漏、含糊、不一致、不适当或其他缺陷"		√
3	除第5.1款[设计义务一般要求]提出的情况以外，现场数据的准确性、充分性和完整性		√
四、施工			
1	分包商、其代理人或雇员的行为和违约		√
2	货物运输		√
3	生产设备、材料、设计或工艺符合合同要求		√
4	现场作业、施工方法和全部工程的完备性、稳定性和安全性		√
5	因以下事项产生或与之有关的任何其他索赔造成的损害： ①承包商的工程设计、制造、施工或实施； ②承包商设备的使用； ③工程的正确使用		√
6	因以下情况造成的侵权的任何索赔引起的损害： ①因承包商遵从业主的要求，而造成的不可避免的结果；或 ②业主因以下原因使用任何工程的结果： （i）为了合同中指明的或根据合同可合理推断的事项以外的目的；或 （ii）与非承包商提供的任何物品联合使用，除非此项使用已在基准日期前向承包商透露，或在合同中有规定	√	

续表

序号	风险	风险承担者 业主	风险承担者 承包商
7	在颁发接收证书后,由承包商采取的任何行动或由承包商负责的以前的事件造成的工程、货物或承包商文件的任何损失或损害		√
五、外部条件			
1	基准日期后,工程所在国的法律有改变(如适用新的法律,废除或修改现有法律),或对此类法律的司法或政府解释有改变,且该改变对承包商履行合同规定的义务产生影响	√	
2	战争、敌对行动(不论宣战与否)、入侵、外敌行动	√	
3	工程所在国内的叛乱、恐怖主义、革命、暴动、军事政变或篡夺政权、内战	√	
4	承包商人员及承包商和分包商的其他雇员以外的人员在工程所在国内的骚动、喧闹或混乱	√	
5	工程所在国内的战争军火、爆炸物资、电离辐射或放射性引起的污染,但可能由承包商使用此类军火、炸药、辐射或放射性引起的除外	√	
6	由音速或超音速飞行的飞机或飞机装置所产生的压力波	√	
7	自然灾害,如地震、飓风、台风或火山活动	√	
六、完工			
1	在缺陷责任期内修补由于以下原因造成的缺陷,该执行过程中的风险和费用: ①工程的设计; ②生产设备、材料或工艺不符合合同要求; ③由承包商负责的事项(包括:对业主人员进行工程操作和维修相关的培训,编制并向业主提供竣工文件、操作和维修手册)产生不当的操作或维修; ④承包商未能遵守任何其他义务		√

1.2.2 2017版FIDIC合同条件中的风险分担变化

2017年12月在伦敦FIDIC使用者大会上发布了FIDIC EPC合同条件2017版,其起草理念与1999版相比,合同条款的清晰度(clarity)和确定性(certainty)得到了进一步的提升:以期降低因为条款解释而产生分歧的风险,让承包商、雇主和雇主代表更清晰地把握其所期望实现的目标以及何时能够实现,进而增加项目成功的可能性。因此,FIDIC EPC合同条件2017版的描述更加详细(detailed)和更加规范(prescriptive),合同条款的长度和复杂程度自然随之增加。

FIDIC EPC合同条件2017版相对于目前广泛使用的1999版在内容体量上增加了

50%的篇幅，通用条件结构略有调整，增加了更多新的定义（从1999版的56个增加到80个）和程序，设定了更多的时限条款。总体而言，2017版更加细致和复杂，不太灵活，而且不易于理解，不太方便使用。

（1）风险分担机制的总体变化

FIDIC EPC合同条件1999版中的风险分担机制是为迎合国际某些项目中，雇主对项目工期和成本确定性的需求，而将更多风险分配给承包商承担，雇主愿意支付更多的费用作为对价。但是实践中，一些不满足上述条件的项目的雇主也选择这类合同条件，在未给予承包商费用对价的情况下增加承包商管理难度，要求其承担更多责任和风险，因而在业内引起颇多争议。FIDIC EPC合同条件2017版在吸收借鉴行业使用者的建议后，在原有风险分担基本原则保持不变的情况下，对某些具体风险事项做了调整，将一些承包商无法合理预见与控制的风险重新分配，但同时又强调了承包商承担设计工作需满足雇主的预期使用目的的保障责任。FIDIC EPC合同条件主要由承包商负责项目设计工作，1999版中规定大部分非雇主能控制的风险均分配给承包商承担，除非该风险事件构成不可抗力。2017版中将1999版中的"风险与责任"改为"工程照管与保障"（第17条），将"不可抗力"改为"例外事件"（第18.1款）。

2017版中修改了"符合预期目的"的要求（第4.1款），强调预期目的必须在雇主要求中列明，否则承包商只需要满足常规目的即可。新的责任赔偿条款针对承包商设计中的所有错误导致产品无法符合其使用目的（第17.4款）规定了责任总额的上限，排除了间接损失（第1.14款）；在承包商的工程照管责任（第17.2款）中增加了对承包商无法预见、无法控制风险的免责范围；针对"违反职业标准责任"增加了新的职业责任条款（第19.2.3款）。

2017版中设定了更多的时间限制条款，新增了很多关于通知的时限要求，增加了"视为"（deemed）的规定，未能遵守此类时限条款则触发推动条款或者导致时效过期而无法起诉。例如，要求雇主代表在同意或决定索赔以及相关事件时，应该遵循合同中明确要求的细节、步骤及相关时间限制：如果合同双方不能达成一致协议或一致意见，雇主代表必须在42天内发出一个通知，并在42天内给出决定。其他程序性限制例如，要求各类通知必须以书面形式表示（第1.3款），进度计划或者支持性报告中的任何内容都不应解除承包商按照合同规定发出通知的义务（第8.3款），事先预警（第8.4款）的内容。

2017版中将承包商"不可预见"的界限划分提前到了"基准日期"（第1.1.77款）

的时点，比如合作（第4.6款）、进场道路（第4.15款）、对当局的延误（第8.6款）。不可预见的风险（由于雇主或第三方原因导致承包商损失）就从基准日期开始计算，承包商有权获得工期延长、费用及利润补偿，也就是说承包商风险被保护的区间得到扩大。

2017版例外事件（第18.1款）中参与罢工的人员从仅排除承包商雇员扩大到其分包商的雇员。在雇主暂停的后果（第8.10款）中，给予承包商对雇主原因暂停可以获得工期延长、费用及利润补偿的权利。

2017版增加多处共同责任的规定，比如竣工时间的延长（第8.5款）、工程的照管责任（第17.2款）、共同保障（第17.6款）都约定在合同双方共同导致损害发生的情形下，承包商可以获得一定比例的工期和费用补偿。

2017版中承包商对雇主提供信息和数据的审核责任（第5.1款）与雇主对承包商文件的审核（第5.2.2款）设置了不同的责任与风险划分。其中规定雇主审核期限不超过21天，同时又规定承包商应当对雇主反馈通知修改并重新提交文件审核，但不可以对雇主的审核时间申请工期延长。合同并未对雇主对同一文件审核次数进行限制，并没有彻底解决实践中频繁发生的审核延期问题。

（2）融入更多项目管理理念、承包商设计责任进一步强化

2017版中融入了更多的项目管理理念，其中的一个目标是为提升合同双方的项目管理水平，并努力反映国际工程最佳实践的应用。比如，增加了更详细关于进度计划与进度报告的要求；引入了"共同延误"的概念；要求承包商准备一份质量控制体系（Quality Management System）（新增第4.9.1款）用于项目的实施，包括文件记录可以被追踪的程序，确保工程实施不同界面的协调和恰当管理的程序，承包商文件的递交程序等；要求承包商建立一个合规验证体系（Compliance Verification System）（新增第4.9.2款），以证明承包商设计、材料、施工工艺以及其他相关的事项全都符合合同要求。

2017版中进一步明确了承包商应该就其所负责的设计工作向雇主承担"符合预期目的"（Fit for the Purpose）的责任，承包商要使用合理的技能、履行谨慎义务，其所设计的工程还必须满足雇主对性能、美观、安全等方面的要求。如果承包商设计的工程没有"符合预期目的"，不管其是否使用了合理的技能或履行了谨慎义务，都须承担设计失败的后果和责任。"符合预期目的"的责任承担是以结果为导向的，相比较1999版而言承包商承担的责任更大、更重。

（3）强调合同双方的对等关系、雇主代表地位得到提升

2017版对合同双方之间的主体地位强调对等，鼓励促进合同各方合作。比如其中约定，雇主若未遵守资金安排的规定甚至可能导致合同终止的规定（16.2.1（b）款）与承包商应当提供履约保函对等；雇主终止和承包商终止权利中同时增加了未遵守雇主代表最终决定、未遵守DAAB的决定、欺诈和贪污等触发条件；雇主索赔和承包商索赔纳入同一处理程序等。

雇主代表的核心角色在FIDIC EPC合同条件1999版中有所削弱，2017版中其重要性重新回归并得到加强。例如，增加了雇主代表的权利（第3.5款）：雇主代表除了处理一般性的事务性问题，在变更与索赔等事件的处理中获得了更大的独立处置权。与此同时，2017版对雇主代表的任职资格也提出了新的要求，例如要求其必须具有相应的资质、经验和能力才能够担任，应该拥有熟练的专业技能（第3.1款）。合同文件要求雇主代表做出决定时应该采取中立的态度（第3.5款），不再将雇主代表的决定视为代表雇主，也不再要求雇主代表做出决定之前征得同意（第3.5款），但是其决定的过程并非简单，而是变得更加详细和复杂了。

（4）索赔和争端单独分立

FIDIC EPC合同条件2017版依旧采用多级的争端解决机制，其中（第21条）规定了争端解决的基本程序。首先需要有一个争端存在（注意不是索赔，参考合同中明确的定义）；随后将索赔和争端区别对待（"索赔"第20条与"争端"第21条）、相互分离，可以更加有效推动索赔和纠纷的解决；进一步引入一个新的"争端规避/裁决委员会"（DAAB），其中还设计了一套早期争端规避机制，鼓励合同双方在争执初期如果同意就可以要求（或争端避免/裁决委员会觉得必要时自己也可能要求）争端避免/裁决委员会在履约期间随时提供非正式协助；之后的友好解决机制（第21.5款）时间从56天减少到了28天；最终合同双方（第21.6款）可以在28天友好解决期之内或之后申请仲裁。由于没有长期的时效暂停，任何一方在对DAAB的决定发出不满意通知之后就可以将争端提交仲裁。

（5）提出特殊条款的风险责任分担起草黄金原则

鉴于在实际的使用过程中使用者通过对FIDIC合同范本会进行大量修改，以使得最终项目合同文件符合其特殊项目的需求，但是这种做法严重背离了FIDIC合同范本的编制初衷。FIDIC在发布2017版系列合同条件的同时，首次提出了专用条件起草的五项黄金原则（Five FIDIC Golden Principles），包括：

1）合同所有参与方的职责、权利、义务、角色以及责任一般都在通用合同条件中明示，并适应项目的需求；

2）专用条件的起草必须清晰、明确；

3）专用条件不允许改变通用合同条件的风险与回报平衡分配的基本原则；

4）合同中规定各参与方履行义务的时间必须合理；

5）所有争端在提交仲裁之前必须提交DAAB以取得临时性具有约束力的决定。

专用条件起草的五项黄金原则的目标是尽量使用户在合同使用的实践中减少对通用条件的修改，能够保持通用条件范本最初编制时所遵循的基本原则，确保通用条件中所秉承的公平理念和风险平衡。

1.2.3 EPC合同中承包商的风险审核

尽管国际上已经逐渐形成相对成熟的管理程序与完善的合同条件，可为工程项目EPC总承包模式提供一定参考，但对于具体项目而言，业主和EPC承包商还需要根据项目的特点、环境以及项目干系人之间的利益关系商定具体的合同条款。

承包商在与业主谈判合同条件时，应尽量明确每一个合同条款中责任分配，以期可以对潜在风险进行评估，并及时防范与应对，从项目招投标期的合同审核工作来说，可以分为两个步骤进行：（1）对业主发出的招标文件，包括投标人须知、可行性研究（如果有）、业主负责的勘察设计资料以及业主发出的征求建议书（Request for Proposal）等进行分析和评审，这些文件是以后形成EPC合同的重要前提和基础，需要承包商初步审核项目潜在风险，以便于在后续合同条件中针对这些风险报价或据此准备策略性谈判；（2）合同条件审核及谈判策略制定，经过以上分析，可以大致识别出一部分项目风险，之后要在业主提供的合同文件中找到风险分担的源头并制定策略性谈判方案。

对合同条件的风险评审，建议按照风险等级进行分类，并确定损失-概率矩阵（如第9章所述），但还是应考虑一些重要条款的审核工作，EPC合同中重点审核的主要方面如表1-4所示[1][2][3]：

---

❶ 刘俊颖，李志永. 国际工程风险管理[M]. 中国建筑工业出版社，2013.
❷ Baker E, Mellors B, Lavers A P, et al. FIDIC Contracts: Law and Practice[M]. 2009.
❸ 蔡春生. EPC合同风险审核的若干重点问题[J]. 国际经济合作，2004（9）：47-51.

EPC 合同中承包商的重要审核点　　　　　　　　　　表 1-4

序号	主要方面	合同审核点
1	工程范围	■ 审核合同文件中是否明确规定了工程范围，包括设计、采购、施工的工作空间范围、时间范围、工作内容的范围； ■ 审核合同中承包商应负责的设计工作，设计责任划分、审批与协调程序（哪些需要业主审批，以及是否要设定审核/批准周期以保证设计工作的审批不耽误工期）、设计标准是否已清晰表明； ■ 针对存在交叉工作界面的情况，审核自身负责的工程范围与其他承包商的工程范围之间的界限和接口是否清晰、明确； ■ 审核合同文件中是否包含了工程项目的规模、能力、技术条件和技术要求等附件； ■ 审核合同文件的实质性内容是否与招标文件一致
2	开工与竣工	■ 审核合同的生效日期及生效条件； ■ 审核合同的开工条件及开工日期； ■ 审核合同工期的计算方式及竣工条件； ■ 审核影响合同工期延长的事件及事件发生后的工期延长机制； ■ 审核合同中是否有关于加速施工的约定或条件； ■ 审核合同中关于承包商与业主各自指示暂停施工、中止或终止合同的约定
3	业主责任	■ 审核合同是否明确约定业主延迟付款的责任、利率以及利息的支付方式； ■ 审核合同中是否明确约定业主对于施工现场提供相关条件的义务，包括：施工现场道路等级、施工用电、用水、通信等条件，以及是否明确约定当业主未履行或未及时履行此义务造成损失（如工期延误）时承包商的免责； ■ 审核合同中是否明确约定业主应按期完成其本身工程范围内工程的责任； ■ 审核合同中是否明确约定业主应承担的工作，如：及时办理审批手续（特别是能否提供外国劳工签证）、场地污染治理、及时验收、性能测试准备工作等； ■ 审核合同中是否明确约定业主方对承包商的文档、图纸、材料、设备等审批的时限； ■ 审核合同中是否明确约定业主的配合或协助义务，如：协助承包商申办相关证照（包括：政府相关部门的许可、执照或批准等）； ■ 审核合同中是否明确约定业主提供的图纸、材料、设备（尤其是关键设备）等的到货顺序和时间； ■ 区分合同中业主对招标文件信息（水文、地质、基准数据等）准确性的责任； ■ 审核合同中业主代表的产生期限、权限范围、实现方式及现场签署文件的效力； ■ 针对存在交叉工作界面的情况，审核合同文件是否约定业主协调不同承包商之间的界限和接口的义务；另外，需要注意合同文件是否明确了EPC承包商受到其他承包商的干扰而造成工期和（或）费用损失时，是否可以直接向业主索赔； ■ 审核合同中是否明确对于政府部门、公共部门等的活动对项目造成影响的补偿； ■ 审核合同中是否约定了当地用工、采购比例，是否合理； ■ 是否约定了指定分包商，以及指定分包商的违约风险责任

续表

序号	主要方面	合同审核点
4	合同价款	■ 审核合同中是否明确合同价款调整的条件（如：延期开工的费用补偿、对于工程变更的费用补偿、对于物价波动的费用补偿）、调整的方法、调整通知的程序、时限等； ■ 审核合同中是否明确规定哪些事项只补偿工期而不补偿费用，如变更、设计延误等； ■ 如果是固定总价合同，审核合同中是否明确风险包干的范围及超出范围的调整方式； ■ 审核合同中是否约定了暂定金的计价方式、管理费用比例等； ■ 审核合同中是否明确约定了非合同内工作的内容或工序（如试车、保运、特殊措施等）的计价依据和计价方法； ■ 审核合同中是否明确约定法规发生变化时，EPC承包商调整合同总价或计划竣工日期的权利，或EPC承包商应有权从业主处得到等额的损失补偿； ■ 审核合同支付条款中各币种支付比例的分配是否合理； ■ 审核合同中是否明确业主和EPC承包商之间利率风险和汇率风险的分担方法，如合同中明确约定的当地币与美元或欧元之间计算的是固定汇率还是浮动汇率，以及是否明确约定汇率波动超过一定比例的处理方式等； ■ 审核合同中对于业主索赔、承包商索赔的程序是否已设定，其程序性内容是否过于严苛，例如发出通知的时间
5	资金安排&支付方式	■ 审核合同中是否明确约定EPC承包商为业主提供融资安排的前提条件，一般应要求"不承担额外的担保责任/垫资责任"； ■ 合同中是否规定了承包商可以要求查验业主资金安排情况的规定； ■ 如果该EPC项目是现汇付款项目，则审核业主资金的来源是否可靠，自筹资金和贷款比例是多少，以及贷款来源； ■ 如果该EPC项目是延期付款项目，则审核业主对延期付款提供的担保条件，是否有所在国政府的主权担保、商业银行担保、银行备用信用证或者银行远期信用证，以及需要注意这些文件草案的具体条款； ■ 如果该EPC项目是由承包商融资或垫资，则审核业主资质是否可靠，合同中对业主未能偿还资金的处理方式，融资或垫资利息的利率及支付方式； ■ 审核合同价款的分段支付金额额度是否合理，若按里程碑付款的，审核里程碑付款的分期划分及支付时间能否保证工程进度用款； ■ 若合同价款在里程碑支付的情况下，里程碑工作是否会影响到项目现金流，若不合理的话，是否要重新切割里程碑或增加里程碑数量； ■ 审核合同中是否明确了承包商对项目或已完成工程的优先受偿权或承包商的留置权； ■ 审核预付款的返还时间、比例，保留金的扣款比例、返还的时间、条件是否合理，保留金是否可以由保留金保函置换； ■ 审核是否明确约定了预付款的条件、比例、支付时间、返还方式； ■ 审核合同中是否明确了变更付款的条件、流程及付款凭证

续表

序号	主要方面	合同审核点
6	误期损害赔偿	■ 审核工期延长和赔偿款的计算方法是否合理； ■ 审核误期损害赔偿率是否合理，是否过高，是否存在单机计算罚款与全部机组计算罚款的约定，是否存在叠加或重复计算； ■ 审核是否规定了累计最高限额，如不超过合同价款的一定比例
7	性能指标损害赔偿	■ 审核对性能指标的确定和赔偿款的计算方法是否合理； ■ 审核赔偿款的费率是否合理，是否过高，是否重复计算； ■ 审核赔偿款是否规定了累计最高限额，如不超过合同价款的一定比例； ■ 审核是否明确了性能测试中业主和EPC承包商对于修正、更正的程序、费用承担的处理约定，以及该约定是否合理； ■ 审核业主对性能指标超标的拒收权规定是否合理
8	违约责任赔偿限额	■ 审核赔偿款中是否规定了总计最高责任限额（Limitation of Liability），如不超过合同价款的一定比例； ■ 审核合同中约定的误期赔偿款限额与性能指标赔偿款限额的总和是否低于最高责任限额； ■ 审核合同中约定的其他赔偿费限额总和与缺陷责任期内的责任限额以及承包商在合同项下的任何其他违约责任的赔偿限额是否低于总计最高责任限额
9	税收	■ 审核合同中是明确划分了业主和EPC承包商各自应该承担项目所在国的税种，以及当发生代缴代扣时的处理方式； ■ 如有免税项目，则应审核合同中是否明确免税项目的细节，是否明确规定当这些免税项目最终无法免税时，承包商应有权从业主得到等额的补偿
10	工程保函	■ 审核履约保函中条款的具体规定，包括：预付款保函、履约保函、质保金保函等、保函是有条件的还是无条件的、函额度、开具方式（直开还是转开）、开立机构的限制、业主依据保函索赔的条件、有效期、减额条件、失效日期及条件等； ■ 审核合同中是明确约定了履约保函的生效时间（应尽量以承包商收到业主的全额预付款为前提）、履约保函担保额度是否过高（特别是对于延期付款项目，应严格控制履约保函的比例）以及履约保函的覆盖范围
11	保险	■ 审查合同中承包商必须投保的险别、保险责任范围、免赔额、保费额度、受益人、重置价值、保险赔款的使用等规定是否合理，是否需要追加保险或增加扩展条款； ■ 审查合同中是明确规定了投保程序，以防一方单独取消保险等； ■ 审查合同中是否含有选择保险公司的限制性条款（例如限制保险出单公司，如果有，应考虑其信誉要求以及价格标准）； ■ 审查合同中是否规定了在项目各阶段负责投保、维护和索赔的主体要求

续表

序号	主要方面	合同审核点
12	法律适用条款&争议解决	■ 审核合同中承包商进行索赔发出通知的时间的强制性规定是否合理，以及是否要在强制性时间内递交一份详细的索赔报告，若未遵守，后果如何； ■ 审核合同中是否明确了适用的管辖法律，合同要求适用所在国法律时，EPC承包商应尽量更多地争取适用国际惯例，例如URDG758、ICC INCOTERMS 2010等； ■ 合同中是否规定了替代性争端解决机制（Alternative Dispute Resolution），包括解决开始的时间、中立人选择及各方权力、解决程序时间、决定的约束力等问题； ■ 审核合同中是否明确了仲裁机构、仲裁条款和仲裁地点（应尽量争取在第三国国际仲裁，尽量避免在项目所在国或业主所在国仲裁，而选择一些商业法律意识强且司法体系健全的国际仲裁机构）

本章作者：刘俊颖 李志永

李志永，男，中国电建集团国际工程有限公司法律与风险部总经理。天津大学工程管理专业&法学专业双学士、英国雷丁大学工程管理专业硕士。Dispute Resolution Board Foundation（DRBF）中国区代表，"一带一路"（中国）仲裁院专家委员、北京国际仲裁中心仲裁员、武汉仲裁委员会仲裁员、深圳国际仲裁院仲裁员、中国国际经济贸易仲裁委员会建设工程争议评审专家、新加坡国际调解中心调解员。职业领域：国际工程合同&索赔管理、建筑工程法律应用、争端解决与仲裁、投融资法律等专业实操及研究。

第 2 章

国际工程EPC项目的市场开发风险管理

在国际工程EPC项目诸多环节中,市场开发可谓是诸多环节中的"龙头",如何做好市场开发风险的管理,是诸多从事国际工程EPC项目的企业和即将走出国门的企业最关注的核心问题之一。如果将市场开发风险管理置之于脑后去谈国际工程EPC项目,这个"项目"可以直接定义成"无源之水,无本之木"的状态。

本章市场开发风险管理的侧重点从进入国别风险、市场情况和看似常规实则非常敏感常规的"代理人"三个视角展开论述。本章结构规范、思路清晰,可供行业实操参考和借鉴,为业内人士在遇到国际工程市场开发具体问题时提供可行的解决方案,以提高相关企业对国际工程市场开发风险认知的可持续能力,增强自身面对国际工程市场开发风险的"造血"能力,大幅提高企业责任主体的风险承受能力。

针对国际工程EPC项目而言,其规模越来越大,内容越来越复杂,涉及面越来越广,对项目管理的要求也越来越高,这就对项目执行团队的风险管理能力和水平提出了更高的要求。国际工程EPC项目的市场开发是要拿到"有效"的项目,而非仅仅是项目。"有效"除了要提升项目签约生效的转化率,更强调引领和掌控好项目市场开发阶段风险管理意识的"牛鼻子"。第一步走偏了或者留有较大的隐患,后续无论是整改、纠偏或者补救,耗费的人力、精力、物力都是巨大的,极端的后果将是一个项目乃至一个子公司、集团公司都无法承受的,甚至会上升到两个国家的政治层面。

基于中国企业走出国门从事国际工程EPC项目的业主方多为电力、能源、水利、交通、建筑等部委,或者州(省)政府、当地大型政府控股企业,以及财务状况良好的投资公司或者私营业主,故对于业主方微观层面的市场开发风险在此不予叙述。本章将重点从国家风险、市场情况、代理人三个方面去展开论述国际工程EPC项目的市场开发风险管理。

2.1 国家风险

国际货币基金组织(International Monetary Fund,IMF)2018年10月发布的《世界经济展望报告》预测,2019年亚洲经济将增长5.4%,继续保持全球领先地位;撒哈拉以南非洲地区经济增长加速，预计将增长3.8%，超过2018年的3.1%❶。市场分析认为，亚非地区经济的较快增长和工业化、城镇化进程的加快将推高各国基础设施建设的需求。从国际基建市场的需求来看，其他地区的新兴经济体和发展中国家新建基础设施的需求也将持续扩大。

从中国国内宏观政策来看，深化"一带一路"国际合作的总体环境也是持续向好。新成立的国家国际发展合作署，进一步理顺了对外合作管理的体制机制；2018年举行了"一带一路"5周年座谈会，自"一带一路"倡议提出5周年以来，中国已与140多个国家和国际组织签署共建"一带一路"合作文件，"一带一路"沿线国家和地区覆盖超过全球60%的人口和全球1/3以上的贸易❷；中非合作论坛北京峰会，尤其中国政府同非洲联盟编制《中非基础设施合作规划》，支持中国企业以"投建营一体化"等模式参与非洲基础设施建设，同非洲各国实施一批互联互通重点项目，并承诺以政府援助、金融机构和企业投融资等方式向非洲提供资金支持；中国与有关国家的政策沟通力度还将进一步加大，双边合作框架下的基建项目预计将保持一定规模。

宏观上，我们从国内、国际大势和合作中寻找契机，但具体参与和实施的还是一个国家或一个具体的项目。尤其中国企业在海外工程市场经营开发的主力军以央企和国企为主，市场开发的国别地区更要紧紧跟随国际和国内宏观政策的指引。通过国际招投标、议标、投资或者援助等不同形式去参与项目执行，可以达到以项目为依托，推动对外工程承包业务国别化、区域化发展的目的。随着国际化竞争的加剧，以及国内除工程承包企业外的制造类等企业也陆续走出国门，从事国际工程EPC项目建设的局面，如何依托企业的主业和特色，寻找到契机，把握市场开发的着眼点、落脚点和突破点，便成了很多国际工程承包企业所面临的新的挑战和发展机遇。在开展国际业务的初级阶段，企业更多是依托相关政府机构和非政府组织的政策研报，结合自身调研，多方面去预判，且要充分认识和管控国别风险相关的几个要素。对于一个陌生的国别，"走出去公共服务平台"提供的《对外投资合作国别（地区）指南》会对项目所在国提供比较不错的参考和借鉴❸。

---

❶ 国际货币基金组织. 《世界经济展望》[EB/OL]. https://www.imf.org/zh/Publications/WEO/Issues/2018/09/24/world-economic-outlook-october. 2018-10.
❷ 人民网. 人民日报社评选：2018国际十大新闻 [EB/OL]. http://media.people.com.cn/n1/2018/1229/c40606-30494266.html，2018-12-29.
❸ 商务部. 对外投资合作国别（地区）指南 [EB/OL]. http://fec.mofcom.gov.cn/article/gbdqzn/index.shtml，2018-12.

2.1.1 政治环境

（1）政治局势

战争和内乱对国际承包商来讲是最大的风险。在非洲、中南美洲和中东部分国家与地区都发生过这种政治上的动乱和战争。战争过后，直接导致在建工程项目终止或毁约，或者是建设现场直接遭到破坏。在内乱之后，承包商仍然受到原承包合同的制约，但是战争或者骚乱期间工程现场却不得不暂停施工，从而导致施工期限被迫拖延、成本提高。停工期间，承包商为保护设备、工程、人员等，不得不支付许多额外开支，使得工程费用大为增加。例如，利比亚动乱中，75家中国企业价值数百亿合同额的项目均被迫停工。非洲马里、中非共和国的局部冲突导致部分项目暂停、人员撤出。近几年爆发的"伊拉克和黎凡特伊斯兰国（ISIL）"事件，导致某中资企业从伊拉克萨哈拉丁省项目现场大规模转移千余人出境，巴格达北部部分省份的能源项目和电力类项目也不得不暂停，从项目的停工到复工历时四年之久，使得当地政府和承包商都遭受了巨大的损失。

针对这一风险，EPC承包商应从项目承接阶段就做好相关的安全评估工作，从项目所在国政治党派斗争、有无殖民历史（原宗主国的影响）、内部有无较大宗教冲突和矛盾等角度做好相关的研判，除了充分听取中国驻项目所在国大使馆、经商处的意见，更应该高度重视国内相关评估机构给予的评估意见，如中国对外承包工程商会、中国信保每年公布的《国家风险分析报告》等专业机构的评估意见，国防大学、中国社科院及其高校等科研院所对相关区域和国家的研究分析，国际和国内专业安保公司对于特殊敏感信息的研判，国际上部分智库机构发表的评估分析报告（国际上曾发生过殖民情况，其原宗主国对于项目所在国的分析评估报告）等。尽管相关分析报告存在立场和出发点，以及观点角度的不同侧重，但是从项目市场开发风险管理预警的角度来看，对相关分析报告的研读是非常有必要，也是非常重要的。

（2）双边关系

工程项目所在国与中国的双边关系如何，至少要考虑以下几个方面的因素。一是与周边国家关系，如外交关系良好，外交关系正常，与周边国外交关系恶化，外交关系紧张或受到欧美国家制裁，外交极度紧张或互撤外交使领馆并断绝外交关系等。二是与联合国五大常任理事国关系，是否与某一国有严重外交对立。三是要着重关注是否一直与中国保持传统的友好关系，及其在国际大环境中是亲西方、欧美还是中立立场。四是是否与中国建立正式的外交关系,双边关系有无建交或者复交。

如果没有建交,则该国是否纳入所在国际洲别区域合作组织及该组织与中国的关系也是一个重点考核的内容。随着中国走出去的节奏和步伐越来越快,尚未建交的国家都期待和中国建立正式外交关系,或者历史上曾经建交但已断交的国家也期待与中国复交。2016年3月冈比亚、2017年6月巴拿马、2018年5月布基纳法索三个国家先后与中国建立或恢复外交关系,部分企业在未正式建交时期就开始开发和推动项目,在建交后赢得了先机,很多项目都进入了双边合作协议的一揽子短名单。再如中巴经济走廊项目可谓是"一带一路"走出去的旗帜,巴基斯坦也成了被我们称之为"巴铁"关系国家。

对于建交国家,因为有中国驻项目所在国大使馆的长期工作,使馆和经商处通常对于双边关系的脉络有着比较精准的掌握。对于未建交国家,保函的开立、项目资金的汇出、劳工引进问题等应该是项目开发阶段必须着重考虑的风险因素。这种情况下,项目的保函如何开立,项目资金的汇入汇出,通常要通过与中国和项目所在国都有关系的第三国银行解决。劳资纠纷如何解决的问题比较复杂,要充分考虑当地法律、税务和劳工保护方面的约定,对于中国劳工出境劳务,一定要做好相关应急解决预案,提前咨询,确保相关预案可以落地。例如没有建交的尼加拉瓜共和国,某中国企业在当地承接了电站EPC项目,中国的劳工过去并不能妥善办理签证,通常是申请美国签证用以前往尼加拉瓜。后期该项目发生薪资方面的纠纷,派出的劳工又没有中国驻当地使领馆可寻求领事救助,好在最终通过外交部领事保护中心及相关协会出面给予了妥善解决。

(3) 政权更迭

党派因素、宗教因素、军事政变、民主选举等更迭形式的不同,直接导致政权更迭结果和后续关注点也不同。在一些欠发达的非洲国家和部分腐败因素严重的东南亚、中亚国家,经常发生的现象是在大选换届之前,原政府加快立项并上马部分项目,力促项目签约生效及支付预付款,相关人员从中抽取佣金和服务费,用于再次竞选或者用于其退出政治舞台后经商或者移民的财富积累。在新政府上台或者换届后,往往出现马上开始整顿盘查的情况,项目也会面临刚开工即停工的尴尬局面。尤其是党派轮流执政或者独裁政府首脑突然变化的情况下,可能发生刚生效的项目因合同合规性审查、方案调整或其他理由的项目生效延期、合同暂停,甚至合同终止。

如西非某大型水电站项目,项目从推动至今已逾十年,项目金额也已经增长至近

60亿美元，项目开发期间已经进行4任总统换届，2019年该国又将大选，项目能否生效，仍然值得关注；南美委内瑞拉的某铁路项目，在查韦斯去世后发生巨变。这种风险通常会使项目从盈利变为亏损，甚至可能影响企业在区域市场从事项目经营的声誉。政府更迭后还可能以环境影响评价不过关或者社会安全因素为由终止项目，如中南美洲国家特立尼达和多巴哥某铝厂项目，合同生效后在野党一直以环保为由对该项目的立项和执行大肆抨击，政府换届在野党上台之后，新政府以环保政策变化为由直接将该项目宣判终止；某中资公司承接的缅甸密松大坝水电项目，也是以环保等相关事由被叫停。

对此，承包商在项目开发时，应该充分调研所在国的政治局势，及时与主管机构做好相关政策、信息的研判，设置好相关合同的商务条件，严格明晰双方合同责任，如合同生效日的附加约定条件（预付款到位情况、拆迁情况、场地移交情况、安全安保方案、环评要求等）、合同开工日的附加约定条件（国内通常说的"五通一平"满足情况）、佣金及服务费的支付条件（设定多个约束性条款及法律合规方面的约定）。针对两党制类型的国家，要充分了解竞选政策或者换届对于项目实施的影响，如当地用工的薪酬福利调整，外来用工政策的变化和调整。切记要使企业能在政府换届后经得起合规性审查，尽量不要卷入项目所在国的幕后政治斗争。当合同发生暂停或终止时，力争通过后续仲裁、索赔等将损失降到最低。

（4）业主拒付

有些国家在财力枯竭的情况下，会以粗暴的方式废弃政府的工程项目合同并宣布拒付债务。对于政府工程往往很难采取法律行动来维护自己的利益，也很难实施其他有效的措施，但如果是私营工程，承包商可以采取相应法律行动来维护自己的利益。

对于私营工程项目，承包商为免遭业主毁约或拒付债务的损失，可以在签订合同时要求私营业主提供付款的银行保函或信用证。这样一来，在发生业主拒付后，承包商可以从银行索要一定偿付款项，但对于因终止合同而遭受的其他损失则难以得到补偿。如果是政府工程，很少有政府部门会同意对其工程提供银行保函或信用证。这种没有任何付款保证的政府项目如果处在一个政治很不稳定的国家，特别是在一个与承包商注册的母国没有外交关系的国家时，其付款风险是比较大的。有些国家政府还会使用豁免权的法律规则，使得自己免受任何诉讼。

在2008年之前，很多企业在境外采取优惠卖方/卖方信贷方式来推动EPC项目。通常在合同中规定，信贷部分由项目所在国中央银行开证，财政部担保。但是项目所在国往往负债率比较高,即使存在国与国间背靠背的还款保证,也还是有无法兑现和还债的问题。通过近十年的观察发现,部分国家的项目在建设期满后的还款直接出现了问题,甚至连产油国采取石油共管账户监控下的部分项目,也不得不暂停。

从市场开发风险管理的角度来说,最大的风险就是还款问题。EPC工程项目的最终接收证书(Final Acceptance Certificate,FAC)是由业主签发的,更是可以启动中国信保保单无瑕疵履约的充要条件。在前期开发阶段,承包商就要充分认知和评估项目履约风险,对于涉及新产品、新材料、新工艺,或者国际欧美规范及当地规范的要求的,要充分掌握,确保对所承接项目有充分的尽责履约信心,避免业主方基于债务方面的考虑,以承包商履约中有瑕疵或者工作处理不当为由拒绝签发FAC,导致卖贷还款到期无法支付还款金额。从EPC承包商的角度来说,即无法收到相应的还款。

如某西非电站项目,卖方信贷到达还款期之后,业主方一直拖延还款,该项目从2008年取得临时接收证书,按照合同约定业主方应该开始还款,然而其财政部债务司却迟迟没有落实,项目的前两笔卖贷还款未能按期支付。如果想启用还款担保,保险担保机构理赔政策规定的前提条件是项目无瑕疵履约,但无瑕疵履约又要求业主方开具项目最终完工证书,施工单位与EPC承包商的尾款也是直接与最终完工证书挂钩,这就导致施工单位和EPC承包商的工程还款陷入死循环。后经双方之间的协调,才得以在第3笔卖贷还款时落实相关事项,而项目的最终证书在2012年初才取得,施工建设期结束至最终索得该笔尾款历时5年之久,给企业的资金流和持续经营带来很大的压力。

对此,承包商在EPC合同签订以及设置EPC合同费用支付等条款时,应充分考虑到相关付款条件因素和付款比例系数。例如,在电力建设项目中,可以在商务合同条款中增加规定,电厂的电费收入作为还款担保来行使优先权,这为项目的收款也提供了一定保证。

(5)第三方政府的干预

在国际工程承包市场上,政府干预、干扰市场竞争的情况屡见不鲜,特别是一些西方国家,或历史上在海外有殖民地的国家,经常利用政府间的合作、援助,或者通过信贷中设定某种特殊技术条款要求,以变相达到其大型设备供货出口的目的。在工业项目尤其以电站相关领域更为明显,通用电气(GE)、西门子(Siemens)、阿尔斯通(Alstom)、三菱日立(Mitsubishi & Hitachi)、ABB等一直活跃在世界范围的工程承包领域。

一个典型案例发生于伊拉克：在萨达姆政权被推翻后，GE和Siemens先后与伊拉克政府签订一揽子燃机供货协议，供货协议的范围为除了主机之外辅机部分能供货的全部供货，而且对应技术服务协议的长协也都是很长时间，至今仍有部分单循环燃机如SMAWA（萨玛沃项目）仍然未安装，2018年又先后爆料出GE和Siemens先后和电力部签订项目，以及有美国和欧洲政客向伊拉克政府高层不断施加压力。在类似的项目开发过程中，我们需要充分考虑到与主机供货商的提前协作，甚至有时考虑抢占市场先机签订排他性协议，更好了解业主对于相关国别政府影响力的感知，到底倾向于购买采用谁的主机。

类似的情况在孟加拉国的9H级别燃机项目也是能看到，GE其实是做了EPC承包商，供货及项目管理等权重已经达到60%，留给中国企业拼命杀价，最终本质上是30%多的合同额扣着一个100%的责任。在类似的项目开发时，我们就要充分考虑参与该类项目的意义何在，是为了公司的业绩突破，为了守一方市场，还是为了维持公司的现金流，往往已经不是把盈利置于首位了。

（6）国有化没收外资

有些国家根据本国经济和政治的需要，通过某种法律直接对外国在该国的资产宣布没收或占用，国际工程承包商也会因此而受到波及和影响。有时，在宣布国有化的同时，可能给被没收资产的外国公司一定补偿，但这种补偿往往比较微薄，与原投资金额很不相称，而且难以真正实现，此类情况在中东和南美洲就曾多次发生。另外还有一些间接没收外国资金的做法，例如，对外国公司强收差别税，拒绝办理出口物资清关和出关等。有些国家在其经济情况恶劣的情况下，甚至会宣布冻结全部外汇，如承包商有幸得到一张暂借外汇的期票，其规定的利率也很低，并且要多年以后才归还本金。例如古巴于1959年将26家美资公司收归国有，并宣布延期支付补偿费，实际上并没有支付。2016年津巴布韦的本土一体化方案，对于外资企业从事项目都有一定的影响。

国有化没收外资，主要是针对投资类的项目，从施工风险管理的角度，可能会涉及项目暂停、机具设备无法回运、进度款难以回收等一系列的问题，且这种债务问题在短期内基本都难以得到解决。基于此，承包商需要做好如下方面的工作：

1）深入调研投资目的国在保护外商投资方面的法规。为了保护外商直接投资的合法权益，许多国家都通过宪法或外资立法的方式对国有化风险提供保证，明确规定只有在法律限定的条件下才实行征收或国有化，并给予补偿，以此来维护外商在东道国投资的安全，以利于吸引外资，发展本国经济。如阿根廷、马来西亚、菲律宾、前南斯拉夫等国的宪法明确规定，征收财产必须为了公共利益，通过法律手段和法定程序，并予以"公平""公正"或"充分"的补偿。

2）要时刻关注相关风险，适时调整投资策略。发生相关风险时，提前通过与项目所在国企业或个人合作，分享利益或所有权利，或者采用属地化经营等方式来规避国有化风险。

3）短期利润最大化策略。部分西方工程公司从事市政交通工程项目，其报价奇高但是通过宗主国的影响仍然可以获得项目合同，往往完成40%~50%的进度即可收回全部项目成本，短期内实现利润最大化。

4）购买海外投资保险获得征收风险补偿。

2.1.2 经济环境

（1）自然资源

自然资源的储备情况、世界排名情况、资源开发和利用情况，是项目所在国国家经济实力的充分体现。我们目前开展国际工程EPC项目的多数国家为中等以下欠发达或者较发达国家。在项目开发阶段，对于所在国别的资源情况一定要有充分的了解，尤其是受国际大宗物资价格波动影响较大的资源，如石油、天然气、有色金属及农产品等。

（2）产业结构

1）产业分析

项目所在国主导产业情况，工业、农业、服务业等占比情况。通过产业结构了解主导行业，和主要工业或者农业的支柱企业。如委内瑞拉、伊拉克、安哥拉、尼日利亚、赤道几内亚等都属于典型的能源产业占主导地位，主要工业行业为石油行业；部分太平洋岛国的产业结构主要是旅游、渔业等。部分EPC工程项目所在国家产业结构过于单一，对主要行业的经济依赖性过重。加之在上述国家开发执行的项目通常是以资源换项目和石油换项目等模式为主的优惠贷款项目，在国际油价高位运行的时期，丰益的石油收入和产生的石油预算外汇收入让部分国家已经完全抛弃原来传统的经济支撑点（如农业），而在国际油价低迷时，单一的石油经济会使其遭遇灾难性的打击，使其面临连续的财政赤字，连基本的财政支出都无法保证，直接结果就是发生严重的通货膨胀。

2）项目所在国的供应情况

中国EPC承包商"走出去"至今，多数还是在欠发达或者较发达国家开展业务，开拓高端国际市场的能力还亟待加强。中低端国家最直接的问题，就是水电供应（生产生活用电，生活饮用水、生活用水、现场废水处理）保障能力低下，当地地材、施工机具等欠缺，或者大量欧美日韩淘汰的二手车和机具充斥当地设备市场。部分经济水平低下、科技落后的国家和地区，机械加工能力、通用配套件以及交通、货运能力都非常有限。而部分发达国家则存在市场规模小，价格敏感的风险。当有类似规模的大项目同时执行时，往往会对当地地材、机具设备租赁价格等形成冲击。

项目前期开发阶段，由于对当地情况都不够熟悉，并且受到项目周围实际情况的制约，如电站、水泥厂、铁路、公路等项目多在荒郊野外较为偏僻地区。虽然做过一些前期勘测和考察，但在考虑到项目及时签约以及工期因素等综合影响下，承包商往往被动地做出选择，有时甚至做出某些不切实际的预想。例如某非洲电站项目，承包商预想电力完全由柴油机供应，生活饮用水选择购买纯净水，生活其他用水选择用水车从附近村镇购买，机具可以完全从当地市场租赁等。但实际实施中，长时间运行的柴油机存在稳定性保证问题，致使频繁检修，以及当地柴油燃料费浮动（价格一直上涨）都会使得项目发生大量预算外成本支出。同时频繁维修也会影响生产施工，工效降低。日常用水的供应更是一个巨大的挑战，项目经常会发生水车及水源抽水泵故障而导致现场无生活用水供应的局面。非洲热带地区，水源不够洁净还可能引发霍乱等传染病，由此引发的不仅仅是费用增加，工期延误，甚至还会出现员工生病甚至伤亡。许多在国内常见的、廉价、易于采购的材料部件，经常是到了当地才了解到其在当地采购的巨大困难，在工期趋紧的情况下，最后不得不从国内临时组织采购，花大价钱空运至现场，这对整个项目的工期和成本会造成较大影响。

例如波兰A2公路项目，除项目本身风险外，其失败还有一个原因，就是当地很久没有如此大规模的基建项目，当其建材市场突然产生如此大量的土石方以及混凝土需求时，当地土建大宗材料的供货市场、机具设备租赁市场的供需平衡被打破，各种资源价格都飞速上涨，远远超出项目市场开发阶段的价格测算。

再如，2016～2018年的铜钴矿开发热土刚果金加丹加省，在方圆30～50公里的区域内，同时有近40家中外企业从事铜钴矿等开发。刚果金首都到加丹加省卢科维奇的内陆运输遥远，而且中途还经过不稳定交战区，当地又对公路载货承载力有30吨的上限要求，加之整个港口的运输车日常保有供给量只有100余辆，在如此密集的项目集中上马情况下，内陆运输成为一个巨大的挑战，给各项目带来的不仅仅是费用的压力，更是工期延期和项目履约的压力。因此在EPC项目开发阶段，物流环节的供应保证尤其需要进行充分的调研。

在国际工程EPC项目开发阶段，对于合同金额达一定规模的国际工程项目，如何考虑施工过程中的主材、辅材供应及匹配一定是跳出一个项目去看宏观，跳出一个地区看国家甚至周边几个国家和地区。还要仔细考虑当地供应链环节的各种因素，考虑EPC合同界定的水能供应责任（水电相关），并严格要求业主方去落实执行。如果业主不解决，则施工期间应该按照最稳定、安全的标准去考虑，在稳定的水净化设施及电力接入点附近来建设配套水电供应系统，尤其在非洲等公共卫生设施落后的国别和地区更应如此。对于机工具、地材供货，应做充分的调研和了解，必要时可以通过自行建立砂石料场解决混凝土的砂石供应问题，当地无法获取的其他材料则考虑从国内或者第三国市场购买，机工具则应尽量按照新购置机工具投入施工作为计价标准。

3）资金链情况

在市场开发阶段，要充分考虑项目的资金链保证，甚至是在开发签约或执行过程中当项目面临暂停或者临时下马，项目发生严重应收款问题时的处置预案。如国内某石油公司在海外通过石油账户等投资项目产生大量的应收款项，主要原因是非洲、中南美洲部分国家的项目受国际油价影响导致资金链的断裂。对于施工单位，尤其在开展前期勘测、前期施工机具进场、项目备料阶段，项目还没有太多的产值，但企业自身却垫付了大量资金，造成大额资金占用，严重影响了企业的持续经营。

在承接和执行相关国家项目时，要密切关注该项目所在国的经济情况，尤其是现汇项目要关注其政府每年的财政预算批复情况。融资项目也要关注国家的主权评级等因素，否则当发生贷款行突然临时暂停信贷支持时，项目将难以为继。如苏丹某电站项目，国际油价在2018年前10个月一直攀升，期间部分融资担保的一揽子协议陆续敲定，但是从10月份之后国际油价迅速大幅下跌，到2018年12月份跌破了部分国家财政预算的定价油价，导致此前签订的一揽子石油框架协议的推进由于更高的石油产量输出要求而延缓。

（3）宏观经济

宏观经济要从国家主要宏观经济变量的角度去分析，重点审视项目所在国GDP增长率和通货膨胀率的变化。GDP增长率受多方面的因素影响，典型的如国内安全形势，工农业产品生产和出口情况，贸易、投资和一般的商业活动的发展，政治问题和经济结构上的调整等,通常我们可以从各方渠道获得相关宏观经济变量,作为参考借鉴。对于从事国际工程项目的承包商,通货膨胀率在宏观经济层面的影响更加敏感,因为通货膨胀直接导致的就是货币贬值和商品价格的巨大浮动,项目所在国往往会出现生产生活物资材料价格大幅度或者无规律单向上涨、市场混乱、生产性企业无力经营、社会治安形势动荡等问题。像委内瑞拉、津巴布韦等国家,甚至发生了本国货币"无限"增大面额的极端情况。在此类国家的项目开发中,汇率风险和物资供给保证往往是市场开发阶段首要重点考虑的。

如委内瑞拉某大型国有电厂项目(合同额10亿美元以上),在项目签约初期,官方汇率是1美元兑2.2玻利瓦尔,黑市汇率是1美元等于8玻利瓦尔,但是2015年一年委内瑞拉的通货膨胀率达到了150%,对于一个食品和日用品90%靠进口的国家,疯狂贬值的玻利瓦尔导致生活用品极度短缺。排队购物是老百姓生活的重要内容,抢劫更是频繁发生。到2016年6月份,美元兑玻利瓦尔的黑市汇率达到了1∶1000,委内瑞拉纸币形同废纸,使用5元当地币作为包装纸比一张纸巾还便宜。现场施工物资、生活物资的保障成为很大的一个挑战,很多物资无法从当地购买,同时也造成了巨额的成本支出。

在对外签约执行中应力争以美元作为计价货币,对于部分国家有在岸成分且涉及当地币要求的,一定要指定详尽的执行方案。对此应该在项目的前期策划以及执行中,采取主要生活物资国内提供和日常当地市场采购的双轨制供应方式,从而保障现场生活的稳定。对于必须当地采购的生产物资,在项目效益预算范围内,应尽早集中采购,而对于能通过周边国家和国内运输的物资,则应通过周边国家和国内运输解决。

(4)金融货币

在金融货币方面,要密切关注项目所在国中央银行维持开放、稳健还是紧缩等货币政策,以及相关政策能否有效控制通货膨胀,是否支持美元的顺利流通,有无强制结汇和严格的汇出约束,与国际货币基金组织规则接轨情况,有无从技术层面寻找更有效的货币政策等。与中国企业去开发执行项目最密切相关的是项目现金流的保障,即使是贷款项目,也涉及美元汇入之后,是否能顺利从当地银行取出的问题。部分国家如孟加拉国、伊拉克、尼日利亚等,即使在如花旗银行、渣打银行、汇丰银行等国际一流银行开户,一次性提取10万美元的额度可能都要提前1~2天预约。

2016年6月20日(周一),尼日利亚开始放弃该国货币奈拉对美元的固定汇率，当天奈拉汇率暴跌，跌幅近30%❶，官方与黑市美元兑换汇率很快从1∶160下跌到1∶500。据尼日利亚《抨击报》2018年9月13日报道，MTN集团❷首席财务官Ralph Mupita周三表示，尼日利亚当局要求MTN支付101亿美元，这使得MTN在该国首次上市的计划相当具有挑战性并且十分尴尬。尼日利亚中央银行要求MTN将违规汇到国外的81亿美元资金调回尼日利亚。同时，尼日利亚联邦总检察长办公室要求MTN补缴20亿美元税款❸。

据中国商务部和海关总署统计，2018年全年，中国与尼日利亚两国贸易额达153亿美元，在尼日利亚承包工程新签合同额170亿美元，完成营业额41亿美元，分别增长48.2%和30.4%。尼日利亚继续保持中国在非洲第一大工程承包市场、第二大出口市场、第三大贸易伙伴及主要投资对象国地位❹。数据说明一切，尼日利亚是非洲国际工程承包市场的热土，更是市场开发营销关注的重点对象。为了有效应对这一风险，承包商在经济预警机制交叉或者外汇储备薄弱的国家从事工程项目时，一定要尽量以硬货币作为合同支付货币。如果以当地币计价支付并且无法兑换硬通货币，尤其是从事工程承包的土建施工企业，可以考虑进行当地贸易，例如在当地购买大量的土地，力求未来可以保值或者止损。中国信保对于尼日利亚的担保政策从2016年初的谨慎负面，一项目一议，到2018年调整为一揽子大框架，政策快速变化。如果不能将金融货币的变化过程与宏观政策面的信息实时同步分析，就会误判或者错过良好的合作机缘。

（5）经常性收支与主权债务

在工程执行期间，项目所在国和地区的外汇储备变化，也是需要承包商密切关注的。通常，企业习惯于重点关注项目所在国的经济排名、资源物产情况等，而对于外汇储备却关切度不足。尤其是信贷项目，经常存在以为只要取得国内保险担保机构的支持和担保，就能确保相安无事的侥幸心理。对于以现汇方式计价的机电工程项目，以及属地化程度较重的房建、路桥市政项目，项目所在国一旦发生财政赤字，势必直接导致通货膨胀，随之就发生大量交易硬通货币的情况，这时其国家外汇储备就显得

---

❶ 中国新闻网. 尼日利亚放弃奈拉对美元固定汇率一天暴跌近30% [EB/OL] http://www.chinanews.com/cj/2016/06-21/7911078.shtml，2016-06-21.
❷ MTN集团（MTN Group）是南非最大的电信运营商。
❸ 中华人民共和国驻尼日利亚联邦共和国大使馆经济商务参赞处. MTN在尼日利亚的上市之路充满挑战[EB/OL] http://nigeria.mofcom.gov.cn/article/jmxw/201809/20180902786551.shtml，2018-09-13.
❹ 中央广电总台国际在线. 中国尼日利亚经贸合作向高质量发展2018年双边贸易额达153亿美元 [EB/OL] http://news.cri.cn/20190130/1e252974-f0b2-94d7-dcd0-f013504e6825.html，2019-01-30.

特别重要。一方面是可能没有美元支付相关合同进度款，另外一方面大量的当地币迅速贬值，如果不能转为硬货币，可能导致多年苦心经营的利润化为乌有。

从宏观方面来说，国际政治经济形势变化所带来的不确定性因素越来越不容忽视。一是中美关系仍有很大的不确定性，势必对世界经济形势产生重大影响，使得世界经济下行的风险增大；二是"逆全球化"思潮和贸易保护主义威胁全球贸易稳定增长，特别影响企业对发达国家市场的业务拓展；三是国际贸易和商品市场波动可能加剧，美元加息将加剧国际基建市场的汇率波动；四是国际贸易规则面临重塑；五是部分国家政局不稳、政权更迭带来的风险凸显；六是受石油等大宗物资价格波动的影响，部分国家的财政状况改善尚需时日。

经常账户是否出现赤字、进出口贸易是顺差还是逆差、国家外汇收入主要依赖对象等，也是企业必须关注的。主权担保（Sovereign Guarantee），相信是所有从事国际工程市场开发或者营销人员最熟悉的名词之一。对于非现汇类项目，能否提供主权担保应该是核心问题之一。

我们不得不承认一个现实，那就是目前我们从事国际工程承包的市场国别，多数是贫穷落后国家，受巴黎俱乐部（Paris Club）协议或者国际货币基金组织（IMF）的约束，多数国家已经无法提供主权担保，或者提供的主权担保效力不够，甚至部分国家如刚果布、埃塞俄比亚、赞比亚等正处于主权担保违约的边缘。如果我们目前开发的项目，未能有中国信保在2018年陆续推动签订的几个一揽子框架担保，项目无论是采取优惠贷款还是商业贷款融资，都很难有实质性的推动，对于类似的项目，即使签约可能也仅仅是短期内解决公司新签合同额的经营任务压力，与目前主流的企业经济增加值考核（Economic Value Added，EVA）相差甚远。

2.1.3 自然环境

自然环境主要包括气候、季节、自然资源、地理位置等因素，从多方面对企业的市场开发活动产生着影响。市场开发人员必须熟悉不同市场自然地理环境的差异，才能搞好市场营销。自然环境是从事国际工程承包商在EPC项目经营开发阶段的技术考量依据，是EPC合同商务定价的基础要素。如果自然环境方面的参数在前期没有充分的调研和掌握，则对于项目执行期间运输保证、工期控制，以及项目移交之后的性能试验和运行效率考核都是很大的风险。

如从事发电项目，在多数非洲和东南亚国家，漫长的雨季占据了施工季节的多数时间，期间运输保证、施工流水节拍影响、临海国家的盐雾腐蚀度以及温度、湿度对于机组出力、热耗的影响，往往在项目开发期间很难一下子掌握。按照国内设计院既有工作思路，直接发个搜集清单，要求业主提供50年的水文、气象、测绘等资料是不现实的，部分国家建国时间还没有这么久，或者没有健全的水文气象检测系统，类似的信息记录和储备严重不足。因此，承包商要因地制宜，深入调研当地类似或者邻国可借鉴经验参数，做好冗余余量或者结合考虑的假定值修改相关参数。再如在中东地区4～10月份从事大体积混凝土或者路面沥青施工，需要充分考虑当地的高温影响，不能仅仅看个历史气温记录就贸然行事。

2.1.4　社会环境

发展与安全是推动公司境外项目可持续发展的两个车轮，缺一不可。境外项目的整体安全管理工作将成为直接决定项目能否顺利实施以及项目盈利高低的关键。中国企业"走出去"从事项目的时间已经很长，但企业对于社会风险的评估管理仍相对比较落后。随着互联网的发展，相关信息的互联互通，中国企业"走出去"之后对外承包商会和很多配套的安保公司的成立，相关安保工作及国别风险预警工作已经有了长足进步。对于典型高风险国家，商务部驻外经商处在项目开发前期也明确要求承包商提供由国内专业安保机构出具的项目所在地区安全评估报告。

抛开项目执行所在国政府政权更迭等事件不谈，近几年发生了多起海外典型安全案例，如尼日利亚先后发生的多起绑架、恐怖袭击等事件，利比亚、南苏丹撤侨事件，伊拉克某电站项目企业撤出上千人事件，也门项目通过索马里护航军舰撤侨事件，马里丽笙酒店发生的中资企业高管人员遇袭事件等。每一个事件的发生，都对项目承包商，尤其是施工单位的人员安全保障提出了非常高的要求。

按照以往的经验，我们从事境外EPC项目施工往往强调的是职业（Occupation）、健康（Health）、安全（Safety）和环境（Environment）。最近五年以来，更多的EPC承包商开始关注健康、安全、安保（Security）和环境。针对社会安全，企业出于自身立场或者不愿自揭家丑的考虑，目前相关可借鉴内容和实际操作的案例并不多，典型的如社会治安、文化和宗教冲突、社区关系、工会组织和假期因素、合同因素等五个风险点必须在市场开发阶段给予充分的考虑。

（1）社会治安

社会治安主要因素包括国家或者地区危机、政治谋杀、街头帮派冲突、武装抢劫等暴力犯罪、走私活动、选举暴力等。项目开发阶段,首先可以参考全球安全系数(Global Peace Index)排名,全球安全系数排名参照了24项指标,并逐项做出分析。国内目前相关部委、智库和科研院所、保险机构也陆续出台国别地区分析、"一带一路"沿线国家安全风险评估等指南。针对相关指南以及项目所在国安保防控体系的特点,针对性地选择保安公司、警察、军队防护等措施,同时增加营地的物防和监控设施,并与项目附近社区、地方政府或者部落族群建立良好的沟通协作机制等,都可作为项目开发阶段的安保方案选择。在战乱及恐怖主义频发的国家和地区,为了降低出现绑架事件时的经济风险,应考虑投保特定的绑架勒索与赎金保险(Kidnapping and Ransom Insurance,又称K&R Insurance),即在发生绑架或勒索时,由保险公司负责联系国际谈判专家与绑架分子进行谈判和协商,并对保额覆盖的赎金部分进行赔付。

(2)文化和宗教冲突

不同国别、地区经济发展的不平衡,项目地的风土人情、文化习惯、宗教信仰等经常会演变出因耕地抢占、牲畜草场矛盾、部族试图独立等因素而引发冲突。当不同人群存在信仰差异时表现更加严重,如伊斯兰教、基督教、天主教下不同分支,或者交叉生活生产区也会容易发生各种宗教或教派间矛盾。在经济结构单一的国家,如原苏丹、尼日利亚、伊拉克等,中央政府对于石油利润分配不均,地区经济发展差异较大,使得宗教冲突更容易发生。汽车炸弹、人体炸弹的袭击事件层出不穷,并且已经不仅出现在不发达或者欠发达地区,在一些发达国家人群密集场所也有类似的袭扰。

我们首先要做好中方员工出国之前的培训和教育,没有接受过培训教育严禁其出国工作,要定期做好施工期间的检查和情绪疏导,并利用业余时间组织一些活动,去促进中方雇员和当地雇员的文化融合及关系融洽,发展项目和周边社区的社群关系。

(3)社区关系

在境外从事项目,因为项目执行过程需要引入大量中方或者当地的劳工,现场的生活物资供应等不可避免地会与周围社区发生关系。当地社区有社会活动需求,可能会要求活动赞助或者公益帮扶,现场雇佣的劳工也会不时提出不合理的要求,甚至罢工、组织成立工会等。如果处理不好,随时可能成为潜在风险因素。避免与当地社区产生矛盾的一个关键方法,就是扩大当地社区在项目建设运营过程中的参与度。这需要事先确定公司活动如何对当地社区产生影响,并且预先采取措施来避免问题。在当地雇用员工,以及与当地公司签署供应商合同等相应的措施均能促进与当地社区的关系发展。开发阶段就需要界定好当地用工比例问题，当地物资采购供应解决方案，以及拟考虑为社区解决的社会责任，如兴建校舍、装修医院、捐助医疗药品或图书等。同时，还应提前准备中国劳工在当地的管理实施细则等，规范中方员工在日常生活和工作中的社群行为。

西非某国央企大型海外水泥厂项目，因为对于中方员工管理约束性不强，中方员工与周围村民发生纠纷，继而引发上百名周边村民持棍棒、刀具到中方施工营地殴打人员、砍砸车辆等恶性事件。又如孟加拉国某燃煤电厂项目也引发周边民众抗议，导致抗议活动中反对者和支持者发生冲突，不止一次造成了死伤事件。

针对上述风险，建议在项目开发阶段就要考虑相关的预警、防范、安保培训，以及安保建设的人防、物防、技防等方面的解决措施和费用。尤其在国际工程EPC项目总价固定的情况下，此类安保费在典型国家可能达到几百万甚至上千万美元的数量级，一定要在开发阶段就考虑到位，并且不可认为在商务合同中约定安保由业主方负责就放任不管，这将可能造成后续合同生效和开工方面的评审很难取得中国政府的支持。

（4）工会组织和假期因素

1）工会组织

经济全球化使劳工问题成为一个全球性问题。因全球化后资本可以自由流动，而劳工并不能自由流动，以劳工为主体的"逆全球化"思潮正在威胁全球贸易稳定增长，特别影响企业对发达市场的业务拓展。虽然在全球范围内，工会的力量，工会组织的谈判力度、工会组织率在逐渐走低，但是工会组织的挑战仍然是中国企业海外执行项目的一个很大的挑战，尤其在属地化员工占比较大的项目，如果没有应对措施，工会组织对于劳动教育和培训的要求、薪资涨幅的要求等往往是EPC工程项目成本中没有考虑到的部分。如果简单粗暴地不允许雇工在中国EPC承包商承包的工程项目地点成立工会，其合规性值得商榷。应该更多地学习和借鉴一些西方国家的经验，以及在商务合同谈判时充分考虑工会组织罢工对于项目的影响。

2）假期因素

在多民族国家，穆斯林的假日和基督教的假日都为全国公共假日，而且假期的周期较长，其中，在几个较大的节日，如基督教每年圣诞节到新年期间的圣诞节、元旦，穆斯林的宰牲节期间，对于当地雇工的使用需要慎重。同时，因为假期因素，地材、油料、运输等供应保障也有问题，这都对工期产生重要的影响。另外，政府部门和企业运作效率的低下以及不能回避的贪腐现象,直接导致了项目进展迟缓,项目成本支出大幅上升,企业的盈利水平也随之下降。

对此,应着重了解项目当地的运作环境,充分考虑潜在的运作成本,并拿出切实可行的应对措施,包括考虑有效的工作时间、当地劳工的工作效率,并对涉及政府审批的事项与政府换届等事件留足富余量,进度计划的制定不可冒进,以确保企业的盈利水平。同时,我们也要尊重东道国的假期,不能以刚走出国门时的土办法强压,以假期期间不来上班就开除或者扣工资来威胁,要重视对当地蓝领工人的培训和白领管理人员的吸纳,更好地加强融合和增强互信。

(5)合同因素

合规经营要求我们在市场开发阶段把界面划分明确,在市场开发阶段认真思考如何应对过程中出现的问题,从合同责任或者接口管理原则细化到更高的层级,并加强内部执行过程中的催促和监督。不要轻易听信代理人或者业主方的口头承诺,边干边谈。在合同生效条件和开工条件的谈判环节中,一定要设立多个关键节点,其中有一条不满足也不能正式开工。例如,某企业第一个走出国门承接的东南亚某电站项目在前期开发时明确项目的临时水、电、道路等均需要新建,EPC承包商意识到风险后在涉及当地水务、交通、征地等多重因素的情况下,应力争在合同中将此约定为业主方责任,可是项目开发人员开发心切,听信代理人后续可以通过谈判重新调整,合同生效条件仅仅约定为签约即生效,公司在签约评审时也一路绿灯通过,导致后续项目的实际执行中,由于此项规定造成了巨大损失。

对于部分贫穷落后国家,可能很多年都没出现较大规模的项目,一旦发生突发事件,组织间及内部协调的矛盾就暴露无遗。如发生暴恐活动时,会出现项目暂停及人员不能及时撤离、相关保障措施无法到位、现场工人闹事等情况;因为暂停导致项目相关工程进度无法实现,相关发运至现场的施工材料达不到计价议付条件,现场大型机具设备长期滞留、闲置。例如,中东某电站项目因突然发生战乱不得不进行人员撤离,根据提前准备好的相关突发事件应急预案,因为项目执行暂停的中期结算原则,比如施工已完工部分(业主方确认进度部分)、施工半成品部分(如模板支护完毕未浇筑混凝土)、业主确认和未确认项,已经采买发运至现场的材料计价原则,国内采购未发运材料处理原则,对于相关机工具费用的约定和费用计价原则等,这些看似都是或有事项,但是在特定事件发生后,对于EPC承包商都起到了很好的保护和事先预警作用。

2.2 市场情况

2.2.1 与中国协定

中国政府目前与其他国别签订的协定有很多种，从事国际工程项目开发，应至少关注项目执行国别是否与中国达成下述相关协定，其涉及自由贸易、技术合作、税收、签证等多方面。

（1）自由贸易协定（Free Trade Agreement）

两国或多国间具有法律约束力的契约，目的在于促进经济一体化，其目标之一是消除贸易壁垒，允许产品与服务在国家间自由流动。这里所指的贸易壁垒可能是关税，也可能是繁杂的规则等。自2002年以来，我国签署了16个自贸协定，自贸伙伴遍及亚洲、大洋洲、南美洲和欧洲。目前，我们正在进行的自贸区谈判有13个，包括《区域经济伙伴关系协定》、中日韩自贸协定等❶。

（2）双边投资协定（Bilateral Investment Agreement）

指资本输出国与资本输入国之间签订的，以促进、鼓励、保护或保证国际私人投资为目的，并约定双方权利与义务关系的书面协议。这是目前各国间保护私人外国投资普遍且行之有效的重要手段，被视为有关国家投资环境的重要标志之一。中国商务部条约法律司网站有公开的我国对外签订双边投资协定一览表（Bilateral Investment Treaty）❷。

（3）双边税收协定（Bilateral Tax Agreement）

双边税收协定是指两个主权国家所签订的协调相互间税收分配关系的税收协定。截至目前，中国已经和25个国际组织和区域税收组织建立了合作关系，与110个国家和地区签署了双边税收协定或安排；推出了服务"一带一路"建设10项税收措施，拓展国别税收咨询等8个方面服务举措，发布了81份"一带一路"沿线国家投资税收指南等❸。

中国与他国签证互免协定、中国和他国科技合作协定、中国和他国经济与技术合作协议、中国和他国社保互免协定等也同样需要给予关注。

---

❶ 商务部新闻发布会公告—2018年7月26日.
❷ 中华人民共和国商务部条约法律司. 我国对外签订双边投资协定一览表Bilateral Investment Treaty［EB/OL］. http://tfs.mofcom.gov.cn/article/Nocategory/201111/20111107819474.shtml，2016-12-12.
❸ 国家税务总局国际税务司. 投资税收指南［EB/OL］http://www.chinatax.gov.cn/n810209/n810585/n1045488/index.html.，2018-11-14.

2.2.2 主管部门

不同国别对应工程项目的主管部门也是不同的,从事国际工程EPC项目的市场开发初期就要做好项目干系人管理是非常关键的。以电站项目为例,如果业主方是该国的电力部,通常在项目所在国至少会与其财政、税务、海关、移民局、警察归口等部委发生干系,对于干系人在项目中的角色、基本需求和期望、在项目中的利益程度、影响程度、沟通策略等应给予区分,针对性对待。表2-1、表2-2均可作为参考。

项目干系人分级表(范例1)　　　　　　　　　　表2-1

序号	主要干系人	项目中的角色	基本需求与期望	利益程度(H.M.L)	影响程度(H.M.L)	管理这种关系的沟通策略

项目干系人分级表(范例2)　　　　　　　　　　表2-2

级别	性质	干系人	原则	方法
一级	非常重要	业主、投资方、公司领导	必须全力满足其所有利益,重点管理	充分沟通了解其需求,需动态管理
二级	重要,关系密切	监理、施工单位、电力质监站	共同把项目做好,一荣俱荣、一辱俱辱	相互沟通,增进理解,积极协调,有效管控
三级	重要,但因为合同关系,管理力度有限	设计、设备厂商、调试、公司内部部门	引导、配合、帮助业主实施控制	在控制力度能及的范围内尽量施加影响,以协调为主
四级	合同范围及能力受限	政府及其相关部门、最终用户、原材料供应方等	配合业主,协调一致对外关系	全力配合业主,积极提供支持

2.2.3 主要法律

国内企业在法律知识、风险意识、防控能力、法律适应等方面与国际市场接轨仍存在不足和缺失,因项目开发期在商务合同文本方面的不够严谨和重视程度不足,很容易掉进业主设置的"陷阱"。简单的如贸易类项目,存在规定有信用证附加条件生效的条款，或者规定要求信用证受益人提交某些难以取得的单证，使受益人处于不利和被动地位，导致受益人履约和结汇存在风险隐患的条款。与此同时，因为项目所在国无论政体和国体层面的不同，还是因立法权、行政和司法权的设置差异，导致执行期间随时可能面临财务、货币、外汇、税收、环保、劳工等政策的多方面调整和国有化征收等法律法规政策的变化和挑战。

项目执行期更多碰到的是较为典型的政策变动，如税务、签证等政策，这些变化对于项目的顺利实施会带来巨大的影响。非洲国家多为英国或者法国的前殖民地，其法律和政策的体系也多是参照西方国家建立起来的。部分东南亚、南亚欠发达国家存在有法不依、执法不严的情况，中央政府与地方政府不一致，尤其是涉嫌腐败的"吃拿卡要"等问题。

在项目开发初期，虽然EPC项目的利润空间在目前的惨烈竞争下变得越来越窄，但是还是建议相关走出国门的企业，从公司和战略层面安排，完善必需的法律尽调。知己知彼，百战百胜，不要事后诸葛亮，国际工程不是不相信眼泪，惨痛的时候即使是血泪也无法弥补给企业和国家造成的巨额损失。如中信的澳矿项目、中海外的波兰A2公路项目，虽然最终造成损失的原因是多方面的，但是都涉及一个问题，就是当地的野生动物保护条约的要求，前期并没有引起重视。此外，针对东道国是否允许设立外商独资/控股公司，关于将本国货币兑换为美元及其他主要国际货币的限制，关于开立本币和美元/外币账户的限制，关于资金汇出（贷款/股东贷款、利息、股息等）的总体限制，对应的解决方案和处理建议都要一一落地。

与此同时，我们更要关注"一带一路"的法律研究在发展中国家和发达国家是不同的，如果不能意识到多数发展中国家的法律是照搬西方的，平时法律约束并不明显，但是针对严格执行依法执行，合规性问题或者开发阶段的擦边球问题，一旦碰壁，很难处理。西方国家的经验值得借鉴，但不能照搬。在复杂变化的国际环境下，因为我们的视角、思维方式以及和发展中国家的关系，都是不同的，以美国的"长臂管辖"为例，更要密切做好企业在法律环节的合规经营问题。

2.2.4 税务方面

（1）代扣税费（Withholding Taxes，WHT）

"一带一路"倡议涉及的东南亚和南亚国家多存在代扣税费事宜，如中国某企业在巴基斯坦承建的某电站项目，依照商务合同，要求当地税务代扣缴返还，可以理解为免税项目，但是所在省级政府税务机构另行一套，一直要求征收一定比例的个税，项目部为了处理这个问题，投入大量的时间、人力，即使走到诉讼程序环节，也未能彻底解决相关问题，其直接影响到进度款回收和项目现金流的运转。当下，中巴经济走廊相关项目建设如火如荼，中国企业在巴基斯坦从事大量的基础设施投资、EPC等项目，对于在巴基斯坦从事EPC项目，应充分做好税务尽调和法律尽调，同时要充分考虑项目具体执行时地域地方政府的要求，以及中央政府对于地方政府的做法有无默认或者放任的"潜规则"，尽量减小损失。税务筹划的关键在项目开发期，到了项目执行期，即使专业机构往往也无力回天。

（2）增值税（Value Added Tax，VAT）

非洲部分国家，尤其在按照当地币支付进度款时，业主通常提出WHT和VAT，但是对于业主是否将VAT部分上缴国库，承包商往往不会要求业主提供纳税证明，仅仅提供承包商与业主进度款收款的函件和形式发票。而税务部门则纠缠于承包商，认为承包商是纳税方。承包商往往狭隘地认为业主方是对方的部委、州政府或者大型国有公司，不可能会出现不缴纳VAT的问题，从而主观地误导了决策。因而，切记要求业主方提供纳税证明，一则可以防止对方税务部门的纠缠，二则可以在国内抵扣部分相关税费。

（3）常设机构纳税义务

中国企业在海外开发项目前期，往往是在当地设置办事处而不是注册，从而解决当地银行的开户问题。对于我们设立的常设机构或者后续注册的公司纳税问题，较多时候是打擦边球，未进行法律或者税务尽调，属于官不究民不举，事后再想办法处理。在目前国际合规化要求愈加严格和规范的情况下，常设机构的纳税义务在项目的开发阶段就要予以关注，相应的尽调和税务筹划要早早布局。

以中东热点国家伊拉克为例，伊拉克所得税法没有常设机构的概念。但是，在伊拉克公司法下，通常任何在伊拉克从事生产经营活动的非伊拉克企业都必须注册一个法律实体（例如公司或分公司）。但是，关于在伊拉克"从事生产经营活动"并没有具体的定义，通常，当企业在伊拉克拥有固定的办公场所（包括租赁的办公场所），或者雇用了非临时雇员，企业就产生了相应的义务。同时，伊拉克官方重申任何欲在伊拉克提供服务的非居民都需在伊拉克注册法人实体，并禁止伊拉克公司与未在伊拉克注册法律实体的非居民企业开展与服务相关的合作。

与伊拉克实体的业务往来不会产生纳税义务，而在伊拉克开展业务则会产生纳税义务。被认定为在伊拉克开展业务的外国公司需要在伊拉克注册为企业所得税纳税人并申报缴纳企业所得税。另外，在伊拉克开展业务的外国公司将款项支付给其供应商时将会产生预提税/预扣税的纳税义务。

所有在伊拉克开展业务的企业都应按伊拉克会计准则准备经审计的阿拉伯语财务报表，并由具有伊拉克执业资质的审计师签字。年度财务报表与所得税申报表应于下一年度的5月31日之前一同提交至税务局。在企业提交财务报表和所得税申报表之后，税务局会审阅相关文件，并可能要求企业提供审核所需的其他支持文件及信息。税务局通常会要求企业就财务报表中的信息提供更多的细节或分析；在评估过程中，税务局也可能要求与纳税人面谈或要求纳税人提供其他文件及说明。在此之后，税务局会正式签发一份纳税评估备忘录，说明企业应缴纳的所得税税额。该税额在经税务局层层审核之后，才会由主管税务机关的负责人签发。一旦税务局签发了纳税评估备忘录，企业应在三日内缴纳税金。在缴纳所得税后，税务局会向企业提供一份收据作为企业支付税金的证明或者预提税可以抵减应纳所得税额的批复。

2.2.5 优惠政策

在开放和多元化竞争的国际环境下，相关国家在国际贸易、自贸区和工程承包项目方面陆续出台一些优惠政策，对于国内的EPC承包商是利好，如国家重点项目达到一定规模级别可以给予劳工配额的提升、工作许可证豁免、相关清关工作可将设备运输到现场再执行并给予项目税费和个税的减免优惠。部分产油国对于西方石油公司将本国货币兑换为美元给予特殊通行证，对于当地开立美元/外币账户放松限制，甚至竞标程序对于某类项目可以不适用当地强制性招标法律程序的特殊许可等。但我国承包商目前还未能深入了解项目所在国的此类相关既有优惠政策并加以利用。

国家层面为了支持企业走出去，对于中国设备、材料的出口也给予出口退税的优惠。财政部国家税务总局关于个人金融商品买卖等营业税若干免税政策的通知❶，也明确对于从事境外建筑业劳务暂免征营业税。对于项目开发报价阶段，出口退税和相应施工阶段的税费也是EPC工程承包企业的潜在利润点，伴随国内以大数据著称的金税三期落地，后续能否把出口退税和建安营业税的红利通过管控兑现，对承包商提出了更高的专业化要求。

---

❶ 财政部，国家税务总局. 关于个人金融商品买卖等营业税若干免税政策的通知［EB/OL］http://www.chinatax.gov.cn/n810341/n810765/n812166/n812617/c1087145/content.html, 2009-9-27.

2.2.6 市场准入

所谓市场准入（Market Access），是指一国允许外国的货物、劳务与资本参与国内市场的程度。《服务贸易总协定》第16条规定，成员方给予其他成员方服务和服务提供者的待遇应不低于其在承诺义务的计划表中确定的期限、限制和条件。通常来说，加入世界贸易组织（World Trade Organization，WTO）的国家应遵循世贸组织的相关规定；未加入世贸组织的国家和地区，项目东道国通常会有专门的许可证制度。

我们在项目开发前期，要充分了解涉及项目的技术有无许可和转让要求，项目配套的设备是否有特殊要求，以及对应标准和规范的适用性。由于国际服务贸易不存在关税壁垒，加之该领域涉及较多部门并对国家安全和经济正常运行的敏感性较高，各国国际服务贸易水平相差悬殊，使得《服务贸易总协定》中的市场准入只适用于各成员国所承诺开放的部门和分部门，而不适用于其未予承诺开放的部门。

例如，《中国禁止出口限制出口技术目录》明确农药行业的功夫菊酯类产品出口，必须要通过中国科技部和商务部的审批许可，对于该类项目开发，如果前期不了解，贸然承诺或者签订合同，势必会降低承包商的诚信度甚至造成商务合同违约。海湾合作委员会（Gulf Cooperation Council，GCC）的机电工程项目，原则上要求设备原产地是欧美日韩，即使GE、Siemens、ABB等中国的合资品牌也往往很难进入，在项目开发前期的设备询价以及供应商短名单准备上就需要投入更大的精力去进行成本测算，对与之对应的现场服务进度计划和费用控制也提出了更高的要求。再如涉外精细化工领域的"三废"排放标准通常是采用欧洲标准，而对于欧洲标准，我们国内设计院在目前阶段的习惯做法还是按照国内标准设计，再通过项目东道国或者第三国的设计院进行设计转化，往往导致因为施工图设计审查造成工期延误；此外，在欧洲等国家从事项目，环评问题往往都不是东道国一个国家能决定的，还需要邻国的批准。

2.2.7 商业标准

在国际工程承包市场上，近些年出现的仲裁争议纠纷或者典型案例中往往都涉及商业标准。关于标准规范的界定，中国企业目前通常习惯仍然是较多依赖国内的设计院，更多采取设计转化，转化带来的后果通常如下：

1）技术标准要求和特定条款的约定，导致某家公司成为唯一供货方，由此使得供货合同价格因缺乏议价空间而上涨，特别是订货周期趋紧时，其报价更是随时任意调增；

2）供货合同附件中的技术服务协议谈判困难，与上述公司进行长期技术服务协议和现场协议谈判，一直是困扰工程承包企业的难点，承包商往往在此类谈判中完全处于被动地位；

3）在技术协议服务人员入场得不到保证，以及全球调配服务人员的组织模式下，相关技术服务质量和效率得不到保证，常常给项目进度带来严峻挑战。

此类情况的典型即燃机电站项目，由于目前国内的燃机技术水平仍然有较大的提升空间，在机组出力效率以及技术出口的限制等多重因素制约下，我国燃机走出国门的仍然较为有限。在中东地区供电项目以燃机为主，多个国家都曾推出快车道（Fast Track Project）项目，美国和德国政府支持GE和Siemens做了大量燃机主机及配套的附属设备供货，并配套长期的技术服务协议。相关设备的调试和现场服务都在签订技术服务协议（Technical Service Agreement）时约定，如服务时间、服务周期等。然而具体实施中，在现场施工期间往往产生诸多问题，导致无法按照协议约定让主机厂商的技术服务人员进场或者发生超期服务等问题，除了造成相关厂家的报价飞速上涨外，还会出现后续新人员派驻现场的协调问题。某中资企业在沙特某燃机电站项目，采用西门子的大量设备，但仅技术服务协议一项的额外支出就达到百万美元数量级。

上述此类问题，不仅要求承包商在获得相关承包合同的经营环节上增强风险意识，也对其施工执行过程的进度计划控制提出了很高的要求。承包商不能按照国内常规的管理惯例和做法去考虑，要充分考虑到整个工期关键路径上的相关瓶颈。适当引入技术专业咨询机构（如长期服务协议谈判咨询团队、燃机调试专业团队），以及从国内引入技术或者有相关从业履历人员进入项目执行团队，提高项目履约能力和风险防范能力，这样才能真正做到有的放矢，同时还要做好相关商务合同管理和索赔方面的工作。如何引入项目所在地或者国际资源，采取国际设计直接设计更是从市场经营开发角度必须要走出去的一步。

2.2.8 劳工政策

国际上不同区域不同国别对于劳务派遣都有着不同的要求，如印度、印尼、马来西亚等国家很难允许中国的非技术工种到其开展工作。埃及要求当地劳工要满足一定程度的比例，原则上外籍劳工进入埃及的比例为项目雇员数量的10%，并且对于劳工的作息休假等有着严格的规定。而在非洲尼日利亚、安哥拉、中东伊拉克等国家从事

施工项目，大量劳工来自中国。这就要求承包商从施工报价阶段就要考虑劳工如何解决，如何获取相关的政策，并对相应项目人员的调遣费、调遣计划等做好科学分析，切忌拷贝模仿国内类似的经验，或者想当然地照搬照抄其他国家的国际工程施工管理经验，切忌事后才发现低估了风险管理。

从外交角度看，各个国家签证基本是保持一样的地位，互发签证的数量和比例也是有一定的约定，绝不是想当然地以为有邀请函就可以申请到签证。签证分为旅游签证、商务签证、工作签证等，而工作签证往往需要在项目所在国或者地区有企业注册，有与项目匹配的配额管理、当地劳工雇佣数量、纳税记录等一系列要求。但是企业在承接项目时，往往对上述内容关注不够，很多公司在当地从事工程承包不重视当地的各种制度，档案管理也不完善，甚至对一些强制性规定往往模糊处理。另外，部分国家相应的签证政策不能支持迅速、快捷的办理和审批，存在项目所在国驻中国使馆的签证办理人员或者部分雇员徇私舞弊，在签证办理过程环节中形成了巨大的寻租空间，各种掮客横行。如果通过正常申办渠道，可能需要3~6个月，为了赶工期，承包商都只好通过代理机构办理。

持商务签证入境开展工作的项目人员，如果签证过期就将成为黑户，或者只能在当地通过黑中介延期，出境时疏通项目所在国海关，这个操作套路仍然在很多国家和区域延续，尤其是非洲国家甚至部分东南亚国家。非法操作常常被冠以保证项目进度的冠冕堂皇的理由，部分现场甚至发生过当地移民局到现场抓人的情况。由此增加的签证办理、延期以及疏通费用成本，以及对出国项目服务人员造成的心理压力，远不是一个有经验的承包商在项目开发执行前可预判的。

针对劳工政策风险，建议在如下方面做好风险控制措施：

1）项目签约生效前，充分调研了解所在国的劳工准入和工作准证政策，如果需要有当地注册公司及配额要求，要掌握清楚相关手续的办理时限和具体要求；

2）及时与我国驻项目所在国大使馆、领事馆领事、事务负责人做好沟通汇报，并争取通过其与业主国驻华使领馆领事负责部门建立直接联系；

3）在商务合同中做好相关的约定，清晰责任，尤其是因为相关政策调整变化带来工期拖期和费用增加的变更约定；

4）重特大项目能否简化流程，部分国家可以接受以承包商信函格式来随时申请并颁发签证，或者经协调项目所在国外交部、内政部、建设项目业主（部委机构），几方协商简化流程和要求将邀请函签证流程直接由对方一个部门对接项目所在国驻华

使馆的可行性;

5）对内加强对于施工分包作业队伍，尤其是劳务输出单位的政策宣贯要求和教育，或者由EPC承包商统一来负责管理；

6）通过行业协会号召宣贯，尽量不要去打擦边球或者纵容代理机构代办等潜规则，营造一个合规的环境。

针对当地雇员，不仅要充分尊重当地的习俗、禁忌，更要理解多数人来自不同地方，初衷还是通过劳动来获得收入，改善家庭生活。应该很好地去处理沟通，充分借助政府、业主方、当地社区等多方关系，给予当地劳工解决出行的劳工接送用车，同时为附近的部族捐献医疗用品、图书等。

2.2.9 项目属地化

EPC项目在选择施工单位及组织施工现场执行团队时，应该结合不同EPC承包商的风格（如窗口公司、主机厂或者设计院出身的EPC承包商、施工单位出身的EPC承包商），窗口公司在商务合同/项目管理/项目融资等方面的能力较强，但是缺乏实体履约的设计院、施工单位以及生产供货商等服务产业链的整合能力。主机生产厂家典型的优势是生产的主辅机价格优势，设计院作为设计核心团队掌握项目的技术根基，但是由其作为EPC承包商时仍然存在商务方面以及设计施工环节的不足。在目前"一带一路"倡议支持大量企业走出去的背景下，首先应该结合EPC承包商的特点去针对性地考虑项目运作和操作模式，考虑是否采用施工总承包管理模式，即由一家施工单位牵头做好整个项目的施工管理工作；或者以自身组织管理队伍或者借助专业咨询团队，组建施工管理团队，来管理不同的专业分包单位；或者以联营体形式，选择土建或者安装中某一方，或者国际上知名承包商或者具备较丰富经验的单位作为领导方，从"借船出海"逐渐转变为"造船出海"。

此外，更要考虑项目东道国对于属地化原则的要求。对于属地化，不应仅仅理解为企业用的工人是项目所在地的人，如本土设计、施工或者劳工的比例要求，强制性标准规范的执行准则等。更要关注的属地化是为当地员工提供相对稳定持续的工作环境，能够在当地持续发展，这说明属地化是企业化运行的外在表现。中国改革开放后外企进入中国，所采取的企业化运作的思路才算是属地化，工程项目的属地化还不如以当地劳务分包管理来得有意义。

不能融入当地经济活动的属地化，是不可长久的属地化，也可以看作伪属地化。

中国企业在国外设立了公司,招聘了一定比例的外籍员工,就对外宣称我们的属地化发展程度,其实这只能说是搭建了属地化的外壳,真正的属地化应该是当地化,该企业应该像当地企业一样,去深度参与当地的社会发展和经济建设,否则这个公司的属地化,就是个穿着当地服装的中国公司。属地化的高境界,是利用当地的企业培养企业人才为当地政界和商界输送人才,利用这些人才促进企业在当地的发展。

站在EPC承包商的角度,对于培养孕育属地化以及提高属地化团队的专业化水平、国际化水平等方面的风险考量,是很大的一个挑战。我们更要看到属地化和专业化团队的优势,属地化的团队会更加了解项目东道国的设计要求、相关设备选型适用性、关键时候中小型施工单位的替补和备选,以及在通货膨胀或者出现汇率管控风险时,其长久的持续性经营也使其在考虑决策时有更高的抗风险能力。

以日本和中国企业承包相关世行资金或者亚行资金项目为例,近两年我们可以看到部分非洲相关报道,中国企业在非洲承包工程项目上,吃苦耐劳,同样的一个公路项目日本公司的工期为3年,中国企业8个月完工,可是当地社会对日本企业的好感度非常高,抛开日本战略文化的全球化推动因素,这里面有个很大的一个因素是中国企业喜欢带中国的劳工出去,而日本人是属地化施工,当地施工可能存在低效、拖沓,但是当地劳工实实在在的有收入,对于其家庭、社区、所在地区或者省份的社会长期影响更大。看似简单的劳工渠道问题,属地化最终映射的是企业的社会价值。

2.3 代理人

目前企业走出国别进行市场营销,不可回避的就是代理人。越是国际工程承包市场严冬之际,就越是代理满天飞的时刻。代理人可能是高官,可能是富商,也可能是项目东道国上层的亲属,可能是自然人也可能是专门的咨询服务公司。对于EPC项目的市场开发,笔者认为至少要做到对如下两个核心要素的研判和考量。

2.3.1 如何验证和判断代理的真实能力

(1)对于传统合作的代理

国际工程开发的过程是延续的过程,代理人制度并不是一个新鲜事物,无论是技术咨询协议,还是佣金协议,在很多国家不仅是存在的而且是合法合规的。如科威特对于新进入其工程承包市场的企业,在进行资格预审时,就会要求明确代理协议,而且第一个将第三国企业引入到科威特市场的代理人,即使在下一个项目可能没有贡献度或者引入新的代理,也还是要去继续提取一定比例的费用。

对于类似情况的代理人,我们在市场开发阶段更多考虑是代理人的商务能力、市场研判能力、项目东道国的影响力,比如在多党竞争或者政局动荡的国别,我们必须关注到政治环节的影响,不能完全听从代理的建议。如果不多通过第三方渠道验证,可能导致企业后续的市场开拓业务受到代理人的牵连。

（2）新代理或者新市场开拓

如何对其商务关系和能力进行判断、验证,可以说是最大的风险挑战。如何去辨别和做好风控,如下建议供参考:

1）夸夸其辞情况

代理把话说得很满,会略有问题,万事俱备只欠东风,可借的东风很多,如果不是类似于核电、超高压或者高铁有某方面特殊技术缘由,仅仅是寻找有经验的EPC承包商,一定要通过某些小考验去验证。

2）以企业核心竞争力赢取合作

要充分向代理说明通常EPC操作模式,撬动和开发项目的充分必要条件,为开发推进项目必须争取资源倾斜,看代理的反应。

3）以小博大、时间换空间

双方的合作从小项目着手,逐步深入,通过时间验证空间,可能出现代理选择退出,也给企业提供足够的判断时间。

4）代理协议与EPC工程承包合同背靠背,谨慎授权和独家代理协议

代理协议的签订原则上是依据项目背靠背,代理费的支付更是要在项目生效后按进度逐步支付。随着"一带一路"建设"走出去"的企业越来越多,部分公司因为国际工程经验不足,以国际公司或者分公司名义直接敲个章就授权代理去开发项目,或者签订独家代理协议,因此后续产生很多诉讼方面的案例很多。还存在急于在某个国别市场破局,签署没有实质性协议的类似于项目备忘录（Project Memorandum）即支付代理费,甚至一个代理人向多个同质性中企同时兜售项目的情况。

5）不要以高费率换取成功率

不要以为舍得出高比例代理费就能拿到项目,靠谱的代理甚至比业主都挑承包

商，因为如果拿不到项目，即使代理费再高（30%~50%）也是空中楼阁。

2.3.2 代理协议

代理协议往往会被与"腐败关联"，如何确保代理协议的合规性，经受得起东道国或者第三方的审计与核查，已是与EPC项目市场开发风险中与业务风险并列的两大典型风险之一。

作为国际工程EPC承包商，我们必须要关注外国账户税收遵从法案和共同申报准则。2010年，美国国会通过了"外国账户税收遵从法案"（Foreign Account Tax Compliance Act，FATCA），要求外国金融机构（Foreign financial institutions，FFI）向美国国税局（Internal Revenue Service，IRS）报告美国纳税人的账户相关信息。基于2014年7月经济合作与发展组织（OECD）发布的《金融账户涉税信息自动交换标准》（AEOI标准），共同申报准则（Common Reporting Standard，CRS）旨在打击跨境逃税及维护诚信的纳税税收体制。2017年1月1日起，中国内地和香港、澳门地区成为第二批加入CRS的国家和地区。尤其随着中美贸易战之后，目前已有百余个国家和地区加入CRS。这就要求在项目开发阶段，就要密切关注代理协议及支付的合规性，建议关注以下事项：

（1）协议主体

佣金协议的主体原则上尽可能企业对企业，避免EPC承包商企业对个人，尤其代理人的身份是对方政府官员或者富商的情况，尽量不要直接与个人签订协议。

（2）支付原则

原则上一定是通过银行之间电汇支付代理费，应保证从企业总部汇至代理人的企业注册账户，不能以现金形式支付，支付现金对于EPC承包商执行人本身有国内审计、纪检检查的合规性问题。

支付可以按照合同生效和进度款节点支付，或者按照几个设定的里程碑节点支付，确保代理人与EPC承包商同呼吸、共命运。

（3）缴税义务

《财政部国家税务总局关于全面推开营业税改征增值税试点的通知》（财税[2016]36号）附件1《营业税改征增值税试点实施办法》规定：

"第六条 中华人民共和国境外（以下称境外）单位或者个人在境内发生应税行为，在境内未设有经营机构的，以购买方为增值税扣缴义务人。"

"第十二条　在境内销售服务、无形资产或者不动产，是指：

（一）服务（租赁不动产除外）或者无形资产（自然资源使用权除外）的销售方或者购买方在境内……"

中国向境外支付境外佣金时EPC承包商要代扣代缴的增值税，这一点在佣金协议谈判时要告知对方。同时也应关注代理人的纳税情况，例如在埃及，合规的代理人会要求将代理协议签订后到埃及驻中国使馆经商处备案，确保其在国内代理协议的合规及纳税义务的履约。

（4）协议谈判和文本管理

协议文本谈判原则上面谈，尽量不要通过邮件形式；签约的代理协议原则上不在项目所在国项目部存档。

例如，斯里兰卡某项目的代理协议就被邮件中拦截，被反对派曝光于当地报纸上，给执政党和业主相关合作伙伴造成很大的压力。

本章作者：刘伟峰

刘伟峰，中国机械设备工程股份有限公司第一工程成套事业部总经理助理。北方工业大学土木工程专业本科毕业，高级工程师、一级建造师（机电工程）、英国皇家特许建造师（MCIOB）、注册安全工程师、认证的国际高级项目经理（IPMA-B）。拥有十年以上的国际工程EPC项目管理经验，执行过多个海外电站EPC项目，包括非洲和中东等地区的项目管理、投标报价和市场开发工作。擅长国际工程施工管理、成本管理、风险管理、社会安全管理等领域工作。

第3章

国际工程EPC项目的财税风险管理

随着中国经济的世界影响力不断扩大,中国工程企业"走出去"步伐加快,业务遍布世界各个角落,承揽的工程技术复杂化、规模大型化。受政治、经济、贸易、国际关系变化的影响,中国工程企业面临的财税环境和风险也日益复杂多变,不仅会影响项目的正常执行,还可能会使项目收益化为泡影。后BEPS(Base Erosionand Profit Shifting,即税基侵蚀和利润转移)时代的到来对财税风险管理提出更高要求,传统的财税筹划理念和管理方式已不适应新的发展要求。如何在变化中寻找不变,合理管控不同环境的财税风险,是每个中国工程企业在"走出去"时需要深入思考的问题之一。

与国内EPC项目不同,国际EPC项目在进行财税风险分析、制定应对措施和管理财税风险时,需要特别考虑的因素较多。在发达国家执行EPC项目时,无论是业主的合规意识,还是项目所在国的财税监管环境、政策落地情况等都相对较为规范,不确定性风险较少,易于管控。但在发展中国家,特别是发展较为落后的国家,往往是业主执行EPC项目管理经验少,国家财税政策不健全,政策模糊或变化频繁,政府监管随意性较大,有时又与所在国财政状况、政府更迭等因素叠加,给财税风险管理带来挑战,也给项目收益带来不确定性。

本章总结提炼了国际工程EPC项目可能面临的税务风险、资金风险、保函风险、汇率风险、通货膨胀风险、融资风险等,从项目前期、合同谈判、项目执行和完工结算等各阶段剖析了不同风险关键点,结合业务实践提出了应对策略和管控措施,有助于从事国际工程项目的企业更好地评估财税风险,保障项目收益(图3-1)。

3.1 税务风险管理

国际EPC项目税务风险管理的重要性是毋庸赘言的。其中,不仅需要项目财务人员发挥其专业管理能力,也需要商务、法律、造价、采购等业务人员共同参与,必要时还需要聘请会计师事务所、律师事务所等中介机构共同谋划,以实现税务风险最小、税务结构最优、税费成本最低的目标。同时,税务风险管理也应该贯穿于项目的全过程,包括项目合同签订前的税务调查和纳税筹划,执行阶段的会计核算、税款计

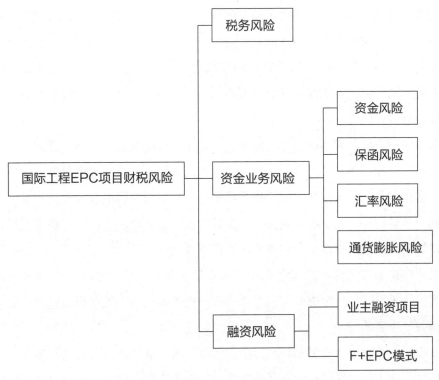

图 3-1 国际工程 EPC 项目财税风险划分

缴、优惠政策争取，竣工结算阶段的各类税款清缴等。

从纳税人税务风险管理角度看，国际税务环境总体可以分为三类：第一类是经济合作与发展组织成员国家，这些国家税务环境居于前列，税收政策非常明确清晰，执行也比较规范，税收确定性高；第二类是大多数中东地区国家、一些白名单避税岛（国）等，这些地区税制相对简单，征纳税种少，优惠政策力度大，税务环境相对较好；最后一类是非洲和中亚、拉美等地区的国家，税收环境较为复杂，不确定性风险高，税收法规变化大，一些征管条文不明确，各地征管口径不一，税务机关检查频繁，常常以罚代管，税收争议多且解决难度大。

3.1.1 投标报价阶段的税务风险管理

对税务风险管理来说，合同签订前的税务调查和纳税筹划是国际EPC项目税务风险管理的核心和重点。这一阶段的税务风险管理，不仅影响投标报价价格中税费成本的测算，也影响合同中有关税费条款的确定，还影响后续项目执行阶段税务架构的设立和执行，是整个项目税务风险管理工作最重要的阶段。一旦项目合同签订，项目的商务模式、涉税义务和结算条件等就已经确定,项目的主要税负基本确定,如果在合同签订后再考虑税务筹划,空间非常有限,调整难度大,不会构成实质性改变,很多时候也变成"事后税务筹划",增加税务风险。因此,在把全过程税务风险管理理念落到实处的同时,还要更加关注事前税务筹划和分析,把税务筹划结果作为项目决策和合同谈判的依据之一。

简单来说,税务筹划的主要目的就是在合法合规的前提下,通过筹划合理地减轻税费负担,比如,纳税额绝对减少、税负率相对降低、税款递延缴纳等。在投标报价阶段,应尽早启动税务尽职调查工作,搜集了解项目所在国的税收政策,采取聘请中介机构、现场调研、与当地中资企业交流等方式,获取第一手资料,把项目所在国的税收政策研究透彻。在该阶段应重点关注以下方面:

首先,了解项目所在国是否与中国签订了避免双重征税协定,特别是协定对税种、居民、常设机构、股息、利息、个人所得税等的约定,这是后续进行跨国纳税筹划应遵循的重要基础。

其次,应根据项目类型和特点,重点了解项目所涉及的所有税种、税率、征期、征管机构、优惠政策等,可以从项目前期、中期和后期,地方税和中央税,流转税和所得税,财产税和行为税,业主代扣代缴还是自行缴纳等多个维度进行分析研究。

再次,由于国际EPC项目工期较长,一般会连续或累计执行超过六个月,通常会被认定为国外企业在项目所在国当地设立了常设机构。因此,在该阶段要了解当地对项目执行机构的注册要求,设立常设机构(项目部)、分公司、子公司的税收政策差异,在税务注册时各类机构需取得的证书类型,注册审批需要的文件、时间等,不同国家的税务注册要求、时间千差万别,需要特别注意。比如,有的国家可以直接取得一般纳税人资格,有的国家则需要在取得当地简易纳税人资格后,再经过一定时间才能取得一般纳税人资格,如果不了解清楚,没有及时提前申请注册,往往容易造成项目前期进项税不能及时获得抵扣,多缴纳税款,或者为了抵扣进项税而延缓项目收款计划。

最后,如果合同中税务条款涉及的税费责任不清楚,项目执行过程中可能引起双方理解不一致,发生税务责任纠纷,甚至影响项目资金运营,导致项目支出超出预算成本。因此,在投标时,要仔细研读招标文件中的税务条款,必要时与业主进行澄清,请业主予以明确。在估算税费成本时,应结合前期税务尽职调查获取的资料,结合项目设计、采购、施工、分包等执行策略,把项目税费成本测算全面,避免税费成本漏项。对一些税收政策不健全、不确定性风险高的国家和地区,可以采取评估税费风险发生的可能概率和潜在影响的方式，合理预估部分税费成本，确保风险敞口在可控水平。例如，除非有特别约定，报价时EPC合同价款一般都是含税报价，在进行招标文件评审时，一定要把涉及的税种分析清楚，对项目执行时税收政策发生变动可能导致的税费成本增加进行明确的约定。

3.1.2 合同签订阶段的税务风险管理

国际EPC项目一般金额大、工期长。站在项目所在国看，项目往往包括海外工程设计与当地转化设计、货物进口与当地采购、劳务输入与当地劳务、国际分包与当地分包等较为复杂的跨国经济行为，业务的复杂性也导致国际EPC项目税务事项要相对复杂很多。比如，很多设备材料通常采购自中国、第三国和当地；涉及复杂技术的施工安装作业通常由国内承包商分包或组建队伍后带到当地，当地或第三国分包相对较少；土建等相对简单的作业则往往由当地分包商或劳务提供商执行，既能满足一些国家的当地成分要求，也具有成本和便利优势。

项目中标后，企业应迅速组织财税专业人员进入项目组，着手开展纳税筹划工作和合同谈判工作。该阶段的税务风险管理与投标报价阶段的侧重点略有不同，是整个EPC项目税务管理的关键阶段，也是纳税筹划落地实施的核心所在。在坚持税收政策不确定性变化不会大幅增加总承包商税费成本的原则下，结合项目执行策略、财税管理方案，在与业主沟通、谈判的基础上，财税人员需要策划确定项目的合同结构、税务结构、注册机构、税务条款、资金收付路径、授信风险管控等，争取更为有利的合同条款。重点应考虑以下事项和风险：

（1）EPC合同的合理拆分

通过与业主沟通协商，合理的EPC合同拆分不仅有利于业主节省投资费用，也有利于总承包商节省税费和提高利润水平。除了常见的设计、采购、施工和项目管理等拆分方式外，按业务执行地划分，国际EPC项目还可以拆分为在岸（Onshore）业务（在项目所在国的业务）和离岸（Offshore）业务（在项目所在国以外的国家和地区执行的业务）。考虑到合同签约主体是中国企业，离岸业务又可以进一步划分为中国业务和第三国业务。在进行合同拆分时，主要依据项目执行各部分资源投入的计划方案、实施的便利性，结合两国间的税收协定、流转税率、所得税率、进出口清关、利润汇回等的税率差异和扣缴制度等因素，与业主协商进行合同拆分，确定签约主体。常见拆分形式如图3-2所示。

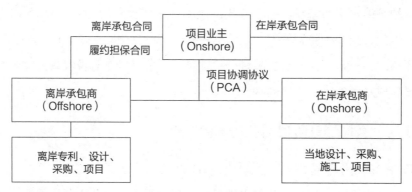

图 3-2　EPC 合同常见拆分形式

【案例】

B公司为一家注册在中国境内的总承包商，并在某国注册了C子公司。作为总承包商，B公司中标了某国（C公司所在国）业主A公司EPC总承包合同，工期三年，工作范围包括基础设计、详细设计、设备材料采购、土建工程施工、安装工程施工、项目管理、试车及性能考核、质量保修等全过程的总承包工作，并对整个工程的质量、安全、进度等承担全面管理、协调组织的责任。

项目所在国销售服务税率为6%，企业所得税率为24%，预扣税率为13%。该国和中国签订了双边税收协定，约定在任一国连续6个月以上从事建筑安装工程，则在该国构成常设机构，需要就来源于本国的利润缴纳所得税，同时还约定中国企业从该国取得股息时按股息额的10%缴纳所得税。

经双方谈判，A公司同意将该EPC总承包项目合同进行拆分，分别签署Offshore合同和Onshore合同，为保证B公司全面履行总承包义务，双方还签署了项目协调协议（Project Coordination Agreement，PCA），三个合同统一为一个完整的EPC合同。其中：

a. 离岸承包合同（Offshore合同），由业主与B公司签署，负责项目所在国境外的设计、采购、项目管理等业务；

b. 在岸承包合同（Onshore合同），由业主与C公司签署，负责项目所在国境内的设计转化、土建工程施工、安装工程施工等业务；

c. 项目协调协议（PCA），由业主与B公司签署，约定在总承包责任范围内，B、C共同承担连带责任。

（2）项目执行机构设立形式的选择

对项目执行期超过6个月（或者183天）的项目，企业应比较分析在当地注册常设机构、分公司、子公司等不同法律形式的优劣，选择合适的纳税身份。不同国家对常设机构的认定有所不同，比如乌兹别克斯坦，任意连续12个月内在其境内从事经营活动超过183天的非居民企业通常被认定为常设机构。在选择设立常设机构（项目部），还是设立分公司或子公司，不同国家或地区优劣不同，会影响未来项目税费负担，需要具体分析。在实际决策时，应充分了解中国、项目所在国和其他相关国家的税收法规，比较不同设立方式和路径下的税务风险和成本，全面分析整个经营周期不同阶段（设立、经营和注销）的税费成本差异，结合合同期限、未来市场开发计划和优惠政策等因素，确定最佳设立方案和策略，提高项目整体效益。如果需要在当地设立子公司，则还可以考虑中国企业直接设立模式和间接设立模式的选择。

1）采取直接设立模式。股权投资架构相对简单，省略了中间层投资设立环节，可以相应避免中间环节国家的所得税和预提税，减少中间持股公司的运营成本，也可以避免中国、项目所在国政府针对中间环节避税岛的反避税风险，避免境外投资层级超过税法规定的抵免层级。我国税法规定，中国企业取得境外所得，可以选择分国不分项或不分国不分项在三层以内抵免。在设立时，应结合所在国所得税率和项目盈亏情况，合理确定该机构的层级，避免超过国内税法规定层级的情况。

2）采取间接设立模式。即在第三国设立中间持股公司，由其出资在项目所在国设立项目执行机构。间接设立模式具有一些优势：一是在不违反中国、项目所在国和第三国税法规定的情况下，可以享受相关国家的税收优惠；二是将分配的利润留在第三国，可用于海外业务再投资及其他商业用途，方便外汇资金调度，同时起到税收递延作用。但也存在很多弊端：一是中间持股公司通常需要有一定维护成本，需要满足中间持股公司所在国的实质经营、纳税申报等要求，否则无法取得该国居民纳税人身份，也无法享受税收协定给予居民企业的税收优惠，可能会增加经营成本和管理难度；二是世界各国对中间持股公司的监管越来越严格，很多国家对汇往避税岛或低税国家的股息、利息、特许权使用费，征收惩罚性预提税，存在被认定为反避税的风险；三是如果境外股权层级超过三层，将无法享受中国境外所得抵免的优惠政策。因此，在选择间接设立模式时，应选择合适的第三国，测算股息、利息、特许权使用费等预提税的影响，综合分析税务风险和税费成本，计算各层级公司的税费成本和管理成本，并与直接设立模式的管理成本和税费成本进行比较，选择合理的设立方式。

目前，我国大陆（内地）已经与100多个国家和地区签订了双边税收协定；大陆（内地）与香港、澳门的两个税收安排和与台湾的税收协议。在进行税务筹划时，应关注该项目是否适用税收协定，适用协定的哪些条款，如流转税、企业所得税、个人所得税、股息利息预提税等，也应避免为享受不当税收优惠政策滥用双边税收协定条款。比如，英国企业所得税税率为30%，中国香港为16.5%，英国分别比我国内地和香港高5个百分点和13.5个百分点。如果采用间接设立模式，就需要考虑：（1）如何合理地策划英国当地企业的合理利润水平和所得税税负；（2）如何将利润从所得税税率较高的国家转移到税率较低的国家或地区，即如何将利润在英国、中国香港、中国内地之间进行合理分配，用足跨国（境）税收政策，提升企业净利润水平。

但是，为了防止税源流失，保护本国税收利益，很多国家已经或即将对设立的中间持股公司、避税岛公司进行限制甚至实施惩罚性措施。比如，阿尔及利亚政府对避税岛注册的持股公司实施严格监管，如果要设立中间持股公司，则应尽量设在与阿尔及利亚有税收协定且协定税率较低的国家，避免设立在避税岛。

（3）转让定价的合理确定

转让定价是指母子（分）公司等关联方之间的货物、服务、技术、资金、资产和资本等关联交易价格的确定，由于不同业务、不同国家税费成本不同，跨国业务可以通过转让定价，将企业利润从高税率业务、高税率国家向低税率业务、低税率国家转移，从而降低企业集团整体税费负担。

由于转让定价会直接影响利润和税费在不同业务、国家之家的分配，受到各国政府越来越严格的监管，各国政府普遍出台了转让定价规则，避免税基侵蚀和利润转移。在风险可控、利润可观的情况下，可以对项目当地的成本进行适当筹划。比如，企业可以根据项目所在国、货物出口国的进出口税收监管形势和关税税率差异情况，选择合适的国家或地区作为进出口业务的第三方，并结合当地市场相同或类似货物的价格水平，合理确定转让定价原则及转让价格。其他诸如固定资产、无形资产、技术转让等也可以进行类似筹划。

需要注意的是，为应对有关国家政府可能开展的关联交易监管和检查，整个转让定价的所有环节都要形成完整文档资料并妥善保管，以证明关联交易定价符合独立、公允原则，必要时可请税务咨询机构协助把关。

（4）出口退税和进口清关的合理策划

国际EPC项目往往会有部分设备材料从中国或者第三国出口，在项目所在国办理进口清关，这个过程会涉及出口退税、进口缴纳流转税和关税等，并且各国对进出口设备材料的征免税政策不尽相同，可能会根据产品类型、国内市场需求等情况对税收政策进行定期或不定期调整。在项目各个阶段，总承包商要密切关注进出口政策变化，准确了解出口国和进口国的退税税率、流转税率、关税税率等，为合理确定物资采购地、合同价格谈判等提供政策依据。

对于从中国出口产品享受出口退税政策的，国家税务总局每年会调整出口退税率，发布出口退税率文库，企业应给予关注，充分利用出口退税政策，实现应退尽退。在项目前期，企业最好能够指定专业团队负责出口退税筹划工作，仔细对照出口退税率文库，组织设计、采购、清关、财务等人员讨论确定货物出口退税申报方案，比如，对分散委托加工的设备及附件等进行合理划分、归类，准确申报出口物资类别，避免错用、误用出口退税率；涉及施工机具等临时出口物资的，可以比较新旧设备的税率差别，临时出口和永久出口的税费成本差异等。

在项目所在国办理进口清关时，还要考虑进口设备材料的关税政策，有时会出现出口退税额小于在进口环节缴纳的税费等税费，涉及现场安装、维保等服务的，则要考虑该服务合同是否与设备材料合同分别签订，在有些国家，如果不能合理拆分，可能会按混合销售从高征收税款。

（5）人工成本和个人所得税的合理筹划

在执行国际EPC项目时，为了保障中方员工能够享受中国的社保福利政策，往往会出现在国内按政策要求缴纳了个人所得税、社会保险等，但又受项目所在国政策的强制要求，在项目所在地又要缴纳一部分税费，这既增加了项目成本，也因为中国发生的费用不能进入当地账成本，导致企业人工成本额外增加。由于在当地雇用的工作人员不涉及该问题，在项目筹划时，可重点关注中方员工的境外及境内税费成本问题，比较中方员工与当地雇员人工成本的差异，为项目员工招募提供参考依据。

一般来说，在项目所在国取得工作签证的员工，不论其工资薪酬是来源于项目所在国还是其他地区，在当地发放还是在其他国家发放，都需在项目所在国缴纳个人所得税、社会保险等，在涉及具体政策时各个国家或地区又千差万别，需要仔细研究。与国内执行项目相比，对于没有签订避免双重征税协定的国家或境外个人所得税税率高于国内的国家，由于当地个税或高于国内税率部分在国内不能抵免，人工成本会增加。即使在已经签订此类协定的国家，由于在国内也有一定的社会保险等费用，人工成本也会有所增加。

此外，无论在项目前期还是中后期，都可能存在持有因私或商务签证，但长期在当地工作的中方员工。由于未持有当地工作签证和缴税，这部分人工成本很难计入当地账成本，人为导致当地账的入账成本不足，造成当地账利润水平失真，不能全面反映项目的真实盈利水平，既增加了所得税费用，也容易导致外方认为中国企业赚取了超额利润，产生不良的影响和后果。

因此，在项目的各个阶段，要全面考虑中方外派员工数量、境外薪酬水平、签证类型、国内外社保费用、个人所得税率、企业所得税税率等因素，仔细平衡中国和项目所在国的薪酬发放标准、福利政策水平和发放途径等，合理筹划项目人工成本。

3.1.3　项目执行阶段的税务风险管理

项目执行阶段存在的诸多税务风险，除了前期税务筹划不够深入、风险估计不足等原因外，多数源于在项目执行过程中的会计核算和税务管理，包括不按照当地会计准则进行会计核算以及由此导致的纳税申报不准确，税务争议及罚款，企业信誉受损等。

（1）财务核算的规范性、纳税申报的准确性

在项目执行阶段，首先应确保纳税行为以及当地账核算的合规性和准确性，减少税务争议和罚款。

一方面，由于人员队伍配备和素质原因，在当地执行项目时很多企业仅配备中方财税人员，没有雇佣当地财税人员，或者当地财税人员业务水平有限，财务核算和纳税申报过分依赖聘用的当地账处理中介机构，将当地账的单据、凭证、报表等核算资料以及纳税业务全权交与中介机构，把主要精力放在了内账核算和财务管理，对当地账核算及代纳税申报缺乏检查和监督。但中介机构又对财务管理和税务筹划动力不足，极易导致当地账核算及税务申报数据错误或记录不全。

另一方面，中方财税人员往往对当地税法的遵从性重视不够，对税收条款了解不深入，又与当地中介机构缺乏有效沟通，可能会存在为了一时少缴或不缴税款而采取非合理方式减少收入或增加成本的情况，错误理解了合理避税和偷漏税的界限。在遇到税务检查时，又对这些问题难以提供合理解释，容易被认定为主观故意行为。

（2）各纳税申报期税负水平的合理平衡

收支的不均衡安排有可能使项目的总体税负增加，即使不增加，也可能在某一时期因安排不当造成大额税费支出，出现前期多缴纳税款，后期少缴或退税的情况，增

加资金成本,甚至影响项目资金安排。因此,在项目前期就要组织项目总体盈亏情况评估,测算未来各纳税申报期的成本费用及利润,在项目执行阶段应关注每一纳税期间税负平衡的筹划和管理,实时预测监控,滚动管理,必要时适当调整收支,尽量避免某一时期或阶段多缴纳税款,争取充分利用递延纳税效果。特别是对于退税程序复杂、退税期长、退税难度大的国家,或者预期微利或亏损的总承包项目,更应格外关注。比如,当预期项目收入偏大时,可以将后期施工所需的材料适当提前采购增加成本,也可采取部分工作量延缓确认减少收入,或者适当提前兑现员工奖金等,反之亦然。

(3) 做好税务征管沟通和争议、罚款解决

在一些发展落后的国家,税收环境复杂,税收政策多变,部分条文不明确,业务分类标准界定模糊,税收征管手段相对落后,执法随意性强,执法不透明,往往以罚代管,有时除了一些税务例行检查项目外,税务官员也会根据自己主观判断随意签署针对中方企业的税务调查令,频繁安排税务审计等做法,加之税务官员素质参差不齐,在检查中也可能夹杂一些个人行为,给企业税务管理带来很多不确定因素,增加了税务风险和管理成本。甚至在产生争议时,未经充分听证和沟通,或者不考虑正当的抗辩理由,强行从银行账户扣除税款,或者冻结银行账户。比如,印度尼西亚规定记账语言为印尼文,外资企业可以申请以英文为记账语言,但实际执行中,很多外资企业因疏忽在凭证和附件中出现了其他语言文字,税务机关会以此为理由进行罚款或者认定为成本扣除凭证无效。因此,在日常财税管理中,即便将税务业务委托中介机构管理,中方人员也应熟悉当地的税收政策、纳税申报、检查程序、争议解决途径等,了解当地税务检查或审计的习惯,对不明确的涉税条款及时向税务机关咨询,同时要与税务机关保持必要的沟通和交流,减少语言文化差异的影响和限制,在当地政府部门中树立诚信纳税的良好形象,维护企业信誉,减少税务风险。

3.1.4 项目结算阶段的税务风险管理

项目完工以后,如果在当地注册的项目执行机构没有用于其他项目或未来市场开发的计划,总承包商要尽早申请注销当地银行账户和机构税号,避免在以后的税务检查中再次被作为检查对象,产生不必要的税务风险。关闭工作看似简单,实则是一个复杂和漫长的过程,只有在成功关闭注销后,才可以说国际EPC项目的税务风险管理工作正式结束。对于业主执行税款代扣代缴政策的国际工程EPC项目,在关闭之前,

总承包商应当确认业主多代扣代缴的税款是否都得到了税务部门的返还。有的国家在税务返还上的程序比较复杂，需要的时间也比较长，需要做好返还进展追踪等后期税务管理。对于需要在当地税务部门申请所得税汇算清缴的项目，可能会存在当地税务部门以各种理由进行拖延的情况，导致在项目结束2～3年后还不能完成清缴，甚至还可能面临税务审计等不确定性事项。

3.1.5　BEPS行动计划对税务风险管理的影响

2013年，二十国集团（G20）领导人在圣彼得堡峰会委托经济合作与发展组织（OECD）启动了税基侵蚀与利润转移（BEPS）这一国际税收改革项目，旨在修改国际税收规则、遏制跨国企业规避全球纳税义务、侵蚀各国税基的行为。2017年6月，包括中国在内的67个国家和地区政府在法国巴黎的OECD总部签署了《实施税收协定相关措施以防止税基侵蚀和利润转移（BEPS）的多边公约》，很多国家和地区也依此修改了国内的税收法律。

BEPS行动计划的实施，不仅增加了信息披露义务的合规成本，也会大幅压缩跨国业务的纳税筹划空间，导致关联转让定价合规监管更趋于严格，激进的税务筹划手段受到限制。如果处理不当，不仅面临政府处罚，而且会对企业形象和声誉造成不良影响。因此，随着国际税收环境的显著变化，企业在制定税收筹划方案时应充分考虑BEPS相关规则，尽可能规范转让定价操作，特别要对设备材料、人工成本加价等非正常的转让定价手段进行管控，研究通过商务模式优化、无形资产转让、技术服务费定价等方式进行筹划的可能，规避涉税风险。一旦产生税收协定执行和转让定价方面的跨境税收争端，可以根据税收协定，积极申请相互协商程序（MAP），争取在项目所在国享受公平待遇，有效解决争端，维护合法税收权益。

3.2　资金业务风险管理

3.2.1　资金风险管理

对国际工程EPC项目来说，在项目实施的各个环节都会涉及资金安排和收支管理，在与业主结算方面，大多具有执行周期长、合同金额大、结算币种多、结算节点复杂等特点。在资金支付方面，合同模式基本能涵盖固定总价、固定单价等多种定价模式，再加上支付对象、币种等数量也与国内存在较大差异。因此，总承包商应将资金管理贯穿于项目全过程，在日常管理中，对资金进行精细化管理，积极识别和应对资金管理中的风险，并与项目管理模式、税务筹划、外汇管理等相匹配，合理有效配置资金收支，在保持资金流动性和安全性的前提下，降低项目资金管理风险，提高资金效益，实现项目预期目标。

除了在投标报价、合同谈判阶段尽量争取有利的合同计价币种、合同结算条款和支付条款外，在项目执行前期，总承包商还应进行项目收支预测管理，既是为了能够初步判断项目收支、现金流和盈亏情况，也是为项目执行阶段的资金滚动管理奠定基础。在预测时，应采取相对保守的态度，考虑每个环节的不可预见支出，保留一定的资金安全余量，特别是在采购、施工高峰期，资金安全余量要相对充足，避免因资金不足影响项目进度。同时，也要预测可能出现的资金缺口，提前制定应对和筹集措施。

在项目执行阶段，资金风险管理主要体现在成本管理和资金计划管理方面。总承包商最大的优势在于对整个项目实施过程负全责，不再以单项承包商身份参与项目建设，可以克服设计、采购、施工相互制约和脱节的矛盾，可以统筹规划，协同运作，还可以从设计优化、采购议价和施工分包等方面控制成本，更能从合理衔接设计、采购、施工等方面入手提高项目执行效率，创造效益。项目成本管理是项目管理活动中的重要组成部分，也是资金风险管理的源头。要保证资金良性循环，总承包商应加强项目预算管理，科学地估算项目成本，做好设计、采购、施工等阶段的预算管理和成本控制，坚持事前有预算，事中有控制，事后有考核，持续优化项目成本控制，努力提高项目效益。

在资金计划管理方面，总承包商应按照以收定支、先收后支的原则，强化项目资金计划管理的刚性约束力，以周、月或季度为周期科学制定项目资金需求计划，既要避免资金闲置造成浪费，又要防止资金紧缺影响项目执行。在制定资金流入计划时，应积极关注业主财务状况和资金落实情况，根据合同价格和支付条款，结合项目进度计划，按月编制、汇总，比如预收工程款、设计节点款、设备材料到货款、施工进度款、奖励款、变更索赔款等。在编制资金流出计划时，根据实际工期和进度需要，做好设备材料采购资金使用计划、施工资金用款计划等大额资金计划，汇总估算各项成本费用投入资金需求，合理匹配支付节点、比例、币种，减少货币兑换损失，避免先支后收的情况发生，特别是对单笔支付金额较大的款项，比如设备材料款、施工分包款等，更应提高预测的准确性。当项目净现金流量为负或触及安全余量时，除了项目内部按照轻重缓急调整资金支付计划，重点保障优先支出（如工资、税金）外，还应按照已有预案安排资金筹集，做好资金调配和动态监控。比如，常见的操作方法包括提前请款、推迟付款、保函代替保证金、远期信用证、银行承兑汇票、应收票据贴现、应收账款保理、流动资金贷款、内部资金调拨、短期借款等。

3.2.2 保函风险管理

国际EPC总承包项目投资金额大，建设周期长，不可控风险因素多，业主希望评估总承包商履约能力和转移、分散风险，而总承包商也希望减少资金长期占用风险，因而银行保函被广泛运用，常见保函包括投标保函、履约保函、预付款保函、质保金保函等。一般情况下，业主（受益人）会要求总承包商（申请人）开立无条件见索即付保函，避免总承包商以各种原因对抗索赔请求，即开立生效后的保函即刻独立于总承包合同（独立性），不管总承包商在基础合同中履约情况如何，只要业主在保函有效期内向担保银行提交的索赔申请资料在形式上与保函条款和格式相符（单据性），担保银行不得以任何理由拒绝支付。由于业主在国际工程建设市场处于强势地位，常在招标文件中包含不平等保函条款，在提供的见索即付保函文本格式中，强加霸王条款，并禁止更改，加重了总承包商的违约责任和被索赔风险，加之又时常要求开立转开保函，一旦遭遇恶意索赔，国内银行很难为总承包商争取和维护利益。在涉及保函业务时，总承包商可以参照国际商会见索即付保函统一规则（The Uniform Rules for Demand Guarantees ICC Publication No.758. 2010 Edition），即URDG758，合理把握保函开立风险。

（1）保函开立前的风险管理

在投标阶段，除了全面了解项目所在国开具银行保函的制度及惯例外，法律、财务、商务等部门应对业主的资信状况、财务能力、项目资金来源等进行综合分析，客观评价业主的履约能力和信誉，评估遭遇业主恶意索赔的可能性。

一般情况下，业主会在项目招投标文件中规定了保函的内容和格式，没有特殊情况不允许变更。因此，在与业主就保函格式进行谈判时，总承包商各相关部门需要认真审查保函格式和内容，审查各项条款约定是否清晰明确，是否存在约定含糊不清或留有疏漏，是否存在有效期敞口、保函币种与合同或标书不一致、法律管辖地约定不明确等，避免留下违约或赔偿风险隐患。对于显失公允和存在陷阱的条款，应据理力争，确保保函文本公平、合理。对无条件见索即付保函，应尽量争取在保函条款中删除"无条件"等文字描述，增加业主提出索赔时应提交的说明或鉴证材料等附带索赔条件，避免业主恶意索赔。

（2）保函开立后的风险管理及索赔处理

保函开立后，企业应进行详细的分类台账管理，保函到期后向业主申请索回保函正本，及时与担保银行确认注销，释放授信额度，减少保函费用。同时，公司应建立保函索赔响应机制，制定应对方案和预防措施，预先聘请有经验的律师事务所，一旦发生被索赔的情况，按响应机制开展各项应对工作。如果发生受益人恶意索赔，承包商可以行使欺诈例外抗辩权，向担保人所在地法院申请止付令，拒绝向受益人付款，并提起诉讼或申请仲裁。

【案例】

B公司作为总承包商与业主A公司签订了境外EPC总承包合同，工期三年。B公司就该项目向国内的C银行申请出具了三笔银行保函（预付款保函、履约保函、质保金保函），受益人为A公司。B公司已按照合同要求履行各项工作，取得A公司签发的接收证书，进入质保期。

项目施工期间因涉及境外人员劳工准入指标未及时获批等问题，A公司代B公司向第三方付款一笔，并约定B公司应在某月某日前偿还该代付款。在项目执行期间，由于A公司原因导致B公司窝工，B公司向A公司提出了窝工费索赔，并要求将偿还代付款与窝工费索赔同步解决，但A公司不同意此方案，以B公司未按期支付代付款项为由向C银行提起保函索赔。B公司在收到C银行的通知后，立即启动了索赔响应机制，采取了如下安排：

（1）B公司成立保函索赔响应专家小组，对保函索赔函中存在的问题及保函文本进行探讨，力争将保函索赔风险控制到最低。经讨论，B公司认为C银行开立的保函所约定的担保范围为合同履行情况，并且B公司已经按照合同要求履行了各项工作，并取得A公司签发的接收证书，不存在违反合同约定事项的情况。A公司以在项目执行期间为B公司代付款为由向担保银行提起索赔，应不属于保函索赔范围，C银行应当拒付。

（2）C银行认为被索赔的保函为"见索即付"的独立保函，按照国际惯例，担保银行必须在七日内无条件支付索赔款。经多次商讨，C银行最终同意配合B公司，以A公司索赔材料不齐全为由拒绝索赔，要求A公司补充材料，协助B公司延缓了赔付时间，给双方谈判留出了时间。同时，B公司立即制定了谈判方案和索赔策略，与A公司进行谈判，尽量争取延缓和撤回保函索赔。

3.2.3 汇率风险管理

汇率风险是从事国际工程承包企业无法回避的风险，国际工程EPC项目的结算币种大多以外币为主，比较常见的是以项目所在国货币和美元等国际通用货币组成。同时，国际工程EPC项目从合同签署到竣工交付，周期通常在一年以上，有的3～5年甚至更长，在整个项目周期内汇率波动风险始终存在，而且相对难以预测。汇率波动风险是双向的，既有风险损失，又有风险收益。因此，从项目投标、竣工结算到利润汇回等各个阶段的汇率风险管理是项目管理的重要组成部分，如果汇率风险管理工具运用得当，可能会带来汇兑收益，反之，可能会带来损失。

汇率风险主要分为两类：一类是经济风险，主要指汇率波动引起利率、商品或劳务价格、市场需求量等情况的变化，从而直接或间接影响项目成本，引起未来一定时期内收益或现金流量异常变动的可能性，是一种潜在的汇率风险；另一类是交易风险，主要指在结算计价与实际支付存在时间差异时，因汇率波动产生的汇兑损益，主要存在于交易、结汇、换汇和利润汇回等环节。对于交易风险，常用的管理方法包括货币保值措施及金融市场操作。货币保值措施主要用于订立合同时选择合适的合同币种、在合同中增加货币保值条款、调整交易价格等；金融市场操作包括现汇交易、期货交易、期权交易或互换交易等。除此之外，还可以通过提前或延期结汇、进出口贸易结合等方法降低交易风险，避免资金损失。

在整个项目执行过程中，从项目投标、合同签订、收付款项和项目结算等所有涉及资金业务的环节都应采取相应的汇率风险管理措施，实行事前防范、事中控制和事后管理的汇率风险全过程管理。加强汇率风险信息收集、分析，做好汇率风险监测及预警，确定合理的汇率风险敞口，必要时要制定规避汇率风险方案，包括套期保值额度、交易品种、期限等。

在项目投标报价阶段，要充分考虑汇率变化风险，把汇率变动纳入项目评价体系，对项目结算货币汇率波动情况进行深入研究，充分考虑汇率变化历史走势和未来趋势，进行敏感性分析，充分考虑汇率变化对项目成本和盈利能力的影响，必要时应预留一定比例的汇率风险补偿准备金。

在合同谈判、签署过程中，要提前规划收支比重，积极争取采用有利的币种计价结算。特别是在汇率变动较大的国家和地区，要增加保护性条款，明确货币保值、均摊损益、价格和汇率调整等方面的条款。比如，对于设计服务、进口设备及材料、国际施工分包等费用，采用美元或欧元等硬货币与业主进行结算；对于项目所在国当地发生的业务，则采用当地货币与业主进行结算。近年来委内瑞拉、哈萨克斯坦等国家汇率均出现了大幅贬值，可以按照"收硬付软"原则，积极争取提高硬货币（如美元）计价结算比例，也可以考虑在签订合同时增加汇率风险补偿、合同价格调价公式、重新谈判定价等条款控制汇率风险。

在项目执行阶段，要动态跟踪与汇率变动相关因素，比如地缘政治冲突，国际金融制裁，项目所在国外汇管理、利率汇率及金融政策变动等，分析研判这些因素对汇率走势的影响，发生重大变化时及时采取应对措施。同时，要统筹安排资金收支，尽量保持同币种资金收支匹配，通过不同币种收付的合理匹配，减少结售汇成本，规避汇率波动造成汇兑损益的风险。比如，把当地币部分的合同价款尽量选择当地分包商及材料供应商，支付当地货币。同时，应合理控制货币性资产存量，对于当地币，可根据结算需求保留一定的周转需求资金，盈余资金兑换为币值相对稳定的美元、欧元等硬货币，规避汇率波动风险。对于无法合理匹配的资金，充分利用金融机构提供的外汇交易工具与产品开展套期保值业务。

项目后期，要根据汇率变化形势，对项目留存的收益及时分配使用，适时进行分红或汇回，减少未分配利润规模，降低汇率波动风险。

3.2.4 通货膨胀风险管理

在资金业务风险管理中，通货膨胀风险也应纳入考虑范围。在某些高通胀国家或地区，通货膨胀风险的影响将更为明显，甚至可能是造成工期较长项目最终亏损的重要原因。

在投标报价阶段，很多国内总承包商没有对项目所在国通货膨胀历史及趋势进行分析，往往是根据历史报价经验和预期，对当地采购、施工等业务预估一定比例的风险预备金。这种做法不仅不能有效地应对风险，更容易造成投标总价的增加，引起价格上升，竞争优势下降，甚至不中标。

在项目执行阶段，由于没有合理预测项目所在国的通货膨胀趋势，在出现严重通货膨胀的情况下，当地设备材料采购价格、施工机具租赁价格、劳务分包价格等都会随着通货膨胀而不断上涨，造成项目成本大幅度增加，甚至超过投标报价成本，最终影响项目效益，如委内瑞拉、中亚地区等国家和地区曾出现过这种情况。

针对通货膨胀风险，除了在投标报价阶段对通货膨胀风险费用进行合理预估外，在合同谈判阶段，可以通过谈判在国际EPC项目合同条款中加入合同价格变更和调整条款，明确通货膨胀风险导致的合同价格调整触发机制和补偿方法，减少总承包商因通货膨胀导致物价上涨而遭受损失的风险。比如，合同价格可以根据该国政府每季度/年公布的物价波动指数进行调整等。

3.3　融资风险管理

伴随国家"一带一路"倡议等重大战略决策的逐步展开和深入推进，国际工程承包行业继续保持较高增速，业务区域更加广泛，类型更加多样，金融等行业在海外的直接投资和业务布局步伐也在加快。同时，受欧美、日韩等国际工程公司竞争力强的影响，纯粹的EPC总承包项目资源越来越稀缺，项目利润空间不断压缩，国内总承包商逐步开始借用中国资本的优势提高市场竞争力和项目盈利能力。

在很多情况下，海外业主希望利用中国政府或金融机构的优惠贷款，减轻自有资金投资压力，帮助其发展经济、改善基础设施等，此时中方企业承担融资协调联络和总承包商的角色，业主融资贷款成功与否会成为总承包合同签约的先决条件，对项目运作会产生一系列的影响。另一种情况下，很多海外业主希望总承包商作为投资者对项目进行投资，出资一定比例，并参与项目建设和后期生产运营，此时中方企业承担了投资人和总承包商的双重角色。但无论哪种角色的增加或转换，都对总承包商的投融资能力提出了更高要求，相关的风险也与随之而来。

如果按贷款主体分类，业主融资可以分为业主公司融资和项目公司融资。在业主公司融资模式下，业主通常采取一定比例的自有资金配套中方贷款融资的方式，获取工程项目投资所需资金，再通过项目运营产生的收益或其他资金来源偿还贷款。项目公司融资即业主方以设立的项目公司作为融资主体，通过项目未来运营产生的收益偿还贷款，通常由于项目公司成立时间较短，无论是资信状况还是还本付息能力都比较弱，又没有什么可以抵押的资产，在融资时往往需要增信或背书措施，比如出资方担保、信用保险、再保险等，以保证融资需求。

3.3.1 业主融资项目的风险管理

业主融资项目常见的贷款类型有：优惠贷款（优贷）、优惠出口买方信贷（优买）、出口买方信贷（买贷）和出口卖方信贷（卖贷）。优贷和优买是中国政府给予发展中国家政府的援外优惠性资金安排，借款人一般为借款国政府主权机构，或者其指定的金融机构或其他机构，贷款用于改善当地民生、提高基础设施水平居多。出口信贷（买贷和卖贷）是中国政府通过提供利息贴补和信贷担保的方法，为支持产能输出，增强中方企业国际竞争力，为中方企业提供的一种利息相对较低的贷款。

在优贷、优买、买贷情况下，风险主体主要是贷款银行和保险机构，总承包商几乎不承担还款风险，但在项目前期，可能会受政治因素的影响，贷款审批不确定性高、流程复杂、时间漫长，给项目启动和执行带来的不可控因素增多，极端的情况可能会出现项目暂停或终止的风险，而且金融机构放款路径和节奏也可能会给总承包商资金流带来风险。在项目前期，总承包商要积极介入业主的融资活动，与国内的金融机构保持密切沟通，将贷款协议里的一些条款和项目合同里的收款条款等结合起来，取得金融机构的理解和支持，为项目设计最优的收款路径和条款。比如，在业主方同意支付总承包商款项时，由金融机构直接放款给总承包商，甚至在某些情况下，可以考虑把与业主方有购买支付义务的第三方引入合作体系，在业主无力支付或无故拒绝支付时，由第三方直接将款项支付给总承包商，也还可以考虑以该国的某些资源作为偿债保障措施等。在项目执行阶段，总承包商要及时提交请款资料，与金融机构提前沟通协调，争取金融机构尽快放款，避免给项目资金流带来风险。

在卖方信贷情况下，首要的风险主体是总承包商，在业主方无力偿还贷款时，总承包商承担连带还款责任，虽然能够通过投保出口信用保险规避风险，但从借贷合同的相对性而言仍然存在要先代为偿还贷款本息的连带责任，承担了损失风险。因此，还款协议中对业主还款的约束、限定尤为重要，为争取有利的协议文本，总承包商最好能够结合项目特点向银行和保险公司提供还款协议文本并取得认可。考虑到工程总承包商掌控金融风险的能力相对较弱，在采用卖方信贷的模式下，还应配合其他金融工具化解有关风险。

3.3.2 投资+总承包（F+EPC）模式的风险管理

目前，F+EPC模式有多种操作模式，但很多模式本质上还是项目垫资或只完成了产业链上的前期融资和工程建设环节，没有拓展到可持续盈利的后期维护、生产和运营等环节。本节以建设一个工厂为例，介绍总承包商兼出资人情况下的风险管理。各参与方如图3-3所示。

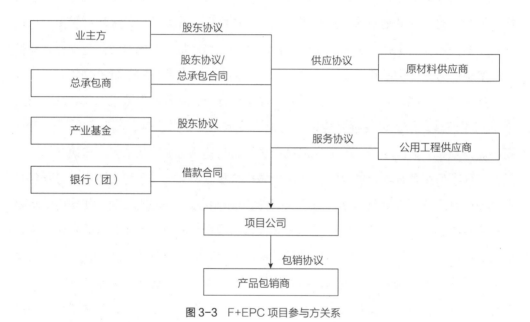

图 3-3　F+EPC 项目参与方关系

从图3-3可以看出，总承包商以少量投资撬动了EPC总承包项目，在获取工程承包收益的同时，还可以获取未来工程投产后的运营收益。但由于新增了出资人角色，总承包商需要评估的风险和收益更加复杂。通过分析主要相关方在项目公司里的利益诉求，有助于总承包商审视自己的利益角色和面临的风险。

业主方：一般情况下，业主方处于大股东地位，有丰富的资源或广阔的市场，可以提供土地、开发权或特许经营权等作价入股，但自有资金相对不足，需要进行较大额度的融资。

总承包商：作为小股东投入一定的资金，既能帮助业主方减少融资额度，又能为业主融资起到背书增信的作用，还能够为业主方吸引来自中国的产业基金投资和银行（团）贷款起到带动作用，少量的投资也为其获取EPC总承包工程增加了砝码。

产业基金：相对EPC总承包商而言，产业基金作为财务投资人，在协助业主融资方面拥有更强的优势，但在工程建设方面经验欠缺，通过利用总承包商深谙工程技术、工程建设的优势，特别是总承包商出资的正向反馈作用，更有助于实现各方资源的优势互补。产业基金的出资比例一般不会高于总承包商，而且对投资回收期限有明确的期望，会先于其他股东。

项目公司：除了争取股东资金投入外，还负责向银行（团）筹集建设资金。由于资信状况受限和金融机构对于项目未来收益偿债能力的严苛要求，项目公司通常需要采取股东担保、项目未来收益抵押等增信措施，以满足银行贷款审核和放款要求，提高项目融资效率和成功率。

通过以上分析看出，与单纯的EPC总承包项目相比，总承包商还需要重点关注如下风险：

（1）投资收益风险。这与其他投资相比并没有实质差别，总承包商投资后会和其他股东一样共担风险，共享收益。但对于总承包商而言，虽然熟悉工程技术和工程建设，能够把控工程建设成本、进度和质量，但投资业务和建成后的生产、运营并不一定擅长，对在第三国投资运营经验较少的总承包商而言尤其如此。因此，在投资决策过程中，总承包商要从项目公司的投资收益、原料价格及保障、运营成本、产品包销价格及方案等进行全面评估，从投资人的角度对项目未来的风险和回报进行评估和判断，并从政治、经济、财务、税务、法律等方面进行深入的尽职调查。

（2）股东权益保障风险。投资后，总承包商通常要参与到项目公司的治理和运营管理，并按持股比例享受经营收益。如果作为小股东进行出资，总承包商往往处于相对弱势的地位，在股东协议谈判过程中，要合理把控协议中的各项风险点，从完善公司治理体系和运营决策程序的角度出发，在股东协议或公司章程中设置必要的小股东保护机制，防止大股东利用其优势地位损害小股东利益，最大程度保护小股东权益，比如股东担保责任、三会一层、财务管理和报告、重大事项决策（投融资、关联交易、增减股份）、大股东股权转让、小股东投资退出、利润分配等。

（3）平衡投资收益与总承包收益的风险。由于总承包商负有筹资义务，同时所筹措的资金又用于支付工程总承包费用，获取工程款也依赖于项目公司筹资能否如期到位等。因此，在投资决策时，总承包商不能把投资收益和总承包收益割裂开来，要整体评估投资收益和总承包收益后作为企业决策的依据，联动考虑股东出资协议和总承包合同等有关协议文件，尽量争取收益最大化。

本章作者：王恩桂

王恩桂，男，中国石油集团工程股份有限公司财务资产部副主任，中央国家机关会计领军人才，曾任上海寰球工程有限公司副总经理、总会计师。北京交通大学技术经济及管理硕士研究生，注册会计师，注册税务师，澳洲注册会计师。拥有十五年以上国内外大型EPC工程财务、税务管理经验，曾负责多个海外公司和EPC总承包项目财务管理工作，熟悉国际会计准则、财务管理、成本管控和国际税务筹划等。

第 4 章

国际工程EPC项目的分包风险管理

随着社会化专业分工的发展及项目的复杂化、大型化，分包作为一种资源补充、整合的有效形式和风险减轻（分散）的显著手段，在国际工程项目中越来越普遍。大到概念设计以及方案、工艺包、技术路线的选择，小到住宿餐饮、安保、保洁、建筑垃圾处理等，不同类型的专业化公司在整个项目执行过程中，以其专业素质发挥着不可替代的作用。在当前的国际工程实践中，几乎不存在完全没有分包的项目，分包几乎贯穿了项目执行的全过程。一个大型的EPC项目，其分包商数量可多达几十个甚至数百个。

同时，随着分包数量的增加，项目界面协调、沟通的渠道随之大幅攀升，项目管理的难度也相应加大。从某种意义上说，分包管理直接决定着项目的成败，也在一定程度上体现了工程公司的精细化管理水平。

按照广义的概念，分包商也包含了设备、材料制造商和供应商，反过来，分包实际上也就是一种以服务为标的物的采购形式。但在中国，大家已习惯将采购狭义理解为货物或物资的采购，所以本书基于此狭义概念，将货物、物资采购单独形成章节（见第6章）进行论述。本章从分包风险管理的角度重点对设计、施工及其他不同组合形式的分包进行分析，并结合工程实践提出建议性的风险应对措施。

4.1　EPC项目分包的产生背景

从分包产生的背景来分析，EPC项目分包的产生主要有以下三种原因，并可基于此分为三种类型：

（1）自己"不能"做，受"准入"的限制，如资质、许可、限制（license, permit or certification）协议、专利保护等（即便自己能做和会做）。因为这类特殊的许可或认可的要求，必须要进行分包。如石油化工项目中工艺包和专利商的选择，项目中某类产品、技术人员、特定服务必须通过某国际组织或行业组织认可的要求（如防火材料需要通过UL认证（Underwriter Laboratories Inc.，美国保险商试验所），焊工需取得AWS（American Welding Society）的资格认证等），就是这类分包的典型范例。这类分包，因受各种"技术壁垒"和"门槛"的限制，有时可选择范围非常小，有的甚至是独家，分包商常处于卖方市场的"强势"地位，无论是技术服务还是设备供货，分包商都会采用其更加熟悉和擅长的标准和规格，因此总承包商受分包商"技术制约"甚至"要挟"的风险较大。

（2）自己"不会"做，自己不具备相应的能力。如设计型工程公司，将EPC工程的施工任务全部分包给施工企业，或者将自己涉足不多的、不熟悉的某一专项领域的特殊工作分包给外部专业化公司；施工型工程公司，将EPC工程的设计部分分包给设计院，将大型设备吊装、运输分包给专业的吊装公司、物流公司。通过分包，工程公司既能降低技术风险，又可节约成本。在可接受中国标准或者对外国劳务进入限制较少的国家和地区，国内选商余地较大，基本可以固定在国内选择此类分包商，风险相对较小。但如果项目所在地对劳务输入有严格的限制，或者设计、制造、施工要采用欧美或当地标准的情况下，国内选商的余地就比较小，风险因此而加大。

（3）自己能做且会做，但是没有足够的资源或者成本太高，该情况下可以招募人员或者将一定的工作内容进行外包。一个公司发展到一定规模之后，自身的管理和运营成本会随之提高，这时内外部因素促使其更多地采用分包的形式来转移成本风险。在EPC项目执行过程中，总承包商通常自行完成技术附加值相对较高的部分，而将劳动力密集、技术含量较低的部分分包出去，从而降低自己的成本。如设计型工程公司将需要大量人力投入的详细设计工作分包给一些中小规模的设计院，以降低自己的成本，同时弥补人力不足的问题；施工型工程公司，将非核心、劳动力更为密集、技术含量相对不高的部分分包给一些小型的施工企业，从而降低自己的成本。

前两种分包类型，是一种"被动型"的分包，总承包商相对处于"劣势"，因此总承包商在对分包商的选择和管理上，难度也就相对大一些。而第三种，则多是一种主动型的、为了降低风险而进行选择性的分包，此种情形下总包商相对较有优势。

从以上分类可以看出，无论是从技术可行性考量，还是基于利润最大化的驱动，一家工程公司一般都很难独立完成一个复杂的EPC项目，因此分包是工程公司专业化发展的必然选择。而从整个项目周期的视角去看，分包也在一定程度上降低了技术风险和成本风险等，因而其也被视作项目执行中的一种风险应对措施。

但同时，随着分包活动的出现和增多，一些新的风险也会随之产生。项目内部的沟通渠道随着分包商数量的增加而呈几何级的增长（当一个项目中的项目相关方或干系人为n时，理论上其沟通渠道数量为C_n^2）。一个先进的工程公司，应该有完备的管理协调程序,去规范、理顺相关方之间的沟通渠道、信息流,并限制和约束对自己不利或会对项目执行产生负面影响的沟通渠道。实际上,抛开法律层面的限定不谈,一个总包商能够管理分包商的数量多寡,在一定程度上反映了其管理水平,正如同"韩信将兵,多多益善"的道理一样。

因此,做好分包管理,是工程公司做大做强所必须面临和解决的问题,也是EPC项目成败的关键。

4.2 EPC工程分包类型及其风险

从实践看,国内目前从事国际EPC项目总承包的工程公司主要有以下三种类型:

(1)设计院转型而来的工程公司(为表述方便,以下简称为"设计型工程公司"),以石油化工行业的中国石化工程建设公司、中国寰球工程公司、中国成达工程有限公司等为代表。因国内的石油化工行业发展较晚,工艺包、专利技术、专有技术、重要设备及催化剂等先进的技术多是由西方发达国家的工程公司掌握。以往,国际工程中这类石油化工项目的EPC总承包也多由西方成熟的工程公司所把控。后来由于受地缘政治的影响,或者对于条件较为恶劣、风险较大的国家和地区,西方公司主动放弃了一些市场的EPC项目,转而只提供一些风险较小、但获利较高的技术服务或项目管理服务。而受市场的驱动,国内的这类设计型工程公司利用自己对国际通行的标准、规范(特别是工艺、设备和管道等专业)较为熟悉的优势,在西方公司完成的工艺包设计(Process Design Package,PDP)或前端工程设计(Front End Engineering Design,FEED)的基础上,发展起了自己的EPC项目管理,进而开拓了一部分国际工程市场。有些领域还延伸至开车服务,形成"设计-采购-施工-开车"(Engineering Procurement Construction Commissioning,EPCC)的模式。有些融资能力较强的公司已经开始了诸如电站、污水处理、气体分离等领域的BOT类项目的实践和探索,并取得了一些成功经验。

(2)施工企业发展而来的工程公司(以下简称为"施工型工程公司"),包括国内一大批以房屋建筑、道路桥梁、水利、铁路、港口、市政等为代表的工程公司,他们也是最早"走出去"承接国际工程的一批公司。众多的"中"字头企业也属于这一类，如中国铁道建筑总公司、中国交通建设集团有限公司、中国水利电力对外公司、中国水利水电建设集团公司、中国建筑工程总公司等。这一类工程公司承接的工程项目也多以基础设施为主，在亚非拉等一些基础设施较为薄弱的国家，通过多年的打拼与经营，已占据了相当大的市场份额，并与所在国政府建立了良好的关系。

（3）以工程贸易或机电出口等贸易性质的企业发展起来的工程公司（以下简称为"贸易型工程公司"）。此类工程公司，有较大比例不属于建设部《关于培育发展工程总承包和工程项目管理企业的指导意见》（建市〔2003〕30号）中提到的企业类型，一些甚至不具有国内适用法律法规所要求的"资质"，所以严格意义上讲，他们并不是真正的"工程公司"。因此这类企业多数只做国外的项目，在国内鲜有EPC工程业务，他们以中国机械设备工程股份有限公司、中国机械进出口（集团）有限公司、中国成套设备进出口（集团）总公司、中国电子进出口总公司和部分原外经贸系统的地方国际经济合作公司为代表，这类公司往往具有较强的融资渠道，可以通过卖方信贷、出口信贷等方式帮助业主获得项目急需的资金，成为其开拓海外市场的一大优势。

除此之外，国内还有一些工程公司（尤以央企为代表），在集团化发展的趋势下，通过收购、兼并、重组、整合等形式，在集团内部拥有了具备设计和（或）施工资质的成员企业。但从归类角度，我们还以其公司主体部分或者公司集团总部所拥有的资质对其按照以上三个类别进行归类。

这三种类型的工程公司，因专业背景、发展历程的不同，其所擅长的业务领域、项目的具体执行模式也大不相同。在其适应激烈的国际工程市场竞争中，有些特点可能变成了其优势，有些则有可能变成劣势，必须积极应对和调整，以实现其长远发展。

4.2.1 设计型工程公司的分包

随着"走出去"战略的实施，设计型工程公司，尤其是以石油化工行业为代表的一批工程公司正逐渐走向国际市场，并且慢慢开始向国外相对较为高端的工程市场迈进。这类工程公司多数都拥有工程设计综合甲级资质，他们所从事的项目设计占比相对较高，且以一定的物料和能量投入、产生新产品（或产品形态）的"流程式"工业项目为主。在整个项目执行中，设计、采购、施工三个环节连接更为紧密，例如，设计与制造环节需要彼此作为输入条件，以便不断深化和完善设计；复杂的设备安装、运行和维护从可施工性、可操作性、可维护性等方面也对设计提出了较高的要求。

这类以流程为主，包含了诸多物理、化学反应的工业项目，对技术要求较高，多

数需要有专利供应商为其提供专利技术，且有较为大型的机电设备和复杂的自动化控制系统。整个工程投资中，设备投资占了较大的比重，有些项目可达50%以上，甚至更高。设施投用后，要求技术精湛的专业人员或专门队伍负责运行、操作和维护，因此业主或其委托的PMC等专业管理团队会全面、深入地参与到EPC项目执行的全过程中。因为此类项目的技术更为复杂，所以EPC承包商（尤其是以固定总价合同承担项目的）的风险非常高。这也是在一些不太成熟或条件较为恶劣的工程市场，发达国家的工程公司选择退出EPC项目执行竞争的一个原因。

（1）设计分包

设计型工程公司，往往是基于自身人力不足、成本过高或者"不会做"等原因而采用设计分包。如将一些相对不重要或者投入人力较多的详细设计进行分包，或者将自己不擅长的某些特殊专业分包给专门的设计院或事务所，或者是当国外业主有特殊要求时，选择具有相应资质或对特殊的标准规范熟悉的国外（或者是当地）设计公司进行设计分包等。如南美某石油公司的油气开发项目，业主要求执行其企业标准（该企业标准是基于美标，但较其更加严格的一套完整标准体系），由于国内设计人员对此标准均比较陌生，EPC承包商不得不将土建、电气、仪表和安全等专业交由当地的合作伙伴执行，而在国内自行完成对美标体系相对较为熟悉的工艺、设备、管道等专业。因为这是一种被动选择式的分包，且当地能提供相应服务的设计资源较为稀缺，因此总承包商在项目执行中多数时候受制于该设计分包商。而在另外一个中东某国的工业项目上，为了争取主动并减少当地设计分包工作效率低下所带来的工期拖累，总承包商不得不先按照国内标准进行完整的设计，再交由当地的设计公司按照当地标准进行转换设计（20世纪90年代，外企进入中国投资建厂时，也曾走过这样一段路）。这样势必会有大量的重复性工作，但换回的是工期上的主动和对设计总体的把控，进而在项目成本控制上掌握主动。

协调国外设计分包商对于对设计流程和细节非常熟悉的设计型工程公司尚且如此困难，其对施工型工程公司的挑战就不言而喻了。

设计因涉及的专业众多，内部联系更加紧密且错综复杂，不同专业之间彼此互为条件输入关系，因而协调、管理难度更大。以一个中等规模的石化工程EPC项目的详细设计为例，其设计内部至少有十几甚至数十个专业（工艺、工艺计算与模拟、水工艺、分析化验、空分、热工、仪表、电信、电气、工业炉、机泵与转动设备、静设备、成套设备、管道材料、应力分析、配管、安全与消防、环保、建筑、结构、总图与运输、采暖通风、给排水等），而有相当部分的专业（如成套设备、转动设备、静设备、电气设备、自动控制设备、控制阀门、安全阀，甚至仪表原件等）需要设备供货商、制造厂的技术参数（荷载、频率、功率、扬程、密度、速度、压力、温度等）、接口参数（法兰标准、管道标准、螺栓标准、电压标准等）作为详细设计的二次输入条件，有些设计条件甚至还需要多次往复调整、确认。其中一个细小参数的变化，如果没能及时反馈给设备制造厂商或者设计方，都将在现场施工中造成极大的困难，并对项目的工期、费用造成不可估量的损失。比如可能造成结构、管道、电气、仪表等的预留尺寸与设备实际到货尺寸不符，导致无法安装或调试，设备的荷载超出结构的承受能力或者影响到起重、吊装设备的选择等。有些专业的设计还需要专利供应商或业主、PMC以及未来工厂生产操作方的评阅或审核意见。根据复杂程度不同，在必要的设计阶段还需要执行危险与可操作性分析（Hazard &. Operability，HAZOP）、模型审查（Model Review）、可施工性分析（Constructability Review）、可操作性和可维修性分析（Operability and Maintainability Review）等。如果再加上项目所在地政府部门、当地社区、施工方、第三方等需要参与的其他设计输入或者审查，可以猜想到设计协调的难度之大。而在这些过程中信息的及时、准确和精确传递，是项目顺利执行的保证。而这些对程序和彼此逻辑关系的沟通协调是必须在项目执行之初通过严密的策划确定的，否则势必导致信息传递的混乱、冗余和无效。此外，该策划还需确定信息发布渠道、信息发布时间、信息发布人、信息发布媒介、信息接收人、是否需要反馈等，并进行定期的评审和持续改进。

另外，当必须要选择国外设计分包商时，其设计风格、设计习惯、设计者所熟悉的产品参数和特性（设计者推荐的设备、材料是否有足够的厂商可供选择、价格是否有竞争性、供货周期是否满足工期要求等）、设计者的工作敬业态度、设计公司所在国家的总体工作效率等（如公共假期、加班限制），都是项目执行的风险。此类风险必须尽早识别，提前制定好应对措施。如在对清单列表项目进行勾选时，我们的习惯是用"√"表示，但很多国家都习惯用"×"表示。另外，如管道专业的界面划分，我们习惯在装置界区（Battery Limit，BL）红线处，而有的国外设计公司习惯在装置界区内的最后一道法兰口处。这些看似很简单的事情，在签署技术协议或谈判工作范围时稍有疏忽便可酿成大错。

（2）施工分包

设计型工程公司，因为"自己不会做"，通常会将全部施工任务，根据不同的功能、物理区域等划分成不同的工作包或者标段，然后分别以施工总承包的形式通过招标、议标等方式选择施工分包商。同时，派出包括设计服务、采购协调、材料管理、费用和计划控制以及施工、质量控制、HSE等职能的现场管理团队来负责整个项目现场的管理。

因设计型工程公司更加关注设计在整个EPC项目执行过程所发挥的作用，其设计人员在整个公司中占有绝对的比重和话语权（包括设计人员转型的项目管理人员），项目组织机构的配置也相应地以"后方驱动"模式居多。其优势是在项目执行前期可以集公司的整体实力，突破解决复杂的技术问题，以技术方案的优化为项目成本控制提供保证。但缺点是项目管理团队由于过多地关注了"技术细节"，反而容易形成对整个项目宏观、全局控制的"短板"。因决策中心在"后方"（相对项目所在地而言），项目前方执行团队的授权度相对较弱。由于工作重心的"后置"，决策层也往往缺乏对施工现场复杂性的足够认识。在进入国际市场后，如果仍沿用此种组织架构或者决策模式，因为时间和空间的原因，可能会放大上述的不足，尤其当项目规模大且复杂、时间跨度长、业主要求高、项目遇到复杂问题需要第一时间在现场进行决策时，这种"后驱"模式的弊端就会更加明显，进而为项目执行带来极大的挑战。

同时，因为自身不具有施工能力，施工管理在公司自然会"被边缘化"而处于一种相对"非主流"的位置，从而容易忽视项目执行过程中的现场管理。因其对施工分包商的管理精度和力度的不足，在进行施工分包时也只能将"工作包"划分得较粗，并以施工总承包的模式进行施工分包的选择。当项目设计、采购对施工支持力度不够时（图纸和设备、材料的交付滞后），EPC承包商现场管理团队会承受极大的内部（来自施工分包商）和外部（来自业主）压力，有时甚至会面临施工分包商的窝工索赔和业主的工期索赔双方面风险叠加的极为不利的局面。

另外，因为这种施工分包是一种施工总承包的形式进行的分包，在招标阶段详细设计可能才刚刚开始，所以关于计价方式、调价公式、工程量的确认、工程量清单中未包含的子项的单价确定、新增工作范围的价格结算、各类临时设施、每个报价子项所包含的相应工作内容以及可能延伸的预试车、试车工作的界定等，都需要表述得十分清楚。且在招标及澄清阶段，双方应有充分、公开、透明的沟通并达成全面一致。同时，拟选择的分包商一定要在该项目所在国有类似工程经验，否则在项目执行过程中，发现分包商不具备能力或无法履约，所引发的成本和工期风险都将无法承受。如某项目在进行施工招标时，火炬塔架结构招标子项因缺少详细的技术参数和描述在招标文件的工程量清单中仅表述为1套自提升式捆绑火炬,单位为"套",备注中说明为"估算重量为600t,螺栓连接",中标单位的该项报价为100万美元。而随着设计的深入,到施工阶段时,该塔架的重量最后达到了近900t,为此双方发生了极大的意见分歧:总承包商认为招标文件中的单位为"套",重量仅是参考指标,故不应调价或适当性补偿;而分包商则认为实际施工图重量为招标文件的1.5倍,据此,该子项的工程造价应对应调整为150万美元(按照1.5倍系数进行累加)。

4.2.2 施工型和贸易型的工程公司的分包

施工型的工程公司,是中国建设大军的绝对主力,经过改革开放30多年的快速发展和壮大,其中的很多已经发展成为规模较大的综合型施工总承包企业。而贸易型的工程公司,则最早以劳务输出,进而带动设备、材料出口发展起来,并逐渐发展形成具有一定总承包能力的工程公司。

(1)设计分包

施工型和贸易型工程公司,因为自己"不会"做,而客观上必须将EPC项目中的设计工作进行分包。这类工程公司普遍具有的特点是,项目管理人员和市场开发人员是公司的主力。项目执行团队以"前方驱动"模式为主进行构建,注重合同与商务管理,强调进度和费用控制,重视项目现场的沟通和协调,尤其是在项目所在地(国)与业主、政府部门及项目相关方的积极沟通和联系。但对设计的不熟悉是其硬伤,尤其是在应对较为复杂的、技术含量较高的EPC项目时,容易使其在项目执行中失去对设计的主导而陷入被动。

或许也是基于以上原因,这类工程公司承接的项目以公共基础设施工程为代表,其设计相对并不复杂,或者说技术相对成熟。总承包商一般是通过设计分包的形式,选择国内的设计院(所),负责具体的设计工作。这类的公共基础设施工程,其工程产品如房屋、道路、桥梁等主要是为公共提供服务,其运行、使用、维护相对较为容易。偶有涉及的工业项目,也多以技术相对较为简单的长输管线、矿山开采、电站等类型为主。

此类工程公司竞争的主要市场是在东南亚、中亚、西亚、非洲、东欧、拉美和一些基础设施较为薄弱的国家或地区。该类国家一般比较贫穷,技术相对落后,业主管理能力较弱,或者业主无需过多地参与建设过程本身,因此,这类项目更易于以EPC的模式选择承包商(有些业主以此方式来获得中国政策银行的融资,而有些具有融资

能力、资金雄厚的工程公司,也可以BOT、PPP等方式直接参与项目投资、建设、运营等),且业主更关注使用功能,而一般对设计、制造、施工标准的选用没有特殊要求,因此,此类项目中多使用国内的相关标准,技术风险相对较小。总承包商在进行设计分包时,着眼点也都集中在国内,选择的设计院所一般也多为系统内兄弟单位、集团公司旗下的二级单位,或者是常年合作的战略伙伴,因有"行政关系"的牵绊或者持续合作的共同期望,其合同履约风险也相对较小。在项目执行中,通过加强沟通和联络,优化设计、及时提供技术支持等,即可基本满足项目执行的要求。有时为了满足部分设备制造与设计紧密联系的需要,在进行设计分包时,也可将一部分的采购工作交由设计合作方执行,或者由设计方以采购技术服务的形式派出专业团队配合总包商执行复杂设备的采购工作。

当进行设计分包商选择时,要特别关注业主对设计分包商的偏好。如麦加轻轨铁路项目,由于缺少对业主招标文件中关于项目设计分包商选定的限制条件的研判,造成了总承包商对(业主指定的)设计分包商控制力较弱,进而导致设计方在进行潜在的关键设备供应商的推荐中选择了总承包商陌生且价格昂贵的欧美产品,使其成为项目失败的一个主要原因,也成为中国工程公司在高端工程市场中失败的一个"典型"案例。另外,业主对设计执行标准的要求,也须要求设计分包商落实。不同于施工分包可在施工过程中的检验点对施工情况进行检查,从而及时发现偏差和错误,设计文件的错误,有时只有到施工阶段才能发现,且设计上游条件的错误,将直接导致大量下游专业跟着"错",施工阶段发现后,改动量大,工期、费用损失也巨大。如某一工程项目,按照业主的结构设计规范,所有钢结构及其附属部分,均应为热镀锌;而设备涂漆规定中又规定,所有楼梯、栏杆、扶手均应涂刷"安全黄"警示色,也包括钢结构中所附属楼梯、栏杆、扶手。但设计分包商忽视了后者的要求,结果导致到货的大量栏杆、扶手均为热镀锌。因此,施工方不得不将那些安装后不便拆除的栏杆及扶手,以"在线"涂刷的方式进行补刷,同时按照质量要求,进行镀锌层表面的处理,而对于到货后尚未安装的部分,则安排进行集中喷砂防腐,耗费了大量的人工时。此外,由此增加的材料倒运、喷砂防腐、拆装、在线处理和涂刷、材料费用等多达上百万美元,且工期因此延误一个多月。

(2)施工分包

施工型工程公司,以施工专业起家并不断发展壮大,某些在国内已发展成为"巨无霸"级的工程建设集团,在某一特定领域或细分市场上可谓"一统江山"。他们多有整装、成建制的下属施工企业（分公司或子公司），且自身具有先进的大型施工机具、设备、专有工法，具有一项或多项一级甚至特级施工总承包资质，施工管理水平毋庸置疑。其之所以还要进行施工分包，则主要是出于分包产生背景分析中的"第三种"类型，即为了降低成本或者弥补自身资源的不足而采取分包。他们通常将施工任务中一些辅助的、劳动力更为密集的、附加值不高的"专业"工程以"专业"分包或"劳务"分包的形式分包给相对实力较弱、规模较小的工程公司，比如将防腐绝热工程进行劳务分包，或者将打桩、屋面防水、暖通设施、消防设施安装等分包给专业的公司来执行。因其专业施工技术人员、管理人员众多，对施工业务每个细节都较为熟悉，对施工作业队伍的控制能力较强，对施工节奏把握较好，所以其在国内选择施工分包商时，风险并不很大。

但有些项目所在国为发展本国经济、提高本国的就业水平，会限制外来劳务的进入。这就要求工程公司（无论哪种类型）在进行前期市场开发时要对此予以充分的了解和认识，并积极开发、培养当地的合作伙伴，为后续项目的执行奠定好基础。否则，在项目执行中必然会面临资源短缺的风险。同时，在与当地公司的合作过程中，需要花费一定的时间进行种族、语言、宗教、文化、社区等的交融和磨合。对于那些针对中国公司和中国人的绑架、抢劫等恶性刑事犯罪案件多发的地区和国家，EPC总承包商必须给予足够的重视。

贸易型工程公司的施工分包管理模式，则可能介于施工型工程公司和设计型工程公司之间（视其公司内部是否具有施工型工程公司决定）。如果将施工部分的工作任务交由集团内部的成员企业，则可看作是施工型工程公司的管理模式；如果是选择具有长期战略合作的施工企业来完成，或者以施工总承包的形式进行发包选商，则更接近于设计型工程公司的施工分包管理模式。

4.2.3 混合型分包

除了以上介绍的几种比较典型的分包类型外，因为业务流程紧密结合或者技术保密等方面的需要，EPC项目执行过程中又出现了EP、PC、EC、EPCC等不同类型的混合分包形式。如实践中常常会将大型石化装置中的污水处理单元、固体废物处理单元、网架结构、空分单元等一些专业化的工程以EPC的形式分包给一个专业化的工程公司完成。

对于一些成套设备或者静设备，如果制造厂掌握了关键的专有技术（know-how），或是该工作费时费力且其设计与制造相关度更高，这种情况下，EPC承包商可能会安排具备设计能力的制造商完成部分详细设计或者工厂图（节点图）设计，因此产生EP分包商。而同样道理，对于部分安装工作占比较小、需要专用工具或专门技术、又是相对独立的施工安装工作，EPC总承包商有时也会将设计、制造、施工一同打包，交给一个小的EPC承包商来完成，从而减少界面管理风险。对于一些有特殊装饰装修要求的建筑物，亦可考虑采用设计-施工承包模式选择工程装修的承包商。例如，化工装置中的分析、化验单位，通常会包含较为复杂、精密的仪器以及规格较多、数量却相对较少的试验设备和器皿等。如果单独进行采购或施工，则不易于快速下单、订货及了解其设备特点进行专业化的施工组织。这时，选择一家专业化的试验设备供应商或成套商打包进行一揽子的EPC承包，不失为一种很好的选择。但要注意关于合同界面的仔细澄清和对接，避免工作遗漏。

以上只是在具体的EPC工程实践中，可能会因具体的项目执行策略或项目特点而决定的一些特殊情形。其分包的风险，也基本涵盖在其他几种分包类型中，这里不做深入展开。

"EPC总承包究竟是该以施工为驱动（施工型工程公司来做EPC承包商）还是以设计为龙头（设计型工程公司来做EPC承包商）"这一问题，其实是没有标准答案的，适合的就是最好的。哪个类型的工程公司在EPC项目执行中更能够把控全局、统筹协调、整合资源，哪个类型的就是适合的。从多年的工程实践不难看出，对于工艺流程复杂的石油化工工程（尤其是下游工程），设计型工程公司来做EPC更具有其技术优势；而设计相对简单些的道路、桥梁、房屋建筑等基础设施类工程项目，施工型工程公司的管理优势则更容易发挥。但不管哪种组织模式，哪种管理团队，都应更加关注业主（"客户"）的需求，以最有效率的方式来执行项目，并通过项目的执行不断完善自己的组织架构和运行模式，提高风险管控能力，以适应激烈的市场竞争的需要。

4.3 分包风险辨识及应对

分包过程中的风险，有些是分包过程产生的，有些是在市场开发过程、项目前期执行过程中积累的。而像政治、外交、文化、种族、宗教、语言、技术（包括标准规范）、本土化发展及全球化的供应链等，都可能成为一个工程公司在国际化过程中的系统性和环境性的风险，需引起高度重视。

4.3.1　分包的法律风险

从分包产生的背景而言，只要觉得自己不能做或有风险（无论是技术风险、成本风险还是工期风险），都可以采用分包、外包的形式去转移、降低风险。但建设工程从其功能属性和社会属性而言，不同于普通的消费品，是关系到国计民生、人身和公共财产安全的重要领域，所以众多国家对工程的分包都进行了法律法规层面的规定和限制。因此无论哪种类型的分包，在实施前首先都要了解项目所在国的工程建设、行业准入、资质和资信、分包、劳务、作业许可、审批、备案等一系列的法律法规，尤其是禁止性的规定，确保各项工作依法、依规。必要时，可以聘请当地专业的咨询团队或律师团队进行专项的法律风险分析，制定风险规避措施。有些涉及劳工政策、职业健康与环保方面的法律法规相当的严苛，将直接导致工程的成本急剧增加。而有些国家部族、宗教等会在社会事务中起到相当大的发言权、决定权，这种社区关系的维护也是对工程公司的考验。例如，执行地为项目所在国的当地采购、施工分包合同是否必须经由在当地注册的两家实体进行签约，是否要经过当地商会或政府部门备案、认证等；跨境支付、结算的有关税收问题，员工工资是否必须在当地进行兑付，是否需要缴纳个人所得税等。以上这些，需要在项目前期由法律、商务、财务、税务等相关人员进行充分调研，并确定最终的执行策略。

在合同条款中，对于文字的解释顺序、索赔、转让、中止、终止、仲裁、诉讼等容易引起合同谈判人员的注意，而大量的技术性规定或附件，有时则会被忽视。对于复杂的合同文本，应组织专门的合同评审和风险评估，对于可能存在的风险，应提前制定好应对措施或策略。而对于分包合同文本的起草，应在消化完成主合同文本后，及时将主合同中的要求结合分包工作范围写入分包合同条款，即采用背靠背（back to back）的方式，此外，还需对项目管理团队中的相关人员进行合同交底，使项目团队中与合同执行相关的每个专业技术人员和管理人员都了解相关的技术、商务要求。

4.3.2　分包界面管理风险

界面管理风险，是因分包活动而产生，因此在分包管理中必须引起足够重视。对于设计分包商，除非专业上有非常特殊的要求（行业领域、选用标准等），否则不宜将一个单项工程拆分为不同的标段来选择多个设计分包商；或者说一个单项工程内部，主体的设计分包商只有一个，其他的可以作为该设计分包商的详细设计支持等，避免多个设计分包商在设计理念、思路、习惯等方面存在较大差异以及设计之间条件关系复杂，导致出现重大设计失误，或者对项目的总体协调和进度、成本控制等产生极大的负面影响。例如，在某中东地区的项目中，因总承包商涉足新的工程领域，加上工期紧、业主要求高、当地法律法规的特殊要求以及总承包商本身对业主部分专业规范比较陌生等，总承包商最后主动和被动地选择了十余家公司进行设计分包或者EP、EPC分包。因为设计习惯的不同、设计条件界面管理薄弱以及设计文件升版（条件输入的变化）频繁，最后导致在现场施工过程中发生诸如暖通风管与电气盘柜布置、暖通风管与建筑物开孔等专业条件的冲突和碰撞，增加了现场施工作业的难度，且对工期和费用均产生了极为不利的影响。

另外，办公所在地之间存在的空间距离，使得与设计分包商之间的沟通比较不便利。在关键时期，通过派驻专门的设计协调人员或者一个管理组进行"驻场"联络，可以提高沟通的效率、保证设计质量。同时，要牢固树立"设计无小事"的理念，哪怕是再小的问题，只要在设计阶段发现了，即使投入再多的人力、物力，延缓发图的时间等，也千万不要图一时方便将问题留待现场解决。因为设计阶段仅仅是投入时间和人力即可解决的"小问题"，到了现场之后则可能变成具有重大质量、安全风险的"大问题"，而需要多方反复沟通、论证，并且投入大型施工机械、安排较多直接和间接的劳动力才能实现，时间成本和费用成本都可能直接发生量级的变化。

施工分包商因为会与EPC承包商共同在项目现场执行项目，因此从空间上而言，其协调难度要小于设计承包商。通常EPC承包商应按照工程的不同"工区"或"标段"，配置相应的管理人员或者是团队，负责与相应分包商之间的沟通和联络。对于一个有经验的承包商，应该在确定承接EPC工程后甚至在投标阶段即开始做好详细的分包策划，综合考虑法律法规要求、合同要求、工期、项目现场周边场地容纳程度、临设状况、基本生活供给、作业面等因素，并考虑设计图纸交付进度和设备、材料到货计划等，合理划分标段，制定分包策略。

另外，EPC项目的施工分包策划和"工作包"划分，宜在设计开始的早期阶段尽早实施。以便可以要求设计、采购分别按照对应的工作包进行出图和签订采购订单并组织设备、材料的交付。而为了避免执行中被"胁迫"的风险，在条件允许的情况下，对于相同专业的施工分包商的选择数量应不唯一，以便在不得已的情况下进行

"调整"和"备选"。

对于界面复杂的EPC项目，设置专职的界面经理，甚至是一个界面管理团队，是一种可供参考的有效进行统筹协调界面信息的方式。由界面经理牵头组织制定不同分包方及其他项目参与方之间的沟通协调程序，明确沟通方式、频次、媒介、对象等，避免造成信息的不对称或沟通"失效"。同时，界面经理应负责在工作范围划分时，合理确定其界面和接口，避免工作包之间的空白（工作遗漏），并对工作界面有交叉的情况进行协调和管控。

实践中，一些管理能力强的日韩工程公司，往往会将施工分包定义成不同细小程度上的"区域"或"专业"，一个项目中的施工分包商有时会多达十几个，甚至数十个。如此"精细化"的分解，在一定程度上避免了"将鸡蛋放在一个篮子里"的"机会选择"后果，但同时也要求总承包商具备足够强大的"界面"管理能力和精细化管理的机制、体制去支撑和配合。

4.3.3 合同履约风险

对于不同的合同缔约主体，在合同执行中，彼此对对方的履约必然会心存顾虑和怀疑，因此，履约保函、预付款保函、质保保函、信用证等多种保函形式在国际工程执行中被广泛使用。但保函并不能解决所有的问题，它只是"风险事件"发生后用来弥补损失的一种保障手段，而建立彼此互信、沟通渠道畅通的合作模式避免"风险事件"的发生才是根本。

总包合同中存在的风险，并不可以完全通过分包合同的形式进行转移或转嫁。盲目地将所有风险通过风险转移的方式转嫁给分包商，不但不能有效控制风险，反而可能因此而产生其他的风险。分包过程中，宜从合作共赢的全局出发，合理界定双方的相互责任、义务和各自应合理承担的风险范围。在合同角度，如果盲目地认为只要是施工任务，其费用、工期的风险和压力都可以通过分包合同的形式转化给施工分包商，而忽视了施工分包商的风险承受能力和风险分担的合理程度，那么当分包商所承受的风险超出其承受范围之后，即会引发连锁反应，最终导致项目的失败和双输局面的出现。而即便仅属于分包商自身的风险发生时，EPC总承包商也不能坐视不管，而应以同舟共济的心态对其进行帮助和支援。"项目的成功，是项目参与方的共同诉求"，在此共同目标下，求同存异、合作共赢，应是处理和解决分歧的首选，而诉讼和仲裁始终都是两败俱伤的下下策。

就分包而言，对于长期需求型的，可通过战略联盟、排他协议等形式确立双方的合作关系，彼此建立广泛的合作共赢的共识。对于临时性的、一次性的分包合作，亦应在分包合作伙伴选择前进行充分、必要的沟通，或对市场可替代的资源进行充分的调研。对于稀缺型的资源，属于卖方市场类型的，则必须提前进行锁定。

而由于分包商资源的草率选择而导致在项目执行后期被迫以"离婚"的方式分手，是一个"双输"的局面，且对工程后续执行的工期和费用都会增加大量的不确定性。如某工程项目的施工分包商F因作业人员动迁问题而导致工程进度严重滞后，考虑到工期拖期所带来的巨额拖期赔偿风险（根据合同约定，拖期赔偿的上限为合同额的10%，约6000万美元）以及从国内动迁新的承包商的复杂性，EPC总承包商不得不按照业主推荐，引进价格较高的当地分包商G。为了实现施工分包商之间的快速"切换"，并减少其对工程的次生影响，EPC总承包商采取"友好分手"的方式结束其与F分包商的合同关系，并就F撤场和G进场进行紧密筹划，出面协调将F已开始预制的半成品和已订货的工程材料、工程临设等转让给G，从而有效缩短了"切换"时间，尽可能降低变动施工分包商给项目造成的不利影响，但EPC总承包商仍然需要承受相应的经济损失。

如果是按照日韩工程公司的操作实践而言，其风险相对较小，亦可以说，这本身就是一种为降低风险而提出采取的预防措施。而采用没收履约保函的方式，相对而言只能是下下策了。

4.3.4 分包商的资金流风险

施工分包商的合同额多由"刚性"的人工工资、设备租赁费、材料费等构成。无论合同中是否界定清楚，或者说无论是否为分包商自身原因，一旦分包商在执行合同中出现资金流（现金流）为负的情况，则将出现工程停滞、进度无法保证的工期风险。分包商在国内往往可以通过采用拖欠工资、赊欠材料款等做法尽量保证现金流为正，但这些方法在一些海外市场中很难行得通。同时，在海外执行项目，受外汇管制等的影响，一般的国内承包商也很难从公司总部或者其他渠道调集资金去"支持"某个项目。

而在项目签约时，总承包商也往往会考虑其资金成本，以尽可能少的分包商预付款比例来启动项目。但在项目执行中，如遇到必须全款结清才能发货、工资必须限期发放等政策性或"惯例"性要求的情况，分包商则很难进行有效的资金平衡和"调度"。如项目中总承包商一般给分包商的预付款比例为10%~20%，以10%居多，然而在前期人员动迁、临设准备等过程中就要耗费掉很多资金,因此在项目执行阶段,尤其是施工高峰期,分包商可供周转的资金即会变得十分紧张。按照合同约定,业主对总承包商进度款支付的周期一般在8周左右,甚至更长,而总承包商与分包商的进度款支付,如果少于以上周期,就意味着总承包商要进行"垫支",如果超出以上周期,分包商则很难撑得住。这时,应在合同中考虑由总承包商统一购置货值较高的材料(甚至是施工辅材和消耗性材料),并在分包商的进度款中进行相应的抵扣,以缓解分包商资金紧张的压力。如沙特某EPC项目中,合同约定二次灌浆料供货属于分包商工作范围。但设计选用的是环氧基的材料,其货值很高(设计总量为500吨,单价2000美元/吨),而且在当地供货商较少,要求必须支付全款后才能发货,而分包商因现金流原因,无法一次采购全部的材料,导致工作经常陷于停顿中。然而分包商为此发生的采购费用只能在施工完成后的月度进行进度款申报,再加上合同约定的正常付款审批周期,这样分包商就此一项的100万美元的资金流将在3个月的时间内才会得到平衡。最后,该材料经协商后改由总承包商代为购买,才使该问题得到了有效解决。

4.4 建立分包管理的公司级风险防控机制

一个成熟的国际工程公司,应该建立一套完整的风险辨识系统,以固有的模式对风险进行辨识和管理,而不是仅仅依靠项目管理团队甚至项目经理本人的风险喜好,而将公司置于巨大的风险之下。对于分包商管理,成熟的工程公司应通过建立完善准入、选择、使用和评价体系来做好风险防控,并为项目分包商的选用提供支持和保障。

(1)分包商的准入

结合公司的业务领域、工程特点、所在区域等因素,分类建立起分包商准入制度,亦即我们常说的"长名单"。通过对潜在合作方资质、业绩、能力、资源(包括技术、设备和人员)、资信等方面进行综合的评判,对关键岗位人员的访谈(或面试),对公司治理结构和质量管理体系等的评审等,为候选分包商建立"资源库",并对其社会认可、合同履约、财务资信、不良记录等方面信息进行动态维护,以便更好地整合各方面的外部资源,为项目执行提供有力的支持。而对于资源稀缺型的服务提供商，应通过建立战略合作的方式，提前锁定资源。

（2）分包商的选择

在"长名单"的基础上，项目应结合工作范围、工期、工程所在地等各种特点筛选、编制"短名单"，并根据拟选择的分包商的情况而区别确定不同的选商原则。如对资源稀缺型的，可在投标报价阶段即结成报价联合体或签订"排他协议"进行捆绑投标；而对于市场供给充分、选择较多的分包资源，则可以通过竞争性谈判、公开招标、邀请招标或询比价等多种方式进行选定。

但无论采用哪种方式选择合作伙伴，都应对项目所在地法律法规、合同工作范围、业主招标合同文件（Invitation to Bid，ITB）及分包合同文本进行充分研究和风险揭示，并对可能的分歧进行提前的沟通和协商并最终达成一致，尽量避免把明知的风险和已知的不确定性故意留到合同执行阶段去解决。

（3）分包商的使用

项目合作过程中，信息充分沟通、合同分歧及时磋商，都是项目在朝着正确的方向前进的标志。否则随着项目执行，暴露出的问题或矛盾不断地积累，势必对项目的成功带来不确定性。应通过建立双方定期互访机制，及时开诚布公地去探讨并解决分歧，经常性开展团队建设、培训、交流等活动，增进彼此互信和友谊。

（4）分包商的评价

项目执行的过程中，一方面，要不断通过一些考核或评审及时对分包商或其项目执行团队的执行能力进行评价，以及时发现问题，并尽早解决；另一方面，通过项目的执行，也要对该分包商的总体能力、资信、管理等方面做出综合评价，供公司在后续分包商的选择做参考。通过一定时间的积累和不断的"优胜劣汰"，最终工程公司将建立并培养起一批良好的合作伙伴。

4.5 分包风险案例解析——以分包合同缔约实体的法律风险为例

某项目中，总承包商通过招标选择了承包商B作为该项目一个施工标段的中标单位，但在签约过程中，发现承包商B在该项目所在国的实体为与当地公司的"合资公司",且公司实际控制人为其当地合作方。而承包商B因之前合同的经济纠纷,与其合伙人处于关系紧张时期,因此该项目的施工分包合同受影响而迟迟不能签订,导致相应的预付款办理、人员工作签证申办、人员动迁等受到影响。

(1) 分包合同缔约实体的法律风险分析

按照一般通行做法和惯例,项目业主(或所在国家法律)会要求在项目所在国执行的合同以在该国注册的实体进行签署。因此,即便是中国的总承包商与中国的分包商签署施工分包合同,也要求两个公司在该项目所在国的子公司作为合同双方进行签署。但由于签约前,总承包商未了解分包商在该项目所在国的实体注册情况,导致施工分包合同未能顺利签订,从而推迟项目启动工作的时间,对项目进度产生较大的风险。

(2) 风险应对措施

经过长达数月的协调和等待无果后,承包商B另行选择了一家中国承包商N进行挂靠,并重新启动合同签约程序,最终项目启动工作推迟了4个月。

(3) 案例分析与总结

通过这个案例,我们可以总结出以下经验:

1) 在选择分包商前,总承包商应充分了解项目所在国以及项目业主对于分包合同及其缔约实体的法律要求;

2) 在分包合同签约前,总承包商应对分包商在该国家的实体注册及纳税、年检等情况进行调研和了解;

3) 对于总承包商和分包商都是中国的公司来讲,可以探讨在国内和境外分别签署同一标的下的拆分合同,然后再以"跨桥"协议的形式,将二者进行关联,以解决资金跨境结算、国内外成本分别核算的问题,同时,须考虑法律的限制以及税务策划等工作的相关要求。

本章作者:赵景龙

赵景龙,男,富力地产集团中南区域公司常务副总经理,前广东恒力建设工程有限公司(富力地产集团子公司)副总经理,天津大学国际工程管理专业本科毕业,机电安装及房屋建筑一级注册建造师、项目管理师(PMP)。曾就职于国际知名的大型EPC工程公司,任施工部副主任、高级现场经理。多年的大型炼化一体化工程项目EPC管理实践,并曾成功执行过多个海外EPC项目。熟悉EPC项目全过程管理,并擅长计划控制、成本管理、合同管理、施工管理。

第5章

国际工程EPC项目的设计风险管理

国际工程 EPC 项目风险管理（第二版）

设计是工程建设的"龙头"，设计质量不高或设计工作滞后将直接影响到后续的工程采购、施工建造和投产运营，也直接影响到工程质量、进度和成本等。而与传统的DBB承包模式不同，EPC总承包模式下承包商负有严格的设计责任和高度谨慎的义务，其不仅要对承包商设计文件的正确性负责，还需要负责审核业主前期设计成果及其正确性。设计工作是EPC承包商实施工程项目的核心与重点，也是中国承包商承揽海外业务的短板。银皮书合同条款下，承包商不平衡地承担更多与设计有关的风险，例如，FIDIC银皮书第4.10款规定"承包商应负责核实和解释业主提交的现场地表以下和水文条件及环境方面的相关资料，且业主对这些资料的准确性、充分性和完整性不承担责任"，第5.2款规定"业主对承包商文件的任何审核，都不应解除承包商的任何义务或责任"。可见，EPC总承包模式对承包商的设计风险管控能力提出了严峻的挑战，有效地管控设计风险是我国承包商成功实施国际EPC项目的关键。

5.1 设计输入条件的风险

EPC总承包商在实施工程设计前必须核实业主提供的项目勘测和设计资料等的准确性，并准确理解掌握业主要求，以保证设计能够满足项目预期的使用功能。另外，在设计过程中，设计人员须以设备/材料供应商提供的技术资料作为设计输入，但承包商难以保证所获取资料的准确性。如果设计人员作为设计依据的资料不准确，那么就很可能导致设计错误或设计缺陷产生，造成工程项目的规模、组成、结构、构造、标准等特征不满足业主预期目的或不符合相关法律法规要求或造成了施工的不便利性等，从而导致EPC总承包商项目实施成本增加、项目失败风险提高。

5.1.1 业主资料不充分、不完整或存在错误

FIDIC银皮书合同条款规定，承包商有义务核实并解释业主要求（包括设计标准和计算），除第5.1款规定的四种情况（合同中规定的不可更改或由业主负责的部分、数据和信息；工程预期目的的定义；竣工检验标准和性能标准；除合同另有说明外，

承包商无法核实的内容)外,业主对所提供资料的准确性、充分性和完整性不承担责任。

(1) 业主提供的条件不全

实践中,承包商在投标时常常会发现业主提供的输入条件不全,或者因投标时间比较紧急,业主的文件比较多,承包商往往无法理解业主的全部要求,而忽略业主要求中的一些条件。如果承包商未能及时与业主澄清、确认缺少的条件,而是以自己假定的条件作为设计的基础进行投标报价,很可能导致工程实施过中发生设计变更,进而导致项目成本高于投标报价时的估算。例如,某项目的实施建造需要控制项目所在地水体的氯离子浓度,但业主要求中并未明确对氯离子浓度的控制要求,承包商在设计时便假定以通常的浓度标准,直到合同签订后,承包商才发现项目所在地的水体中氯离子浓度非常高,此时,承包商不得不进行设计变更,导致成本大幅度增加。

为了避免这种情况发生,在投标阶段承包商应仔细审核业主要求中的所有条件,判断业主提供的条件是否完整。如果条件不完整,承包商应及时找业主澄清、确认;如果承包商根据自己假定的条件进行投标报价,需在投标文件中明确说明该假定的条件。

(2) 业主提供的条件不清楚,存在歧义

合同中业主对于项目的规模、采用的工艺、装备水平等的要求或表述不明确。例如,有些业主在合同中要求承包商最终移交的设备要达到世界先进的装备水平,这种情况下,承包商往往很难界定其出具的设计是否达到业主的要求。如果业主认为承包商的设计不符要求,那么承包商就必须修改设计图纸,或在施工过程中进行设计变更,这会极大增加承包商的成本,甚至导致项目亏损。

还可能存在一种情况,承包商的设计人员未能准确理解业主的要求,尤其是对业主招标文件中的技术文件部分认识不到位,造成承包商对招标文件的理解和业主的要求不一致。例如,某英文版本的招标文件中,要求所使用电器的开关柜是半抽屉式的,承包商根据半抽屉式的开关柜进行报价。直到承包商采购设备时,业主提出开关柜应是纯抽屉式的。在咨询项目所在地的供应商后,才获悉当地的开关柜只有纯抽屉式和开关式两种,业主招标文件中所谓的半抽屉式开关柜就是纯抽屉式。最后,承包商不得不重新修改设计,增加项目设计工作的成本。

业主提供的条件不清楚或比较宽泛,或承包商对业主要求的理解产生偏差,都会

导致承包商的设计成果不能符合业主的预期目标。承包商在实施工程设计前,应认真做好项目的开工报告,包括设计的开工报告和各专业的开工报告。设计经理组织设计开工报告,开工报告里要详细说明项目的背景和项目的特殊性要求。每个专业的负责人组织专业开工报告时,要把相应部分的业主要求消化掉,并告知设计人员需要注意的问题。实践中,因为投标的时间比较仓促,承包商有时会选择将一部分的设计工作分包出去,而设计分包商的设计错误及设计延误可能会对承包商的设备安装和后续施工产生很大的影响,因此,承包商要加强与设计分包商的沟通,并尽量将设计分包商的付款与设计质量及工作进度相联系,加强对分包商设计图纸质量和设计进度的控制,以保证设计分包商能够落实业主要求。

(3)业主提供的资料存在错误

FIDIC银皮书规定,承包商承担业主要求中的任何类型的错误的风险。如果业主提供的资料存在错误,而承包商未能及时发现,损失由承包商自行承担。例如,某一项目,承包商在中标后,才发现项目现场的地质与业主提供的资料不一致,承包商不得不发出设计变更,而由该变更导致的工期延误和成本增加,承包商是无法向业主索赔的。更有甚者,业主要求不符合项目所在地的法律法规,承包商在实施或完成项目后才发现该冲突,承包商通常需要承担废除违规工程的费用,并承担相应损失。例如,某一冶炼厂项目建成后,承包商才发现项目所在国已经不允许修建该产业的冶炼厂,这种情况下,承包商不得不移除该冶炼厂,虽然承包商可以向业主索赔,但实践中承包商索赔成功的难度很大。

业主提供的资料存在错误,或业主要求违反项目所在地的法律法规,都会直接导致承包商的设计成果错误,给合同执行带来无法控制的成本风险。承包商在投标前须对项目的前期勘察资料形成充分的认识,不能完全信赖业主招标文件中的资料进行投标,要注意及时补充勘测、收集查找资料并论证,注重了解工程所在国与设计相关的法律法规,尽早发现业主要求中的错误,尽快采取补救措施。

(4)业主要求发生变化

业主要求存在变化的可能性,业主变更可能会影响到承包商正在进行的设计,但并不是所有的业主变更,承包商都可以提出索赔。如果业主要求的设计变更不在项目的关键路径上,只是吃掉承包商的浮时,这种情况下,承包商无法向业主索赔工期,却会导致承包商的计划进度紧张。

例如某EPC项目,在最初投标阶段,承包商选定的水泵房及配套设备规模满足了业主在招标文件中的要求，但在设计期间，业主要求考虑到未来扩产的可能性，需预留设备空间及管线配置。承包商因此不得不对原有设计做出修改，涉及总图、水道、电气、结构、建筑等多个专业，导致费用增加、工期延长。

为了减少业主变更给承包商工期造成的影响，承包商应在安排项目进度时就考虑设计变更对于工期的影响，为设计阶段预留一定的浮动时间，并在合同中约定让业主参与项目关键路径上的设计工作。另外，如果业主通过审核或批准程序驳回承包商符合"业主要求"的设计，并提出更高的要求而形成设计变更，且设计变更的工作发生在关键路径上，承包商应基于合同中相关的设计变更规定和因设计变更而赋予的承包商的索赔权利，严格依据合同准备索赔资料，向业主提出索赔。

（5）设计标准规范与项目所在国标准规范不一致

国际工程EPC项目所采用的设计标准规范通常有三种：项目所在国的设计标准规范、承包商所在国的设计标准规范、第三国的设计标准规范。当EPC合同中规定采用的设计标准规范和项目所在国的标准规范不一致时，尤其是与项目所在国标准规范中的强制性内容存在冲突时，那么EPC承包商将面临两难的境地。国际工程EPC合同中一般都会规定承包商遵守项目所在国法律法规的义务，如果EPC承包商遵守合同规定的设计标准规范开展设计工作，则存在违反项目所在国法律法规的风险，而受到项目所在国政府的行政处罚；如果EPC承包商根据项目所在国的设计标准规范进行工程设计，则面临着违约的风险。

EPC承包商须熟悉合同规定的设计标准规范。当业主要求的设计标准规范非项目所在国的设计标准规范时，EPC承包商不仅要熟悉业主要求的设计标准规范，还要理解项目所在国的设计标准规范，尤其是项目所在国设计标准规范中强制性的内容。承包商应尽量在合同签订前，向业主明确所采用的设计标准规范与项目所在国标准规范的差异，避免与项目所在国标准规范中强制性规定相冲突的内容。

5.1.2 供应商反馈的技术资料不准确

EPC承包商并非是在设计图纸全部完成后才开始工程采购，而是在工程设计阶段就需要考虑设计与采购之间的相互影响，项目的设计工作和采购工作是相互衔接并深度交叉的。在工程设计阶段，设计人员需要与设备材料供应商进行大量沟通，设计工作的完成需要供应商提供详细资料，以保证设计成果的可行性，同时优化设计方案和选材方案，降低工程成本。

设计人员在实施工程设计时，需要依据供应商提供设备或材料的技术资料。尤其是以设备安装为主的项目，其大部分的设计工作需要以供应商提供的设备参数、安装要求等为输入条件。如果供应商反馈的资料不准确，会连锁导致承包商设计成果的错误。例如，某EPC项目因供应商反馈的设备规格参数有误，而导致系统无法达到保证值，进而耽误项目工期并增加了额外费用。此外，如果设备材料供应商提供多个版本的资料，则会导致承包商反复修改设计，造成设计进度延迟。

承包商需积累众多项目经验，对供应商的交付质量和服务质量进行评价，构建潜在供应商列表，并建立长期的合作伙伴关系。另外，承包商除了需要在合同中规定供应商对于反馈材料的正确性承担责任外，从形式上看，承包商必须要求供应商对反馈的资料进行签章确认，并要求设计人员签章确认以保障设计人员认真审核供应商反馈的资料。

5.2 设计工作过程中的风险

国际工程EPC项目的设计是一个多专业协作、多方沟通的复杂过程。设计工作过程中，设计面临着来自设计人员的风险、工程设计工艺不成熟、设计质量控制不当、设计进度延误、设计未充分考虑项目当地的文化、设计未充分考虑业主运营目的、设计侵权风险等，这些都会对设计质量、设计进度和设计成本造成突出的影响，EPC承包商应给予足够的关注。

5.2.1 来自工程设计人员的风险

工程设计人员是设计图纸的生产人员，工程设计人员的业务能力、工作态度、专业化理念和团队稳定性是决定工程项目能否成功的关键。

（1）设计人员配备不当

设计人员的配备应契合项目的特点和要求，设计团队配备不当会影响到沟通的有效性和设计成果的准确性。一个合理高效的设计团队至少应满足以下几点：1）参与国际工程EPC项目的设计人员须具有较高的专业英语水平。国际工程EPC项目通用的文件语言是英语，如果设计人员不具备足够的英语能力，一方面承包商须支付额外的成本和精力翻译项目文件，另一方面很难保证翻译后的中文文件和英文原意一致，增大了设计人员误解项目文件的风险。而且很多情况下即使设计图纸和中文的表意没有错误，但如果翻译出错，那么须由EPC总承包商承担因业主理解错误产生的风险和责任。另外，如果设计人员不具备过硬的英语能力，也会增加其与业主工程师的沟通障碍。2）团队内须有一定熟悉合同规定的设计标准规范的设计人员。EPC承包商须配备具有合同规定的设计标准规范能力的设计人员，以减少设计工作障碍和因设计人员不熟悉合同采用的设计标准规范产生的不利影响。当前，许多工程项目技术都有相关的国际标准，尤其是机械、电气、压力容器等方面都已经形成比较成熟的国际标准，我国的很多相关标准也是由这些国际标准转化而来，设计人员须清楚二者之间的差异，当合同要求采用国际标准时，设计人员须严格按照国际标准进行设计。考虑到有很多国际工程EPC项目采用欧美标准，但对我国承包商来说，缺乏熟悉欧美标准的设计人员，这种情况下，可以考虑聘请熟悉欧美标准规范的咨询公司或工程师协助设计。

（2）设计习惯差异

中国承包商在实施国际工程项目时，往往未能够准确理解业主要求的设计精度。根据国内的设计习惯，项目的基本设计一般是以文字为主，并配上少数的设计图，而国际上有些业主对于基本设计深度的要求甚至达到施工图设计深度一半的标准。当承包商提交的设计文件的精度未能满足业主要求时，承包商不得不重新进行设计。另外，国内外的绘图方法和出图习惯也存在差异，例如，国内的出图习惯是将相对独立的设备绘制在不同的图纸中，只需要对不同设备的连接处进行标注即可，而有些海外项目的业主是要求将所有的设备绘制在同一张图纸上。又如，对于一些参数特别多的设备或机械图纸，国内的绘图方法是将所有的参数标注在参考图纸上，而国际上一些业主会要求在设备机械图上标注出这些参数（至少应标准出主要参数）。

为了有效避免因设计习惯差异导致EPC承包商设计成本增加和设计工期延误，承包商应提前和业主沟通绘图方法、出图习惯、设计精度要求等方面的差异。但工程实践中，EPC承包商要充分并准确理解业主设计精度的要求还是比较困难，且大量的沟通工作也会增加承包商的成本。EPC承包商应努力提高设计业务能力的国际化水平，力求能够和国际接轨。承包商应加强对设计人员业务能力的培训，可派遣设计人员到国际化专业公司去交流学习。只有设计人员真正理解国际上对于设计精度的普遍要求，才能真正实现通过项目带动业务水平提高。

（3）设计人员的设计优化理念薄弱

设计优化是实现项目"效益"目标的关键，设计人员在满足项目规范要求和使用功能的前提下，实施设计优化有利于施工便利、成本节约和利润增加。尤其是对于以EPC模式承揽工程项目的承包商而言，在固定合同总价的情况下，设计优化有利于EPC承包商从根本上节约项目成本，是EPC承包商的关键赢利点，且优化后的设计能够有效减少后期的设计变更和现场返工等现象，有助于承包商更好地进行风险防控。在国际工程EPC项目中，设计优化常常被视为一项非常重要的战略工作来组织执行。

但由于设计任务繁重和缺乏设计优化的激励，设计人员通常只以不延误工期、满足项目规范要求和业主使用功能为工作目标，而缺乏设计优化的意识。例如，某项目要建设一个小型工厂，设计人员出具的设计图纸显示全厂安装20多台空调，远远超过其实际需求量。经过逐个排查后，发现多处空调的配置是没有必要的，这种不合理的设计显著增加了项目的费用。另外，由于业主要求中对项目功能的定义不明确，设计人员为了避免承担设计成果不满足要求的责任和后期修改图纸的麻烦，更倾向于选用超标准的设备，从而使最终的设计无法达到最佳的性价比。

提高设计人员设计优化的积极性，是EPC承包商实施项目管理的重点，EPC承包商须强化设计人员控制成本的意识。一方面，公司对于项目成本控制的理念要宣传到位，项目的成本控制不能只依赖于费用经理的控制工作，要提倡所有的设计人员都重视项目的费用控制。另一方面，公司制度应能够有效激励设计人员主动节约成本，可把设计人员的利益和项目的收益明确挂钩。

（4）设计团队的稳定性差

国际工程EPC项目中，设计人员在实施工程设计工作时，需要参与现场勘查工作，并不断地与业主、供应商等沟通项目要求、设备参数等信息，工程设计与合同的磨合是一个很重要的过程，这都要求EPC承包商具有比较稳定的设计团队。另外，项目后期的设计配合（包括施工期间、试车投产以及质保期的设计配合）都需要相关设计人员能够快速响应。如果原设计人员因故离职，尤其是核心人员发生变动，会对项目造成很大的打击，接手工作的设计人员不得不把之前的准备工作重新完成一遍，且重复工作过程中如果发生信息流失，会对后续的工作造成很大影响。例如有的项目执行期间较长，通常工程公司会力保设计经理不换，但具体的专业负责人和设计人员更换的可能性则逐级加大。现场设计服务人员由于需要外派较长时间，也很有可能不是原设计人员。人员的变动将导致设计工作缺乏延续性，大量信息丢失。

为了确保设计团队的稳定性，尤其是核心设计人员的稳定性，在与设计院签订设计合同时，至少要求固定专业负责人。主体专业的设计人员也要相对固定。设计院的项目经理应在项目执行前与各专业室负责人充分沟通，了解每个设计人员的能力及未来有可能的设计负荷，与专业室负责人协商选定相对稳定的设计人员。另外，文档管理也至关重要，通过书面形式记录重要、关键的设计信息和注意事项，也能够在设计人员发生变动时尽可能地减少信息流失的风险。

5.2.2 工程设计的工艺不成熟

设计工作过程中的技术风险主要是指工艺的成熟性问题，该风险在工程项目中广泛存在。项目的复杂性和一次性决定项目的特殊性，任何两个项目的工艺因项目的特殊性都存在差异，不能全部照搬以往的设计经验，因此，工艺的成熟度是设计人员开展设计工作的主要难点之一，尤其是当工程项目采用新工艺。而设计工艺成熟度引发的问题一般在项目开车之后才能凸显出来，工艺不成熟导致的问题主要有两个：一是设计的工艺无法带动项目整个生产线运行起来；二是因工艺不成熟，导致项目的产能无法达到业主的要求。工程设计工艺不成熟会对EPC承包商造成重大的影响，如果因工艺不成熟问题导致项目未能满足业主的要求，EPC承包商可能需要承担自费拆除项目、复原现场并赔偿业主损失的责任，EPC承包商除了承担巨大的经济损失外，其声誉也会受到严重的冲击。如某工程项目，设计人员在固体物料的下料处为减少粉尘增加了一个喷水降尘设施，这在以往的设计中是没有的，由于设计经验不足，且没有仔细考虑物料的性质，导致生产时固体物料熔化增加了蒸汽量消耗，而装置又无法补充增加的蒸汽量，结果使得该局部设备的生产能力下降，喷淋水的加入改变了物料的酸碱度，造成设备腐蚀报废，影响到整个系统都无法达到生产能力，给EPC承包商造成巨大的损失。

对于工艺不成熟的项目，应在项目实施前就与业主针对工艺选择进行充分沟通，并建议先与业主联合开展中试，中试成功后再开展项目。在总包合同中也要避免对性能保证等指标的硬性规定和相应罚则，说清达产达标的前提条件。

5.2.3 设计质量控制不当

EPC承包商在实施工程设计的过程中，会采取一系列措施控制设计质量，以使设计成果的质量特征能够满足工程合同的要求。设计质量控制包括两个方面，一是对设计图纸的质量控制,二是对设计过程中的工作质量控制。设计质量控制不当,设计成果不符合设计标准规范或者出现设计错误的概率增加,EPC承包商最后不得不承担因设计质量控制不当所导致的成本增加。

设计质量控制过程中,设计人员是至关重要的影响因素,也是最不可控的因素。工程实践中,设计人员往往缺乏充分消化业主要求、审查设计错误和修改设计文件的动力,这与设计人员的责任意识紧密相关。如某一工程项目,在项目投标阶段,项目设计人员在设计发电系统时,计算来自余热锅炉产生的高温高压蒸汽产量时产生误差;在合同签订后开始设计时发现计算的蒸汽负荷与报价时有出入,导致现在的发电装置的设计结果与在项目合同签订时承诺的考核指标发电量相差0.5MW,造成余热发电系统没有足够的蒸汽输入,无法满足合同要求的发电额定功率。为了通过性能考核,承包商不得不增加部分设备的规格和产能,以满足最终发电量的要求。承包商为了应对该设计风险,仅直接材料损失就损失数十万美元。因此,如何提高设计人员的责任意识是EPC承包商必须考虑的问题。设计合理的薪酬体系,使设计人员的收益与项目的利益紧密联系是强化设计人员责任意识的有效方法。除了提高设计人员的责任意识,加强图纸的审核也是设计质量控制的关键环节。现在的图纸审检、审定,一般遵循的是三级审核制度,但这种审核制度在具体的工作实践中多半是流于形式。一方面是由于审核人员缺乏责任心,执行效果差;另一方面是由于设计人员和审核人员可能在设计理念上产生分歧,导致设计审核不通过,图纸退回修改。设计图纸审核应要求审核人员签字确认,以保证当设计图纸出现问题时,能追溯到相关的责任人,另外,当双方因设计理念出现分歧时,要加强设计人员和审核人员的沟通。在设计资料审核过程中,不仅要重视设计技术可行性的审查,还要重点审查材料选用的经济性和施工过程的合理性。

国际工程EPC项目的实施,一般涉及诸多工作单位的参与,为了避免因各个工作单位的工作范围不清晰而导致纠纷或推诿,甚至影响到后续工作的顺利实施,设计人员有必要根据EPC项目中工作范围的划分原则在图纸上标注不同工作单位的工作范围,尤其是合同中难以清楚表达的细节。例如,土建工作与安装工作的交接,一般而言,设备安装的精确性要求要高于土建工作的精确性要求,如果设计人员未能在设计图纸上标注土建与设备安装的工作范围,那么很容易发生设备最终无法顺利安装的情况。而且工程实践中常常出现洽谈合同的人和执行合同的人不是同一批人的情况,一般都是由市场部的工作人员负责洽谈合同,由项目部的工作人员根据施工图纸执行合同,这就容易造成合同谈判达成的条件难以真正贯彻到项目的具体实施中。如果在施工图纸上清楚标注工作范围和实施过程中需要注意的要点,不仅能够简化合同执行人员的工作,同时也会减少质量问题。

5.2.4 设计进度延误

（1）业主对设计文件的审核期过长

FIDIC银皮书合同条款下,承包商的文件只需业主审核（Review）,不需要业主批准（Approval）,且明确规定业主批复期限为21天。但工程实践中,合同条款中通常会增加业主"批准"承包商文件的权利,规定承包商须根据业主的反馈意见修改设计图。业主常常会在审核期限的最后一天返回意见给承包商,且可能多次批复,造成业主对承包商文件的审核期过长。对于一些EPC项目,业主会向承包商要求"批准"基本设计的权利,即只有承包商的基础设计得到业主批准后才能继续进行施工图设计。这种情况下,承包商收到业主关于基本设计的反馈意见,不仅需要修改基本设计,还需要修改施工图设计,不仅会造成设计人员情绪低落,而且会极大增加设计人员的工作量,延长设计周期,甚至使工期延误。业主除了正常审核基本设计和详细设计文件外,还可能要求进行专项审核,如工业项目常用的HAZOP（Hazard and Operability Analysis,危险与可操作性分析）。另外,当合同文件中的设计责任不明确时,可能会发生双方责任推诿的现象。业主在审核过程中可能会提出较高的要求而导致项目成本增加、工期延长。例如,某水泥厂建设项目,合同文件中未明确规定连接设备线和中央控制室的电缆长度,但设计审批过程中业主认为只有配备足够的电缆才能实现预期的功能,从而要求承包商增加该部分的设计才能通过审批。

工程实践中,业主审核拖期的情况是很常见的,为了尽量避免业主审核拖期造成的承包商工作进度拖延,承包商应:1）在合同中明确需报批（for approval）、报审（for review）和报备（for record）的文件,并明确施工图的设计深度要求;2）与业主制定沟通和协调的程序,规定在设计关键节点上业主参与设计方案确定的具体内容和要求、业主最多批复的版次和违反上述规定时承包商的索赔权利等,以避免业主无规划、随时随地、不按程序规定提出各种要求,从而影响到设计进度计划的执行;3）尽早研读合同文件,重视合同与招标文件在技术条款上的差异,及时提出合同偏差,并明确设计责任;4）将设计工作提前,预留出反复修改设计图纸的时间,尽量在预定的设计期限截止前完成设计图纸并交给业主审核;5）提供给业主审核的图纸应尽量简化,对于一些不是很重要的零部件图纸或细节图,承包商可以在完成施工图设计后,再将这些图纸作为整体提交给业主审核,这样不仅会节省业主的时间和精力,而且会减少承包商的工作量;6)提前和业主沟通绘图方法和出图习惯的差异,以避免由于绘图方法和出图习惯的差异,导致业主的审核时间和承包商修改图纸的时间延长;7)当业主的审批人员专业能力不够时,要积极与审批人员进行善意沟通,有理有据证明设计方案的科学性、合理性和正确性,另外,使业主充分认识到审批拖延引起的工期延误,必然会造成项目开车运行的延期,从而督促业主分配或增加有能力的审批人员,并尽快开展审批工作。

(2)消耗浮时的设计变更

业主要求存在变化的可能性,且该变化可能影响EPC承包商正在进行的设计,这种影响分为两种:一是设计变更的工作发生在关键路径上,二是设计变更的工作发生在非关键路径上。如果业主发出的设计变更改变的是非关键路径上的工作,那么就会消耗EPC承包商预留的浮时,这种情况下,业主一般不会批准EPC承包商提出的工期索赔。对于EPC承包商而言,浮时产生的原因有两种:一是EPC承包商安排项目进度计划自然产生的浮时,二是EPC承包商为某些工作预留的浮时。因设计变更而消耗掉承包商预留的浮时,同时又无法获得业主的工期索赔,很可能导致EPC承包商工期紧张。

在工程实践中,很难避免因设计变更消耗EPC承包商浮时的问题,且频繁的工期索赔会破坏业主和EPC承包商之间的合作基础。因而,EPC承包商应在安排项目进度时就考虑设计变更对于工期的影响,为设计阶段预留一定的浮动时间。

(3)设备材料供应商反馈资料不及时

设计工作与采购工作是交叉进行的,设计人员向厂商提出采购要求,厂商须向设计人员反馈技术资料。工程实践中,EPC承包商的设计人员很难保证采购文件的出具时间,而供应商向设计人员提供技术资料的前提是其收到EPC承包商的采购文件,这无疑缩短供应商及时反馈资料的时间。且由于供应商自身工作的延误,供应商延迟反馈资料的风险增大。而如果供应商未能及时反馈给设计人员相关资料,那么设计人员的设计工作将无法顺利进行,后续的工作自然也无法及时推进。

EPC承包商在安排设计进度时,需要考虑设备材料供应商提交资料的时间,重视设计与采购工作之间的衔接。采购部在安排采购计划时,除了要考虑设备的加工周期,还需要考虑供应商需要反馈给设计人员相关设备材料资料的时间。另外,承包商除了要在合同中约定供应商提交相关资料的义务,并明确约定供应商需要提供资料的内容、程序和时间限制外，还必须安排专人负责督促供应商提供设备材料资料并检查反馈资料的质量。

（4）各专业互提条件造成的设计工期拖延

国际工程EPC项目设计工作的实施，需要把工程设计交由各专业设计人员或分包商共同完成，设计过程是设计各专业相互配合的过程，设计工作的推进需要以各专业设计人员互提的要求和反馈的资料作为输入条件。

当设计工作缺少部分资料作为依据时，设计人员不能以此作为搁置后续工作的理由，如果等最终收到资料才开展工作的话，很可能导致设计工作无法在预定的期限内完成。设计人员可以把缺少的资料标注起来，而先去完成能够继续进行的设计部分，以力求能够把因缺少部分资料的影响降到最低。另外，各专业互提条件时须使用书面记录，记录各专业互提条件过程中发现的问题，以保证相关人员确实认真完成核实工作。等到设计修改完毕后应进行会签，且最后一次会签要保证各专业设计图纸修改完毕。

另外，为了降低各专业分包商未能在期限内完成设计工作的风险，一方面，EPC承包商须在合同中详细规定设计计划；另一方面，可在付款条件上降低前期设计进度款的付款比例，从而加强分包商按时履约的意愿。

（5）因设计转化造成工期拖延

我国承包商在实施国际工程EPC项目时，常常会选用国内设计单位完成设计文件。由于国内设计单位完成设计图纸所依据的标准与规范与工程所在国的标准与规范存在差异，这种情况下，很多业主会要求承包商在不改变设计功能的前提下，依据工程所在国的标准与规范进行设计转化，尤其是对土建部分进行设计转化。承包商须选择一家当地的设计单位或熟悉工程所在国设计标准规范的设计单位，对我国设计单位完成的设计图纸进行必要的材料选型和用量换算。

设计转化会对项目的工期造成影响，EPC承包商须在进度安排中将设计转化的工期考虑进去，尤其是土建部分的设计转化。土建部分的设计工作持续时间很长，一般是最早展开，却又很晚才能够完成的。而考虑到国外的设计单位一般很难接受分多次完成设计转化工作，因此，就需要全部完成土建部分的设计图纸后再一次性交由设计单位进行设计转化。而完成土建部分的设计，就意味着要完成所有落地设备的订单工作，因为设计人员完成土建设计需要以设备供应商提供的技术资料作为依据，而只有下完订单，设备供应商才会给承包商反馈技术资料。另外，设计转化工作并非一次完成,设计转化后的图纸须提交EPC承包商审核,设计转化公司须根据审核意见对图纸进行多次修改,直至满足要求。

设计转化工作会对项目的工期造成不可预见的影响,为了降低设计转化造成的工期拖延,EPC承包商应:1)筛选有相应资质和履约能力的设计转化公司,并确保参与设计转化的设计人员具有相应的资质、经验和工作能力,必要情况下可以找当地代理公司完成设计转化公司的筛选工作;2)明确设计转化的图纸范围,考虑到有些设计图纸可以在项目当地直接使用,为了避免不必要的工作量,EPC承包商要在充分理解和熟悉各个专业设计图纸的基础上,明确设计转化的图纸范围;3)派遣专门的设计代表前往设计转化公司督促工作、控制进度。

5.2.5 设计未充分考虑当地的文化

设计过程须尊重当地的文化,包括当地的文化环境、人权、宗教信仰、生活习惯等,但工程实践中该问题常常被忽略。一方面,业主(尤其是项目当地的业主)认为这些细节问题都是承包商应该会了解或是已经知道的;另一方面,设计人员可能会忽略这些细节问题对设计的影响。文化环境,例如,某工程项目,当地的人民认为红色代表邪恶,而十分反感红色,但承包商并没有意识到这个问题,而把所有的设备都刷成红色,最后承包商不得不返工重刷,增加施工成本。人权问题,比如,有些国家要求卫生间要用整扇门隔开,不能仅用隔板而造成下面连通,当地人民认为这种连通不仅可以看见是否有人进来,而且不能有效隔绝声音,是一种不尊重人权的表现,设计人员如果忽略这个问题,不仅会引起业主和当地人民的抵触心理,也会造成因不符合业主要求而返工处理。宗教信仰,譬如在伊斯兰教国家设计礼拜室,设计人员须深入了解当地情况,思考隔间的大小、容纳的人数、每个人所占的平均面积等。生活习惯,如设计领导办公室时,有些国家的生活习惯中认为领导的办公室越小越简陋越好,以免引起工人或其他人员的反感,如果按照我国的生活习惯在办公室中预留出办公桌、沙发的空间,那么承包商将面临设计变更的风险。

当项目规模较大时,承包商可以进行详尽的前期调查,前期调查报告内容须包含项目的环境,甚至当地宗教信仰等的相关信息。当项目规模较小,承包商的前期调查深度不够时,设计人员在设计前,须了解工程所在国的文化,有意识地搜集相关信息或咨询业主,考虑项目当地的文化环境、宗教环境、人权等的习惯,包括色彩的选择、房间的设计等。

5.2.6 设计未充分考虑业主的运营目的

承包商往往不会过多关注业主要求中关于项目预期目的的一些原则性语言，比如，项目的运营应尽量减少人员参与度、工厂的自动化水平要高等。但如果结合工程所在国的社会情况、项目当地的环境，这些原则性的语言实质上是包含着明确且具体的要求，如果设计人员在最初设计时未考虑这个问题、未能充分理解业主的实际需求，在基本设计审核或HAZOP分析阶段，业主可能会提出很多修改意见，承包商只能被动修改图纸，而导致设计工期延长、设计成本增加。例如，在某些不发达国家，人们的受教育水平较低，业主往往很难找到合格的工人，因而就需要承包商应尽量实现工厂的自动化而减少人工的参与，但业主很难量化自动化率，如果承包商忽视招标文件或合同中类似于"减少人员参与""工厂应尽量实现自动化"等规定，就很难保证项目完成后能满足合同规定的目的。

设计人员对业主要求中的一些原则性语言须保持足够的敏感与关注，针对这些原则性语言，承包商要加强对工程所在国和项目当地的社会环境的了解，并加强与业主的沟通以加深对业主要求的理解。另外，也可以咨询工程所在国中同类项目的工人的意见，他们往往比承包商更熟悉项目建成运营后可能会遇到的问题，从而可以为承包商的设计提供诸多有价值的意见。

5.2.7 设计侵权风险

设计侵权风险主要包括两个方面：一是设计本身侵权，二是设计选用的设备侵权。国际工程项目中要尤为注意设计本身侵权问题，如果因设计抄袭别人的核心技术而被告，不仅面临着高额的赔偿风险，而且会重创承包商的声誉，对承包商今后在国际工程市场承揽项目会造成诸多不利的影响。另外，如果是设计采用的设备侵权，那么面临着侵权设备被要求拆走的风险，从而导致项目无法完成交付，这种情况下，设备厂商一般只会赔付承包商的直接损失，而对于承包商的声誉损失、项目交付的延期等间接损失，承包商一般无法得到相应的赔偿。

对于设计人员的设计侵权问题，承包商须在其劳务合同中明确包含设计人员设计工作侵权的禁止性规定，并加强设计图纸的审核；对于设备厂商的设备侵权问题，一方面承包商要在采购合同中明确规定设备侵权的惩罚性措施，另一方面承包商须构建设备厂商的黑名单目录。此外，承包商要做好检索与分析专利侵权工作：1）同族检

索,基于技术的已知专利,查询其在技术输出国或其他相关国家(尤其是项目所在国)的同族专利;2)专利申请人/持有人检索,检索主要竞争对手所持有的专利和申请的新专利,从中找出与设计所用技术相关的专利;3)专利主题检索,即关键词检索,通过技术特点确定关键词进行检索。

5.3 设计配合风险

EPC承包商对工程项目承担从工程设计直至最终验收的责任,项目设计阶段结束并不意味着设计人员工作完成,由于设计图纸是后续阶段实施项目的依据,且随着项目的推进,设计输入条件存在变化或明确化的可能,在项目设计阶段结束后,设计人员仍须配合后续工作的实施,给予需求人员必要指导、快速响应和专业判断。如果设计人员配合不力,不仅会妨碍后续工作的顺利进行,且不利于项目的成本控制和节约。

5.3.1 施工期间的设计配合不力

项目施工期间的设计配合主要表现在两个方面:1)设计人员对于施工现场工作的配合。一是在工程开工前,设计人员要进行设计技术文件交底,解释设计意图,并明确设计要求,在施工过程中,设计人员也要及时向施工人员提供解释图纸的服务;二是人员要根据现场情况出具设计变更,工程实践中,一般将设计变更作为设计图纸质量的考核指标,设计变更越多,意味着设计图纸的质量越低,因而多数设计人员不愿意出具设计变更,但如果承包商施工依据的图纸存在错误或缺陷,那么承包商面临着返工的风险。2)设计人员结合现场情况进行设计优化。设计人员在工程现场可以看到项目的整套图纸,基于项目的整套图纸分析,设计人员可能会发现设计可优化的地方,但由于设计人员不能共享设计优化节约的成本,设计人员进行设计优化的意愿较低。

工程施工期间,存在设计人员拒绝设计优化和及时出具设计变更的风险,即设计人员配合不力,这不利于EPC承包商节约成本和施工便利,甚至可能造成承包商面临后期返工的风险。设计变更出具越多,其实可反映出设计人员更加认真结合现场情况去考量图纸。对于设计人员出具设计变更,公司应视具体情况而评定,如果设计人员是在施工工作开始前出具设计变更,而对项目的成本、进度并没造成显著的影响,那么承包商应接受该设计变更并给予一定的鼓励。如果设计人员在施工工作开始后或出现问题后才出具设计变更，且相应的损失可以归为设计人员的责任，那么可以将设计变更作为设计图纸质量的考核指标。对于设计优化，一方面须培养提高设计人员的责任意识，提高设计人员设计优化的主动性与积极性；另一方面，承包商应能够将设计优化所带来的项目收益提高与设计人员共享。

5.3.2 试车期间的设计配合不力

工业项目在完成验收之前，一般须进行工厂的试车。试车过程中，设计人员须对工厂运行参数的合理性和现场决策的正确性进行判断，这对设计人员的专业能力提出很高的要求，如果判断错误，那么会对设备的调试和工厂的开车造成很大的影响。但由于设计人员往往缺乏工厂试车的经验，为了降低设计人员判断失误的风险，EPC承包商可借助第三方的专业技术支持，比如，聘请具有专业能力的队伍或者聘请有相关经验的技术人员，来支持工厂及其设备的试车。

5.3.3 质量保证期间的设计配合不力

国际工程EPC项目从设计阶段到项目进入质量保证期一般会经历数年甚至数十年的时间，这个过程中设计人员在基本完成工作后会陆续离开该项目组，转投其他项目的工作。质保期间，当设备出现问题时，EPC承包商往往很难找到当时负责该部分设计的工作人员，即使是找到相应的设计人员，但由于设计人员肩负其他工作，设计人员很难对该设备问题快速响应并给予足够的重视。如果设计人员未能及时解决项目质保期间的设备问题，并导致业主因设备问题而无法正常运行项目，这种情况下，承包商的质保金不仅会被业主扣下以弥补相应的经济损失，且会导致承包商的声誉受损，进而影响承包商将来竞标项目。

5.4 设计风险案例分析——以设计错误为例

某化工行业生产装置EPC项目，同时配套余热回收发电系统，业主承担项目的混凝土工程，其余部分都是承包商的工作范围。

（1）设计风险分析

项目初期的风险分析时，EPC承包商对设计风险的考虑很少，仅考虑当地的土建设计标准转换风险，且风险程度为"小"，几乎被忽略，主要有以下几点原因：

1）项目的输入资料相对比较准确，比如工程地质、气象报告、水文资料等工程设计所需的资料相对齐全；

2）我国对该化工产品生产线的设计和使用比较成熟；

3）业主能够接受中国的设计标准，也能较好地配合给承包商提资。

但在设备运到现场安装后试车时，才发现该设备出口气体温度过低，影响下一道工序的设备无法正常生产，导致整个生产装置不能投运，并在试车过程中造成尾气排放不达标，对环境产生污染。产生该设计风险的主要原因为：

1）供应商反馈的设备（该装置中重要且造价昂贵换热设备）技术资料不准确，少算了高温段的换热面积；

2）承包商的设计专业人员由于技术能力和经验所限，没能发现供应商反馈资料中的问题，也未核算关键数据。

（2）设计风险应对措施

经与业主协商，业主拒绝承包商提出的按照我国的方式减少部分换热管面积的提议，也不同意在现有设备上直接改造。因而，承包商只能接受停产重新设计该设备的换热形式，为该设备增加旁路系统，并在国内制作后运到现场安装，系统才生产出合格的产品。

（3）结果

最终，整个装置投产延期半年，给项目的进度、质量和费用都造成较大的影响，并且影响了承包商的信誉。

本章作者：赵珊珊

赵珊珊，女，中国恩菲工程技术有限公司国际业务部副总经理，毕业于天津大学，国际工程管理工学学士、法学学士和管理学硕士、经济学硕士。英国皇家特许建造师（MCIOB）、认证国际工程合同专家IBEC AP（B）、美国项目管理协会认证专业项目管理人士（PMP）。拥有十年以国际工程项目实践以及公司级多项目管理经验，熟悉国际工程全过程管理，擅长商务谈判、合约和索赔管理、风险和保险管理、费用进度综合控制等，作为主要负责人处理国际工程争议解决及国际商会（ICC）仲裁。

第6章

国际工程EPC项目的采购风险管理

采购作为EPC总承包项目承上启下的关键环节，是实现工程设计意图、保障后续施工顺利开展的基础。项目采购风险管理是EPC总承包项目实现全过程系统管理和整体管理的重要组成部分，是确保项目实现全过程优化管理的关键环节。尤其是工业类EPC总承包项目，采购额占合同额的比例高达40%~60%，且待购设备和材料的种类极多，涉及面广、工作量大，采购执行的好坏对整个工程项目的进度、质量和费用都将产生直接的影响。因此，有必要对项目各阶段采购工作（工程项目采购工作流程图见图6-1）面临的风险进行系统分析，建立正确有效的防范和控制手段，以避免风险或减轻风险，甚至转化风险为收益。

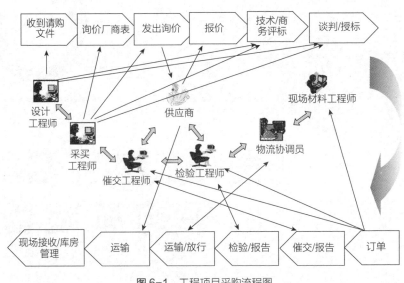

图6-1　工程项目采购流程图

对于国际工程EPC总承包项目，采购的风险管理应贯穿于项目整个生命周期，涵盖前期投标报价阶段和后期的执行阶段。在项目投标报价阶段，由于受时间和经验的限制，容易对项目潜在的风险预估不足，在招标文件的解读、概算询价或估价，以及最终的价格汇总过程中不能面面俱到，存在一定的遗漏或者理解上的偏差，导致总的项目采购成本未能全面反映实际的工作范围和潜在的风险。在项目采购执行过程中，由于承包商自身经验、能力的不足，采购工作面临着计划编制不当风险、选商风险、催交风险、检验风险、物流运输风险、现场材料管理风险等。另外，项目所在地的政治、经济和自然环境等都会对设备/材料价格造成重要的影响，甚至阻碍采购工作的推进，这些不确定性因素的存在增加了承包商遭受损失的可能性。

6.1 外部环境风险

外部环境风险作为国际工程EPC总承包项目常见的风险，主要是指项目所在国家或地区的政治、经济、自然环境等对项目采购工作造成的负面影响。防范外部风险对项目采购工作的影响，对于推动采购工作的顺利进行、控制项目采购的成本和进度至关重要。在项目采购策划阶段，承包商应对项目所在国环境进行必要的调研，包括：（1）调研项目所在国的政治、经济、自然环境等，分析潜在的风险因素，制定相应的风险防范措施；（2）了解项目所在国的各项标准规范要求，并吃透标准，从而在实际采购时实现事半功倍；（3）熟悉项目所在国与采购相关的法律法规，尤其是当地法律对进出口许可（包括贸易壁垒）、税费、物流运输等方面的特殊规定。本部分将重点分析项目所在国的政治、经济和自然环境风险对工程物资采购工作的影响，并据此制定相应的风险应对措施。

6.1.1 政治风险

对于国际工程EPC总承包项目而言，政治风险因其内在的政治性和外在的风险性，将作为政治参与主体的政府和风险承受主体的承包商紧密地联系在一起。在投标报价阶段，投标人应通过实地调研、专家咨询等方法对项目所在国的政治风险进行评估，并结合企业根据自身情况设定的风险阈值来决定是否参与投标。如评估结果表明项目所在国的政治风险超出风险阈值，则应选择规避在该国执行EPC总承包项目，以免遭受难以承受的损失；如评估结果表明项目所在国的政治风险未超出风险阈值，则应在投资的同时采取有效措施转移风险，例如，可以通过购买保险、引入当地合作伙伴等多种方式，将政治风险部分转移给保险人或者当地合作伙伴，从而减少自身承担的风险。

在EPC项目采购工作中，政治风险的主要评估因素包括国家关系和政府政策。

（1）国家关系

国际工程EPC总承包项目涉及的国家关系，不仅包括承包商所在国与项目所在国的关系，同时也包括各设备/材料的供应国与上述两个国家的关系。良好的国家关系，有助于降低采购成本。比如，部分国家之间为促进国际贸易往来而签订的最惠国待遇协定或者双边贸易协定，可以简化部分商品的进出口程序，缩短进出口清关时间，并且降低缔约国双方之间的税务成本，进而节约项目的总体采购成本。相反地，如果项目涉及的国家处于敌对关系，将阻碍正常的贸易往来。比如，伊朗被欧美一些国家定义为限制出口国，导致中国承包商在执行伊朗石化项目时，部分先进仪表和成套设备的供应只能依赖日本的制造商，极大地限制了设备/材料的供应商资源，降低了采购过程中的竞争性，导致项目总体采购成本的增加。

（2）政府政策

国际工程EPC总承包项目的采购工作，容易受到项目所在国政府政策的影响，尤其是进出口政策和部分强制性标准规范的实施。比如，在伊拉克北部库尔德地区执行EPC项目，伊拉克政府对于进口设备材料的清关文件有两个特殊要求：1）要求所有货物材料必须具有出口国当地商会出具的原厂地证，并且清关发票和原厂地证必须经过出口国或第三国伊拉克大使馆的认证；2）对于部分伊拉克政府规定目录下的货物材料，必须具有伊拉克政府授权的第三方机构出具的符合性证书（Certificate of Conformity, CoC）。产品符合性证书是货物在海关清关时所需的文件，用于货物在当地海关进行清关。伊拉克政府委托第三方机构（通标标准技术服务有限公司"SGS"、法国国际检验局"BV"等）来负责该项认证工作。但这些第三方机构在出口国没有审核权，需要将所有资料或报告发到第三国进行审核并给出意见，而第三国审核中心给出的意见并不是一次性提供，故从时间进度上来看完全不可控。该项政策的出台，不仅增加了EPC承包商在采购执行过程中的第三方检验成本，而且导致所有设备/材料的正常交货周期至少延长一个月。为了降低该项强制性要求给EPC承包商造成的损失，承包商可在项目初期就与伊拉克政府委托的第三方机构签署认证委托合同，让第三方机构及早参与到项目中来，从而尽早判断哪些设备、材料在管制目录内需要COC认证，并提前将检验文件要求和标识要求告知制造商，要求制造商严格执行，以避免后续延误进度。

6.1.2 经济风险

国际工程项目是跨国工程承包项目，且劳务、材料和设备来源地众多，涉及多种金融货币结算，因此其采购成本受各国经济政策和世界金融环境等影响大。对于EPC

项目的采购工作而言，其主要评估的经济风险因素为：金融市场及汇率、通货膨胀。

（1）金融市场及汇率

国际工程EPC总承包项目所在国金融市场的动荡，容易导致该国货币汇率的波动，如果EPC主合同对应的结算货币贬值，则会触发潜在的汇率风险。采购工作中，业主支付币种和承包商采购设备/材料时支付币种不一致，汇率的波动会直接导致实际采购成本支出的变化。如果业主支付币种与承包商进口材料设备支付币种相同，则不存在此项风险。例如，在哈萨克斯坦某工程项目上，由于近年来的经济持续衰退，哈萨克斯坦国家银行在2009年2月宣布美元对坚戈（哈萨克斯坦法定货币）的兑换基准价从1：120调整为1：150，使坚戈贬值25%，以促进产品出口，该项目中承包商与业主签订EPC主合同的支付币种为坚戈，但是其与供货商签订的货物供应合同的支付币种为美元，坚戈的贬值导致了承包商在外汇交易中遭受重大损失。

针对金融市场及汇率风险，投标人在投标报价阶段可以选用多种货币组合的方式进行报价，在合同谈判阶段，根据外币需求的种类和数量，尽量避免业主以单一货币支付，尽可能降低采购支付币种与业主支付币种的不一致性。同时，可以对项目执行期间可能涉及的货币汇率走势做出一定的预判，保留一定的风险系数。在项目执行期间，还可以使用金融衍生工具以消除汇率带来的不可控风险，比如远期外汇交易、外币期权交易、外汇期货、BSI法（Borrow-Spot-Invest，借款-即期外汇交易-投资）等。而对于在海外有多个项目的国际工程企业，可以通过平衡不同项目债权债务币种的方式来降低外汇风险。

（2）通货膨胀

通货膨胀，表示在信用货币制度下，流通中的货币数量超过经济实际需要，进而导致货币实际价值与市场价值的脱钩，造成货币贬值。对内，表现为物价水平的普遍持续增长；对外，表现为货币汇率的持续贬值。国际工程EPC总承包项目所在国的通货膨胀是造成当地采购成本增加的主要原因之一，尤其以当地货币作为结算货币时，采购成本的增加更为显著。比如，委内瑞拉在2015年遭受了严重的国内通货膨胀。根据美银美林估算，委内瑞拉2015年4月通胀率高达100%，居全球之首。根据约翰霍普金斯卡托研究所（Johns Hopkins-Cato Institute）"处困货币项目"（Troubled-Currencies Project）搜集的黑市汇率数据显示，委内瑞拉2015年隐含的年通胀率在510%左右。中国承包商在委内瑞拉承接的地面油气田设施项目，由于严重的通货膨胀，致使项目当地的采购成本和各项支出费用大幅度提升。

通货膨胀在发展中国家普遍存在，投标人在竞标发展中国家的工程建设项目时，必须考虑通货膨胀对整个项目工程造价的影响。提前了解当地的市场状况以及往年的通胀水平，采取有效的措施来防范降低通货膨胀风险。比如，在EPC主合同中，将当地采购的设备/材料价格与物价水平挂钩，设立调价指数和调价范围；在项目风险费用中，增加抵抗通胀风险的费用。

6.1.3 自然环境风险

自然环境风险主要有：(1)不良气候的影响，如高温、严寒、雨、雪、风、雷等；(2)自然灾害的影响，如地震、海啸、飓风等。其中自然灾害多属不可抗力，发生的概率比较低，只能在有限的范围内采取措施减少损失；而不良气候的影响，则是可以防范或在一定程度上加以规避的。比如，俄罗斯亚马尔天然气项目地处北极圈亚马尔半岛上，项目周边自然环境恶劣，属于极地气候，每年只有7~9月适合进行户外施工。由于施工周期太短，因此不太适合开展大型项目施工工作。为尽量减少项目现场的施工量，整个项目采用模块化预制加现场组装的方案。虽然增加了整个项目物流运输的难度以及模块化制造现场的质量管理难度，但有效地规避了气候对项目进度的影响，保证了项目的施工进度和质量。

6.2 项目投标报价的准确性风险

在国际工程EPC总承包项目的投标报价阶段，投标人要通过投标文件来体现自身的技术实力、价格优势、管理能力等，投标人报价的优劣性是决定其能否成功赢得项目的关键，因而编制高水平的投标文件是整个项目投标过程的核心。前期报价的高低不仅直接关系到能否中标，而且合适的标价水平还关系到能否实现中标后的利润最大化。在项目投标报价阶段，投标人需要特别注意以下两类风险：(1)价格准确性风险；(2)材料和设备工程量准确性风险。

6.2.1 价格准确性风险

在国际工程EPC总承包项目投标报价工作中，采购工作主要分为以下两部分：

1）根据招标文件的要求，编制相应的采购管理文件；2）依据招标文件中提供的设备/材料清单和工作范围，确定项目整体的采购成本，主要包括设备/材料的采购费用、物流运输及清关费用、人工时费用以及第三方机构的服务费用等，其中设备/材料的采购费用和物流运输费用占到整个项目采购成本的90%左右，一般通过询价或估价的方式获得。为了项目总体投标价格具备竞争力，就必须确保获得的价格信息能够反映项目真实的采购成本。如果选用的价格信息准确性较差，投标报价过高则会导致竞标失败，投标报价过低则会增加项目的成本超支风险，甚至最终导致项目亏损。如何在短时间内获得准确的价格信息，提高项目整体采购成本的精确性，是该阶段采购工作的主要目标。

（1）设备/材料价格的准确性风险

国际工程项目在进行EPC总承包招标时，一般都已经完成了项目的FEED设计（Front End Engineering Design，也称作前端界面工程设计，设计深度和设计质量类似国内的初步设计），并将FEED设计的可交付物作为投标报价的输入文件，让投标人充分了解整个项目的工作范围，这其中包括项目的设计基础、工程管理规定、设备/材料清单、项目总图、工艺流程图等。投标人需要组织相关设计和采购专业人员，仔细消化吸收招标文件中的各项技术和商务要求，并据此编制相应设备/材料的询价文件。而其作为供应商报价的基础，任何技术或者商务上的纰漏，都将导致报价偏离实际的采购成本。比如马来西亚国家石油公司在RAPID炼化一体化项目的EPC招标文件中要求用于该项目的承压设备，除具备ASME钢印外，还需取得马来西亚当地安全主管部门的DOSH认证。如果相关报价人员在研读招标文件时未注意到该项要求，仅按照通常的海外项目业主对于承压设备的要求去准备询价文件，未将DOSH认证要求明确告知供应商，将导致供应商在报价时因输入信息存在遗漏而未能提供有效报价。因此，询价文件的编制质量，是获得准确价格信息的前提条件。

国际工程项目在EPC总承包招标时，往往同时提供项目的合格供应商名单，限制投标人的供应商询价范围。为保证能够获得足够的供应商报价，以便在价格分析汇总阶段提供可靠的评判依据，采购专业应将询价文件尽可能地发给满足询价要求的全部合格供应商，尤其是将以往项目有过良好合作记录的供应商作为询价的重点对象。在收到供应商的报价文件后，应及时组织设计和采购专业对供应商的报价质量进行综合评判分析，确认是否都满足询价的各项要求。对报价中不明确的地方，要组织相应的澄清。在设备/材料价格的汇总阶段，应该综合考虑设计和采购专业的意见，同时与以往其他项目的类似设备/材料价格做对比分析,最终确定该项设备/材料的最终投标价格。针对部分价值高的成套关键设备,甚至可以将采购工作进一步延伸细化,达到可下订单的状态,以便获得更为精确的价格信息。

(2)物流运输及清关费用的准确性风险

国际工程EPC总承包项目物流运输及清关成本的测算包括两部分内容,一是物流运输成本,即通常意义所指的运费,包括各种海运、空运、内陆运输费用以及对应的保险费用,占项目实际采购成本的7%~12%;二是清关费用,包括清关过程中的手续费和各项杂费(装卸费、商检费、滞港费等)、海关征收的各种关税、消费税及其他附加税。其中清关税费因项目所在地的不同或者项目性质的变化而有较大的差异。比如,马来西亚政府为支持马来西亚国家石油公司RAPID炼化一体化项目的建设,给予该项目所有进口物资的税收以减免优惠政策;而美国政府为了保护当地的钢管制造企业,对产自中国的碳钢无缝钢管征收60%的反倾销、反补贴税。

要获得较为准确的物流运输及清关费用,一般应遵循以下步骤:

1)汇总项目所有设备/材料的运输尺寸和重量信息;对于大件设备,需要进行单独汇总,同时附上大致的设备外形尺寸图。

2)调研进口国对于物流运输等方面的法律、法规要求,做到有的放矢。尤其是进口国对于清关、商检的特殊要求。测算清关费用时,要求掌握项目所在地海关部门的各项规定要求和清关流程,了解不同设备和材料对应的关税、消费税及其他附加税,了解清关的周期和预估可能发生的各项杂费。

3)调研运输路径,物流运输成本测算的第一步是确定运输路径,要依托业主招标文件中提供的项目信息,确定项目附近各主要港口和机场到项目所在地的物流运输条件。如果业主在招标文件中未能提供项目当地的路勘资料,投标人应该主动派人或者委托第三方专业公司对项目所在地附近的物流运输情况进行实地调研。即使在确定运输路径的情况下,物流运输成本的精确测算在报价阶段亦十分困难,主要的原因是报价阶段所有设备和材料没有实际下单,无法确定生产地。采购专业必须基于厂商反馈的报价情况和经验积累,对项目设备和材料的生产地做出一定的预判。

4)将汇总的设备/材料的运输尺寸和重量信息、项目地理位置、当地的运输条件(路勘资料)、项目所在国的清关流程及要求发给三家以上专业的物流运输及清关服务商,要求其据此提供相应的费用报价。

5)根据反馈的报价,组织专业物流人员对其进行对比分析,确定项目最终的物流运输及清关成本。

设备/材料的采购费用和物流运输费用，虽然可以通过大量的细致工作提高其价格的准确性，但是，在投标报价阶段，由于投标时间的限制，很难做到面面俱到。在实际工作中，可以综合利用以下风险防范措施，降低价格准确性带来的风险：

1）预防风险。当价格风险处于可控范围内，应进一步拓宽价格的来源途径，提升价格的准确性，降低价格风险发生的可能性。

2）转移风险。当价格风险较大时，可对工作范围进行适当的分包，将此部分风险转移到其他分包商。

3）增加风险系数。对于必须自留的价格风险，可以适当提高价格的风险系数，一般在1.05~1.30左右，借此增强抵抗风险的能力。

6.2.2　设备/材料工程量清单准确性风险

设备/材料工程量清单是投标人编制投标文件的重要依据。尤其是要求固定总价的EPC总承包项目投标，设备/材料工程量清单的精准与否，直接影响投标人对于采购和施工总成本的准确测算。在收到招标人提供的设备/材料工程量清单后，投标人需要组织相关设计人员重新进行校核。一般情况下，设备工程量清单的校核工作相对比较容易，而且大部分设备都要经过编制询价文件、市场询价、技术商务评判、最终价格选用等过程，出现差错的概率相对较小。而材料工程量清单的校核工作则显得十分困难，这是由于在项目的投标报价阶段尚未开始项目的详细设计工作，且招标人提供的材料工程量清单本身就是一个预估值。管道散材、仪表散材和电器散材等材料的市场价格相对透明，经验丰富的投标人经常采用内部估价的方法，该部分估算价格的准确性主要取决于工程量清单准确与否。由于受招标人设计方案的完整性和准确性限制，设计文件中隐含的设计错误、估算错误、漏项、缺项等都有可能直接导致工程清单量偏离项目的实际需求量。比如装置改造项目的EPC招标，由于在改造过程中与其他旧装置有较多的工作界面，且存在部分设备/管道材料二次利用的情况，极易造成工程量清单的统计错误，增加投标人漏报的风险。

在投标阶段，投标人可以通过以下措施防范工程量清单准确性风险：

（1）投标人应安排工作经验丰富的专业人员仔细研读招标文件，理解招标文件的各项要求，确认招标文件的完整性和准确性。同时根据设计图纸和资料重新核算工程量清单，做到无漏项、缺项。当招标文件中对于某些设备或材料的尺寸、数量、标

准等规定不明确时,投标人应及时向招标人提出澄清,尤其是那些价格较高的材料或设备,其工程量的变化对于项目造价的影响较大。

(2)收集类似项目的工程量数据,对比分析项目的特殊性、差异性,用以判断投标项目工程量清单准确性。

6.3 采购执行风险

工程物资的采购涉及供应商选择、采购计划编制、采买、催交、检查、运输、现场材料管理等诸多环节,任何环节的不当或延误都会对工程的成本、质量和进度造成重要影响。采购工作的执行,应该避免前紧后松的工作方式(下订单前争分夺秒,订单后无人问津),对设备/材料的采购实行全过程的跟踪,包括前期询价、订单、催交、检验、包装、运输、清报关、现场接收等,切实掌握设备/材料制造、交货动态,及时解决存在的问题。

EPC合同模式下的工程物资采购具有专业性强、采购周期紧、资金需求大、业主对采购程序要求严格等特点,加大了承包商的采购管理难度。且采购工作的开展涉及众多参与主体,采购工作的成功离不开业主、当地政府和社团的支持,因此,承包商须在合法、平等的基础上加强与他们的沟通交流,良好的沟通可充分表达双方的意愿,同时增进彼此的了解,建立友谊,携手并进。

在项目执行阶段,承包商面临的采购风险主要包括采购计划编制不当风险、供应商选择风险、催交风险、检验风险、物流运输风险和现场材料管理风险。

6.3.1 采购计划编制不当的风险

采购计划是采购工作开展的源头,计划的准确度和严密性直接影响整个项目采购工作的成败。在具体的采购执行工作中,要密切注意与设计和施工之间的配合,确保设备/材料的技术条件满足设计要求、交货工期满足项目施工的进度要求。

采购计划主要包括总体采购计划(Procurement Plan)和采购进度计划(Procurement Schedule)。EPC总承包项目在策划阶段时,采购专业需要完成上述计划的编制工作,并以此作为项目采购工作的开展依据。总体采购计划侧重采购执行方案的编制,需要结合EPC合同要求、业主管理规定和承包商的实际采购执行能力进行编制,一般包括以下内容:(1)项目采购工作范围;(2)项目采购执行策略;(3)与业主方相关部门的沟通和业主采购文件的审查规则;(4)项目采购的进度与费用的控制目标;(5)项目采购资金计划;(6)采购方式,包括招标采购、询比价采购、竞争性谈判采购、单一来源采购等方式的选择和各方式下的工作流程;(7)采购过程文件、商务合同等的标准模板;(8)项目供应商长名单等。采购进度计划是由项目经理负责组织编制的计划性文件,主要输入条件为施工要求设备/材料的到场时间和设计专业完成请购文件的编制时间,采购经理需要综合考虑采购周期和设备/材料的制造周期,完成采购进度计划的编制,并细化落实到每个执行节点,比如询价发出、收到供应商报价、开标、评标/商务比价、谈判、合同签署、开工会、预检会、检验会、出厂运输、达到项目现场等时间节点。

项目采购总体计划编制不当,如项目采购进度和费用控制目标设置不合理、与相关干系人的沟通协调程序不合理等,容易导致采购工作的低效率和延误、采购工作与设计和施工工作的脱节等。项目采购进度计划的编制须有一定的预见性,为将来采购工作执行过程中计划的调整留有余地,如要充分考虑设计部向采购部提交请购文件的时间,厂商反馈技术资料、图纸资料和本方审查的时间,施工部要求货物交付项目现场的时间等;采购进度计划的编制还要有整体性和系统性,注意与项目设计和施工工作的衔接与配合。比如,现场施工要求某压力容器必须在项目开工后第18个月到达项目现场,而设计专业在开工后第5个月才能提供请购文件。根据供应商反馈,该设备的加工制造周期为8个月,设计图纸资料确认和原材料备货为3个月,承包商自身的采购周期需要2个月,物流运输需要2个月。据此计算,该设备将在项目开工后第20个月到达项目现场,比原计划要晚2个月。遇到此类情况,一定要积极与设计、施工和供应商沟通,在满足施工进度要求的前提下,适当压缩设计时间和供应商的交货周期。

6.3.2 供应商选择风险

国际EPC项目的业主,通常要求承包商在项目合格供应商名单内进行采购。在实际采购执行过程中,部分供应商与承包商属于首次合作,双方之间缺乏必要的了解,常常拒绝参与到实际的采购过程中;或者其提供的报价虚高,缺乏竞争力。承包商应根据实际情况,向业主请求取消强制性的供应商选择限制,从而让更多合适的供应商

参与到项目的投标报价中。为了提供有竞争力的报价,承包商要注重拓展供应商资源,深挖项目所在国的供应商资源,对当地的设备/材料供应商、检验服务商、物流运输服务商、清报关企业进行实地调研走访。尤其对于发达国家,比如欧美的工程项目市场,由于其雄厚的工业基础,致使当地供应商资源极为丰富。与当地供应商建立良好的合作关系,也有利于项目现场紧急采购工作的顺利开展。另外,在投标报价时应尽量在符合招标文件要求的前提下,考虑多家货源,避免只报一家,并报请业主同意潜在的供应商。

在项目开展初期,承包商应该积极主动地与这些供应商建立联系,并向其发出参与项目的意向邀请,组织一定的技术交流会议,增进彼此的了解和合作意向。对于有合作意向的供应商,应该尽早开展相应的供应商调查工作,全面评估其财务状况、装备水平、技术实力、业绩水平、履约能力,降低授标后的合同执行风险,如供应商提供的设备或材料不符合要求、供应商延迟交货或是供应商在合同执行过程中因经营失败破产而未能履约等。另外,承包商应让有合作意向的供应商尽早介入项目的投标报价过程中,鼓励供应商进行实际的现场考察,尽量在供应合同报价确定或供应合同签订前,对于不明确的事项或潜在的不确定因素进行必要的澄清。并在项目中标后,及时与供应商(尤其是议价能力较强的供应商,如业主指定的供应商或者产品和技术没有替代的强势供应商)签订供应合同,尽快敲定价格,避免加价风险。如果现有合格供应商数量不足,应该在项目策划期间向业主提出增加部分供应商的申请,保证采购执行时有充足的供应商资源可供选择。

在确定中标供应商的过程中,不能简单地以价格作为选商标准。尤其是复杂的成套设备,一定要充分考虑供货商的交货时间、运输成本、现场服务和以往业绩等因素,力求做到采购综合成本的最优。例如某一海外炼油项目,其中的循环氢压缩机处在项目关键路径上,参与投标的四家供应商都是国际知名厂商,在技术评标上都已通过,但仅有一家能满足交货期要求,且该供应商的商务报价是最高的。为满足项目进度的要求,承包商只能选择与其签约。否则,项目延期的违约金,要远远高出这部分增加的采购成本支出。

另外,在对采购合同进行切块分包时,要注意合理搭配,避免把主要设备和琐碎的设备或材料分开采购。例如,某承包商把主要设备的采购合同签完后,发现还有一些小的琐碎的设备和材料需要采购,而这些设备和材料均为市场购买,价格透明、利润微薄、质量不稳定、备件采购不容易,且操作使用及维护说明书又需要逐一翻译成英文或自己编写，费事又无利润，没有厂商愿意集成，而承包商也无法抽出人力专门订购，最后项目执行过程中这部分设备出的质量问题也最多[1]。

6.3.3 催交风险

催交是指在采购合同执行期间，通过定期和不定期地核查供应商的设计、工艺准备、采购、制造、检验、包装等过程状态，及时地收集和处理信息，督促供应商按时提交。催交工作的核心在于未雨绸缪，及时发现供应商在进度方面可能出现或已经出现的问题，督促供应商采取必要的补救措施，或采取有效的控制措施来努力防止进度拖延。一旦订单出现供货进度拖延，应立即通过公司间的沟通机制和项目部内部的风险控制措施，降低甚至消除由此造成的进度影响。例如，在某一压力容器合同的执行过程中，催交工程师发现该供应商的文件图纸提交时间比原计划晚了1个多月，且该供应商生产负荷繁重，近期已经没有适合工位开展本合同下订购的压力容器焊接工作。由于该设备处在关键路径上，容不得丝毫拖延，经双方协商，同意其租用附件工厂场地，但主要工种和质检人员，由原厂派出。同时，加强驻厂监造工作，实时监控其生产进度和质量。通过以上措施，承包商很好地解决了催交过程中发现的问题，降低了设备的迟交货风险。

合同的催交主要分为生产进度催交和设计图纸资料催交两部分工作内容。生产进度的催交，主要是通过评阅供应商提交的生产进度报告，结合适时的办公室催交和工厂催交，核实并掌握供应商的生产进度状况，保证供应商能够按照合同签订的交货期按时交货。设计图纸资料的催交是指承包商在完成项目的详细设计过程中，需要供应商提供一定的设计输入条件，而这一部分信息主要包含在供应商提交的设计图纸资料中。如果供应商提交的图纸资料滞后，一方面表示供应商的进度已经出现了拖延，另外一方面制约了承包商进一步详细设计工作的开展。良好的催交组织和管理，可以有效地降低项目催交的过程风险。

（1）制定催交计划

催交计划是指导整个项目催交工作的纲领性文件，是采购策划体系文件的重要组成部分。催交计划的核心工作是对项目所有设备/材料进行催交等级的划分。依据不同设备/材料的使用工况、重要性程度、制造加工的复杂程度和是否处在项目关键路径上等因素，将设备/材料划分为不同的催交等级，表6-1中列出了不同催交等级对

---

[1] 张苗苗，张水波，王越：国际工程风险管理，国际经济合作，2008（12）：54-59.

应的催交活动。在合同的催交过程中，催交等级可以根据供应商的生产进度状态和现场的到货需求，进行一定的动态调整。

催交等级的划分 表6-1

催交等级	催交要求
A	驻厂催交，或项目经理及项目经理以上级别的领导到供应商工厂催交
B	对供应商工厂或者必要时对其关键分供商的工厂进行两周一次的工厂催交
C	正常频率催交，对供货商工厂每月一次的工厂催交，其余时间可以进行电话催交
D	在合同/订单生效后的开始阶段，对供货商进行工厂催交，其余时间可以进行电话催交
E	仅做电话催交

（2）研读合同文件，明确催交任务

合同是催交的重要依据，催交工程师在接到催交任务时，应熟悉设备、材料合同及技术协议，了解制造厂的加工工艺、加工难点，了解设备的交货期、供货范围、外购件要求、付款条件、供应商信息等，编制详细合理的催交报告。

（3）选用合理的催交方法

坚持以合同为依据，以相互信任为基础，采用办公室催交和驻厂催交相结合的方法。对于重点设备，由于其质量标准要求高、技术难度大、制造工艺复杂，制造商从原材料进货到设备出厂检验，中间需经过下料、粗加工、精加工、焊接、热处理、水压、组装、检验、调试等多个环节，质量控制环环相扣，风险管理难度也相应增大。对于此类设备，可以采用驻厂催交方式，确保设备的进度等符合其合同进度要求。

6.3.4 检验风险

检验就是按照主合同文本、相关技术附件、设计图纸和项目检验程序的要求，对项目所采购的设备/材料进行全过程控制，保证设备和材料的质量达到设计要求的动态管理过程。检验工作的目的就是保证供应商能够按照合同要求，提交符合规定的设备/材料以及文件、图纸资料❶。检验的主要原则有：主动控制，预防为主；重点监督，出厂见证；质量优先，过程控制。在实际采购过程中，如果对检验把关不严，将设备/材料的质量问题带到项目现场，其所造成的进度和费用损失要远远超过检验成

---

❶ http://doc.mbalib.com/view/dea8e909cc77657b66cde64f8e65896f.html。

本。例如，在某项目上，承包商从国外供货商处采购一批阀门，在到达施工现场进行打压试验时发现了泄露问题，按照技术规范，所有阀门不能进行安装，只能返厂修理或者重新订货，最终大大增加了采购费用，并且也严重影响了整个项目的工期。

在签订设备/材料采购合同时，就需要明确各项检验要求，确定设备/材料的检验等级，参见表6-2。对于复杂的关键设备，在采购合同执行期间，需要召开预检验会，就各项检验工作的具体要求和安排达成一致意见，形成相应的检验试验计划（Inspection Test Plan，ITP）。按照检验试验计划的要求，总包商需要派遣专业的检验人员参与到规定的检验试验中，对于发现的问题，可以及时要求供货商做出相应的整改。同时，这对供货商的质量管理水平也起到一定的监督和促进作用，减少供货商的侥幸心理，使其更加重视生产过程中的各个质量管控环节，保证设备和材料的各项技术参数能够满足合同的基本要求。在EPC项目主合同中，对于某些重要设备的里程碑式的检验，如发货前的最终检验，业主通常会要求参与其中，该情况下，承包商须按照合同规定在检验前通知业主派员参加。

在每次设备/材料检验结束后，承包商的检验工程师应整理检验报告，并做出所检验的设备/材料是否符合合同规定的判断。所检验的设备/材料符合规定的话，应签发检验认可书。如果检验不合格，应要求供货商返修，以达到合格的条件，或是在满足安全以及使用功能的前提下，有条件验收；对于所检验的设备/材料有严重问题，影响项目的安全或使用功能的，承包商应拒收并要求供货商返修以达到规定要求，或进行报废处理。

检验等级的划分　　　　　　　　　　　　　　表6-2

检验等级	检验要求
1	驻厂监造,对设备/材料的生产进行全过程见证
2	每两周进行一次过程检验,主要是对制造过程中的关键工序,包括主要分供应商所承担的制造关键工序的检验;同时要求进行出厂检验,并评阅供应商所有生产过程中的检验记录和试验报告
3	每月进行一次过程检验,主要是对制造过程中的关键工序和试验点进行见证;同时要求进行出厂检验,并评阅供应商所有生产过程中的检验记录和试验报告
4	对供应商进行一次过程检验,同时要求进行出厂检验,并评阅供应商所有生产过程中的检验记录和试验报告
5	仅做出厂检验,并评阅供应商所有生产过程中的检验记录和试验报告
6	仅对供应商提供的检验报告和质量文件进行评阅

由于国际工程EPC项目大部分供应商在海外，在执行检验工作时，一定要提前做好计划。有条件的承包商，可以在海外设立覆盖一定区域的检验中心，对于突发的检验任务，能够做到快速响应。在承包商人力负荷紧张的情况，还可以适当地引入国际性的第三方专业检验资源，提升整个检验工作的水平和效率。

6.3.5 物流运输的风险

设备/材料的制造一般不是在项目现场完成。将设备/材料从制造地运至项目现场的过程受外部环境影响大，面临着诸多风险，主要包括交货方式选择不当、包装破损和清关、报关延误等风险。

（1）交货方式选择不当的风险

承包商在签订采购合同时，需要与供应商明确交货方式，用以界定买卖双方相关权利、义务和风险的转移。不同交货方式下，买卖双方的交货地点、风险转移界限、货物所有权转移界限、运输责任、进出口报关责任和费用承担等不同。交货方式选择不当，容易使承包商在整个物流运输过程中遭遇风险的可能性增大，导致经济和时间的双重损失。在国际贸易中，《Incoterms 2010》对于各种交货方式，以贸易术语的形式进行了约定，详见表6-3。其中，E组为出口国内交货，F组和C组为装卸港口交货，D组为目的地交货。从EXW到DDP，买方的责任和义务在减少，卖方的责任和义务在增加，相应的物流运输成本也随之增加。例如，承包商在土库曼斯坦执行EPC项目，大部分设备/材料主要从国内经新疆阿拉山口，以国际铁路联运的方式运输到项目现场。该类项目适宜选择FCA的交货方式，承包商在阿拉山口进行集货，统一办理出口清关和退税手续，发挥运输规模优势，降低运输成本。

2010 Incoterms 贸易术语解释对照表　　　　　表6-3

E组	发货	F组	主要运费未付	C组	主要运费已付	D组	到达
EXW（EX works）	工厂交货（……指定地点）	FCA（Free Carrier）	货交承运人（……指定地点）	CFR（Cost and Freight）	成本加运费（……指定目的港）	DAT（Delivered At Terminal）	终点站交货（……指定目的港或目的地）
		FAS（Free Along Side）	船边交货（……指定装运港）	CIF（Cost, Insurance and Freight）	成本、保险费加运费（……指定目的港）	DAP（Delivered At Place）	目的地交货（……指定目的地）

续表

E组 发货	F组 主要运费未付	C组 主要运费已付		D组 到达
	FOB（Free on Board）船上交货（……指定装运港）	CPT（Carriage Paid To）运费付至（……指定目的港）		DDP（Delivered Duty Paid）完税后交货（……指定目的地）
		CIP（Carriage and Insurance Paid To）运费、保险费付至（……指定目的地）		

为了降低交货方式选择不当的风险，承包商在签订采购合同确定贸易术语时，一般需要综合考虑以下因素：

1）EPC承包商自身的物流运输能力和经验。如果承包商物流运输经验丰富，且存在一定经济效益的情况下，可以选用E组或F组的贸易术语签订采购合同；否则，应尽量让供应商安排运输，选择C组或D组的贸易术语签订采购合同。

2）设备/材料的运输条件。不同类别的设备/材料具有不同的特点，它们在运输方面各有不同要求，相应的运费开支大小也有差异。此外，运输量的大小，也直接涉及运输方式是否存在困难和经济上是否划算的问题。当运输量太小，又无班轮通航的情况下，势必增加了安排运输方的成本，故进行贸易安排时应将此考虑在内。

3）运输价格的变动。一般来说，当预期未来运价上涨时，为了避免承担运价上涨的风险，可以选用由供应商负责运输的贸易术语，比如C组和D组贸易术语。

4）运输途中的风险。设备/材料在运输过程中可能遇到各种自然灾害、意外事故、战争等风险，买卖双方需要根据不同时期、不同地区、不同运输路线和运输方式的风险情况，来选用适当的贸易术语。

5）进出口货物清关手续的办理。在国际贸易中，关于进出口货物的结关手续，有些国家规定只能由结关所在国的当事人安排或代为办理，有些国家则无此项限制。因此，当某出口国政府规定，买方不能直接或间接办理出口结关手续，则不宜按EXW条件成交，而应选用带有卖方清关的贸易术语来成交；若进口国当局规定，卖方不能直接或间接办理进口结关手续，此时则不宜采用DDP术语，而应选用其他带有买方清关的术语来成交，如DAT、DAP。

（2）包装破损的风险

国际工程EPC项目中，一般设备/材料的运输距离都较长，往往需要经历多种不同的运输方式才能最终到达项目现场，期间会发生多次的装卸倒运。如果设备/材料的包装质量标准和要求不高,则在运输过程中很容易发生包装破损现象,进而导致设备/材料在运输过程中出现损坏、丢失等情况。例如,国内EPC工程公司执行的海外项目所需的钢结构大部分由国内供应商预制好后,经过海运+公路运输的方式到达项目现场。由于包装保护措施不足,经常导致钢结构在运输途中发生变形,给现场的施工安装造成了很大的困难。

为了降低此类风险的发生,建议从以下几方面进行防范:

1)针对项目的特点,制定相应的包装、标记和运输规定,并将其作为采购合同的一部分,要求厂商严格执行;

2)加强设备/材料出厂前的包装检验工作,对于包装不合格的设备/材料,不予验收放行;

3)购买相应的海运保险,将风险在一定程度转移给保险商,比如常见的平安险、水渍险和一切险。

(3)清关、报关延误的风险

项目所在地的进口清关,是整个物流运输过程中最为复杂和关键的一个环节,其相关利益方多,包括当地政府、业主、总包商、制造商、承运人、清关代理公司等。如果清关不及时,很容易导致设备/材料滞港,造成额外的费用损失,甚至影响项目的整体进度。例如,在伊拉克执行EPC项目,进口物资工作的清关工作不但繁琐,而且工作效率十分低下。在乌姆盖茨尔港口办理进口手续时,需要原产地证和发票的大使馆加签,管制类产品还需要提供COC清关证书。由于当地部分项目属于国内石油企业服务于伊拉克油田,跟伊拉克政府有合同关系,享有免税的特权。但这种免税的前提是取得政府相关文件以及相关流程审批,有时一个月都完成不了清关工作,进而产生大额的滞港费。

在项目的前期调研中,一定要了解项目当地相关法律法规及进出口操作流程。尤其是针对部分能享受税收减免政策的项目,必须指派专人负责相应的免税申请工作,提前准备所需的各种文件资料。另外,由于各个国家与进出口清关配套的法律法规和操作流程都存在一定的特殊性,而且该过程受人为影响因素较大,因此在项目执行过程中建议聘请当地专业的清关代理公司,负责协调处理所有的进出口清关事宜。

6.3.6 现场材料管理的风险

现场材料管理,主要是指对到达项目现场的设备/材料进行装卸、接收检验、登记入库、材料分发等工作。到货时间集中、二次分拣、仓储条件要求高是国际EPC项目现场材料管理的基本特点，同时也是其潜在的风险点。

（1）到货时间集中

由于海运成本相对低廉，且运输能力大，是国际工程EPC项目工程物资的主要运输方式。为减少项目的运输成本，承包商通常选择多批次、大批量的物资集港之后统一订船发运，造成大批货物在短时间内集中到货。

（2）二次分拣困难

工程物资的物流运输存在集港、配仓、运输、多次装卸等环节，容易造成货物到达现场后出现包装破损、标识不清等问题。另外，到货时间过度集中，导致现场货物堆放混乱，需要进行二次分拣。将货物分类、分批次、分专业、分装置进行归类、统计，消耗大量的人工时和机具成本。

（3）仓储条件要求高

国际工程项目的工程物资运输距离长，容易受船期、天气、清关等因素影响，导致货物不能按期到达项目现场。为了保证现场施工的连续性，必须存储足够的常用施工材料，以应对货物延期的风险。因此，国际EPC项目的仓储空间，一般比国内项目大很多。

为降低现场材料管理风险，建议采取以下应对措施：1）依据项目施工进度的要求，合理安排设备/材料的运输时间；2）大批量集中运输时，提前与现场材料管理人员沟通确认到货时间，以便安排足够的仓储场地和人力，开展接货准备工作；3）加强运输前的包装检验工作，统一项目运输标识和装箱单的制作，便于现场的清点和二次分拣；4）根据项目施工特点，配套建设相应的仓储空间，且保持一定的库存量以应对延迟供货风险。

6.4 采购风险案例解析

案例6-1：采买风险分析

某项目是一套中外合资筹建的油气增产项目，建设地点在境外某油田地区。本项目中需要采购两台带压空气储罐，属于压力容器，但是形式简单，无内件。经过技术及商务比价，最终确定中标厂商为某压力容器有限公司。在2014年8月签订了采购合同，交货期为签订合同后6个月。

(1) 采购风险分析

在合同执行初始,项目组并未十分关注此合同的执行情况,主要有以下几点原因:

1) 合同金额不大,设备数量少,设备制造难度低。

2) 选择的制造商是国内老牌压力容器制造公司,与EPC承包商有多年的合作关系和业绩。

3) 交货期对于这两台容器的制造来说非常富裕。基于以上原因,项目组并未派驻驻厂人员到厂进行监造,而是采用电话催交加检验点检验的方式来进行合同执行。

在合同执行4个月后,即在2014年12月,突然收到制造商的来函告知由于经营情况不好,以及经营者自身原因,准备于近期关闭公司和制造厂,可能会对此合同执行产生影响。这种情况的发生给项目采购工作带来了极大的风险,主要风险有以下几项:

1) 尽管设备制造难度不大,国内有很多家制造厂有能力进行生产,但是由于合同签订后已近过了4个月,如果重新进行采买工作选定新的供货商签订供货合同,需要花费6个月左右时间,对项目进度有比较大的风险。

2) EPC承包商已经向制造商支付了预付款,如果取消合同,需要与制造商进行索赔谈判,能否挽回经济上的损失还不确定。

3) 最重要的一点,EPC承包商已经将中标厂商通知了业主,并且向业主传送了大量制造商的技术文件和图纸,如果此时更换制造厂商,必须得向业主进行解释和说明,由于业主一直对中国产品和中国制造商存在有不信任感,如果我们将这种情况告知业主并更换厂商,肯定会加重业主的不信任感,对后续的采购工作造成极大的麻烦和不便。

(2) 风险应对措施

面对这种情况,经过项目管理层紧急协商,确定不更换制造商,采取以下紧急措施来将此合同的执行风险减小到最小:

1) 与制造商公司负责人进行协商,要求其尽快完成这两台容器的制造,在完成制造前不能停止生产和关闭工厂。

2) 对于其生产急需的一些配套件(包括管件和结构件等),EPC承包商出面帮助其进行协调,保证分供商最短时间内供货。

3) 派驻一名检验员进行驻厂监造,随时对出现的问题进行汇报,保证可以随时了解设备制造进度和工厂营业状况。

（3）结果

通过以上措施，制造商最终在2015年1月底完成了设备制造并交货，在2月关闭了工厂（倒闭）。

（4）案例分析与总结

通过这个案例，我们可以分析总结出这个合同之所以出现采购风险，主要有以下原因：

1）对于国内经济下行趋势对制造厂商的影响没有及时预判。近些年来国内外经济情况每况愈下，很多制造厂的生存压力愈发增大。在这种情况下，对于制造厂的选择要更加慎重，对于其经营状况和财务状况要随时关注。

2）对于EPC承包商的合格厂商库内的厂商要进行动态管理，不能认为只要是合格厂商就没有问题。据了解，这家制造商由于是私人企业，近年来经营状况存在问题，老板想关闭公司的念头已经产生多时，业界内也不时有风声传出。但是我们的采购人员没有及时了解到这种情况，而是凭着以前的合作经验认为其没有问题而放心下单，从而对后续的采购工作产生了风险。

3）要更加重视合同执行过程中的动态管理工作，尤其是重视催交和检验工作，重视制造厂的月报的审阅工作，加强同制造厂项目管理人员的深层次沟通。对于这个合同，如果我们能加强与厂商人员的沟通，提早得知其经营面临困境，老板有想关闭工厂的想法，我们也就能提前应对，有更多的选择来应对这种局面。

案例6-2：物流运输风险

某公司承接一海外工程项目，为满足工程需要，需从国内采购工程所需要的设备材料，并按照现场施工进度，分批次运输到项目现场。在项目执行初期，设备材料的尺寸重量未确定的情况下，根据项目的规模，物流公司按照预估设备材料的货量及预计出口的口岸给予报价。经过评比，某公司与某物流公司按照集装箱、散杂货单价签订物流框架合同，合同执行期限为整个项目执行周期。在项目执行过程中，项目现场急需一批设备材料需通过散杂货船运输到现场，但是物流公司一直无法找到满足项目需要的散杂货船，一拖再拖；为赶项目施工进度，某公司决定重新询价，并与其他物流公司高于原合同单价签订此批次物流运输合同。

（1）物流运输风险分析

物流框架合同中已经规定散杂货每吨运费单价，在实际执行中物流公司无法满足项目要求找到合适船舶的原因：

1）货量小，货主的话语权较小，需要与其他货主拼船，需要考虑市场上同期需要出口的其他货物货量情况及发运时间要求，寻找适合大家的合适船期的船；船期不一定满足项目进度要求。

2）同期有合适的船，但是运价高于当时物流公司签订框架合同的单价，物流公司无法按照原合同单价执行，需要货主方提高运费单价才能运输。

（2）项目初期签订物流框架合同的利弊分析

工程项目的物流运输特点是需要根据现场施工计划和工程进度安排设备材料的采购和运输，每批次配货和发运时间受工程进度和货物制造进度的影响，不同种类和运输要求的货物同时运输，运输安排组织难度大，大型超限、超重和特种货物较多，运输技术要求高。因此在项目执行初期，与专业的工程物流公司签订框架合同，可以节约时间，按照工程进度要求，及时发运，避免每批次询比价；同时物流公司熟悉项目设备材料及项目情况，易于配合项目发运，提高效率。

但是，物流框架合同中的单价为物流公司在前期货量不确定、发运货物体积重量不确定、发运时间不确定的情况下，根据经验及综合评估风险后提供的单价，由于项目物流执行周期较长，在执行期间，运费单价可能受汇率、油价等因素影响而浮动，对物流公司及货主各有利弊。

（3）重新询价后，价格仍高于原合同单价的原因

虽然通过不同的物流公司询价，但是在某一航线上船东是有限的，船东了解货主急于运输，因此重新询价后的价格有可能会高于原合同的单价。

（4）物流框架合同需要完善的方面

1）在物流框架合同中明确散杂货船的船期，比如每月几班船。

2）合同中明确如果物流公司未按照合同约定的船期寻找到合适的船，其风险及费用由其承担；同时增加罚款条款。

3）框架合同中可以增加物流价格调价原则。

4）工程项目物流商可以选择主物流商及备选物流商，如果主物流商无法满足项目要求，可以启用备选物流商。

案例6-3：计划与控制相结合原则

某承包商承包了南美某国家的工程项目，该项目的一套关键设备从国内制造商处采购（该制造商处于长江上游），由于该设备属于超限设备，合同约定设备出厂时由制造商负责订船，通过长江转运至上海港，在上海港交由承包商分包的物流公司进行出口清关及远洋运输。在该设备的制造过程中，承包商提供的工艺参数发生了变更，导致了制造工期延期约两个月，同时，由于对设备厂的监督管理不足，设备厂对交货期又延期一个月。设备出厂交货时，赶上长江水位的较低水位期，不能航船。而该设备超限的尺寸和重量使其陆运不仅费用高昂而且风险极高，承包商要求制造商协调水库开闸未果，因此发船时间延期约20多天。上海港到南美国家的远轮每个月仅有一班次，该船到达上海港后，并未赶及本月的远轮。最终该设备在两个月后到达南美项目所在地。由于该设备处于施工关键路径，延迟交货时间过长，造成了施工现场人员、机械的窝工。

该承包商在采购管理的问题有：

（1）采购的前期策划不足。本项目的设备属于项目关键设备，在采购前理应做好对该设备的技术参数分析、市场资源调查、供货周期要求、监检过程规定、物流运输方案、对项目施工的影响程度、风险控制点与采取的预防措施等。

（2）承包商内部的信息沟通不畅。作为关键设备，承包商采购部门应在设计阶段介入了解采购设备的相关信息数据，以此作为采购方案策划的依据，便于后续采购工作的顺利开展。在订单下达后，仍然要与设计部门沟通设备图纸、计算书等进展情况，便于及时、准确地发现存在的问题及制定能够采取的措施等。

（3）对制造商的监督管理。订单下达后，采购部门需要派遣催交、监造等人员进行工厂监督。必要时可将此部分工作分包给第三方专业公司执行。对于重点设备，第三方的催交、监造是较为有效的过程监控方式。大型设备在制造过程或多或少会存在一些不可控的外在因素，这就要求采购商在订单执行过程中加强过程管理力度，及时发现过程中的问题，提前进行措施制定和风险防控。

（4）物流管理的缺失。在本项目中，设备出厂后需经过出厂装载、船上交货、内河运输、海上移交、海上运输、目的港卸载、公路运输、目的地卸货等多个风险点。物流管理是本项目设备的管理重点。上述风险点，哪一项出了问题，都会给后续工作产生严重影响。本项目中，风险发生点在内河运输。然而，追溯之前工作，不难看出，设备的运输方案策划未能做到全面的风险预估，进而在采购前期对交货期、交货方式未能给予足够的重视。另外，在风险发生后，缺乏高瞻远瞩，对后续的物流工作了解不够深入，缺乏切实有效的风险减免措施。如为了保证赶上本月的航期，则在内河运输应该采取直航运输，且在出口报关前做好相关的文件准备工作，同时与远轮公司做好交接的协调。

（5）界面过于复杂。对于项目重大设备，风险的转移次数应尽量减少，这是不言而喻的。本项目的风险点本来就比较多，这对关键设备的质量安全是极为不利的。如采用门到门的物流方案，可极大地减少风险转移点，同时减少了协调界面，便于有效控制过程风险。

（6）与现场施工的协调。本项目由于关键设备延迟交货对施工的窝工较为明显。作为承包商，应权衡窝工费用与分批运输在成本上、风险上的对比，及时作出运输方案的选择或现场施工工序的调整。海洋运输时间的影响因素较多，在调整施工工序的时候也应该根据运输时间提前做好预测，减少现场受到的影响。

（7）索赔管理。本项目中的索赔，一方面是承包商向制造商索赔，另一方面是业主方对承包商的索赔。总体来看，业主方受到的损失最大。但就承包商而言，损失也是苦不堪言。其一，承包商向制造商的索赔仅基于其与制造商的合同中所约定的索赔项。其二，项目现场的窝工费用，承包商需自行承担。其三，业主方向承包商提出的索赔基于项目承包总合同，承包商除支付因为延期而造成的费用损失外，还需要就工期加快投入更多的资源，而这部分费用要远比承包商从制造商处得来的索赔额大得多。

本章作者：郑盛

郑盛，男，中国寰球工程公司采购部主任，天津大学学士学位，米兰理工MIP商学院MBA，项目管理师（PMP）。10年以上国际工程管理经验，多年国际知名工程管理服务商（PMC）团队工作经验，多年寰球工程子公司生产管理经验。熟悉多种项目建设形式的全生命周期管理，擅长供应链管理和计划管理。

第7章

国际工程EPC项目施工风险管理

国际工程EPC项目施工领域，风险防控是老生常谈的话题。面对日益庞大的国际工程领域，工程市场日趋多元化，工程行业供应链上参与方增多，行业风险链条及风险体系呈现向外扩张和向内挤压的形态。

我国传统工程企业在实施海外扩张战略过程中，时常面对内外交困的局面。例如，在项目施工阶段，合同管理、"三大控制"、HSE（Health Safety & Environment，健康、安全和环境）管理等工作缺乏有效组织、协调及风险管理意识，从而最终降低了项目整体资产转化率以及项目预期目标收益率等；面对外部风险时，缺乏灵活的应对手段，不能有效地将外部风险转化为具体项目任务。

工程项目施工风险管理应当遵循一条重要原则，即"风险防控意识应先于实施具体施工行为"。在实际应用场景中，这条原则应转化为一项举措或者一种工具，应用在"具体施工行为"之前。例如，利用互联网技术实现界面管理，融合管理团队的流程审核管理及数据收集、整理、分析等需求，展现包括（不限于）风险控制策略、施工索赔方案等解决方案；界面管理中业务逻辑的实现又可反向促使项目管理流程专业化、数据规范化，推动工程企业风险防控意识体系化建设。

在国际工程EPC项目的施工过程中，相对于设计阶段和采购行为，承包商面临的风险更加具体、更加细化，具备的风险防控意识也应先于实施具体施工行为。随着行业内工程企业对风险的识别日趋界面化，风险控制策略也日趋模块化。本章将进一步分析项目在施工管理过程中面临的主要风险来源及一般性应对策略，从项目施工管理中风险界面管理需求出发，将施工风险来源分为项目管理的自源性风险和外部环境的输入性风险。

项目风险管理中的界面管理平台是企业实施界面管理方案中的子系统，项目施工风险管理中合同管理模块、控制模块和资源模块等是该系统中内建模块，在界面管理平台面向具体风险事件对象时，管理平台运作机制是用户（项目管理团队）首先规范化风险事件对象成为有效数据或细分非标（非标准数据材料）流程节点，然后调用内建模块分析数据和审核流程节点输出风险点识别清单、分项应对策略，最后收集、反馈用户体验。项目施工风险界面管理中的数据分析特点、流程节点审核制度以及反馈机制直接反映了承包商自身内部治理结构的模式。所以可将这三大模块归在项目施工风险管理中的自源性风险体系内。

相对应的,外部风险事件实例化成为具体项目任务,间接地影响到项目施工管理进程,所以外部环境的输入性风险主要涵盖外部环境、公共关系和社会责任等内容。具体施工风险划分如图7-1所示。

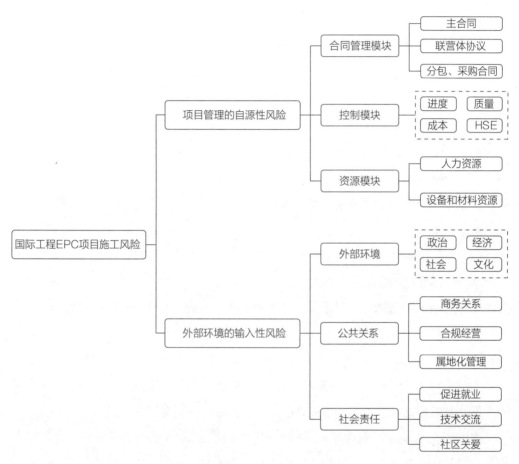

图 7-1　国际工程 EPC 项目施工风险

在EPC工程承包模式下,项目管理中的自源性风险事件来源可分为承包商的作为、不作为(含无效作为)等行为后果。例如,合同管理、"三大控制"❶等要求承包商采取有效的作为行为来减少、规避风险事件的发生,而HSE的风险事件主要是由于承包商的不作为或无效作为行为引起风险事件的发生,如未遵照施工准则、施工措施不满足HSE行业标准等。

---

❶　"三大控制"指工程进度控制、工程质量控制和工程成本控制。

7.1 合同管理模块

合同风险存在于国际工程EPC项目的主合同、联营体协议、分包合同和采购合同之中,每份合同的主体之间都会发生特定的风险分担和风险转移。

7.1.1 主合同条件

在国际工程承包行业内,各方较为认可的合同范本,基本上都是由国际咨询工程师联合会(Fédération Internationale Des Ingénieurs-Conseils,FIDIC)组织发行的。FIDIC合同条件是建立在各国各地区的业主、咨询工程师和承包商等多方经验基础上编制出来的,也是在国际工程的长期实践中形成并逐渐发展成熟起来的,是目前国际上广泛采用的、高水平的、规范性的合同条件。世界银行、亚洲开发银行、非洲开发银行等国际金融机构提供贷款的现汇项目一般直接采用或大部分内容采用FIDIC合同条件。

在实际招投标活动中,不排除在特定国家或特定项目上,业主采用其他类型的合同范本,例如有些国家编制了适合本国国情的标准合同条件。不同的合同条件之间,除了语言风格不同之外,主要差异体现在处理程序的规定和对风险分担的规定,尤其应注意的是部分条款可能会偏向业主方。在招投标阶段,承包商需要注意到招标文件中对合同条件的陈述,一旦发现合同条件叙述语言与某个熟悉的行业标准合同范本(如FIDIC)语言不同,就需要及时辨析合同条件中业主和承包商双方的权责分担是否平衡,及时找出风险点并加以应对。

在大型成套设施项目中,一般采用FIDIC组织发行的《设计采购施工(EPC)/交钥匙工程合同条件》(银皮书)和《生产设备和设计-施工合同条件》(黄皮书)。

《设计采购施工(EPC)/交钥匙工程合同条件》(银皮书),适用于以交钥匙方式提供加工或动力设备、工厂或类似设施、基础设施工程及其他类型开发项目。国际工程EPC项目一般合同特点:(1)项目的最终价格和要求的工期具有更大程度的确定性;(2)由承包商承担项目设计和实施的全部责任,业主介入很少。交钥匙工程的通常情况是,由承包商进行全部设计、采购和施工,提供一个配备完善的设施,"转动钥匙"时即可运行。

《生产设备和设计-施工合同条件》(黄皮书),推荐用于电气和(或)机械设备供货和建筑或工程的设计施工。这种合同的通常情况是,由承包商按照业主要求,设计和提供生产设备和（或）其他工程，可以包括土木、机械、电气和（或）构筑物的任何组合。

此外，受EPC/交钥匙合同模式的影响，2002年世界银行提出基于"产出和性能的道路"合同模式，要求承包商完成一定（里程碑式）产出（Output，进度/完型道路等）且满足合同规定的性能（Performance，产品效用）才予以为基础进行进度支付（Interim Payment），以此形成OPRC（Output and Performance based Road Contracts，基于产出和性能的道路合同）合同模式。在某种程度上，OPRC的阶段性的产出要求的性能（Performance）验收标准与EPC中的交钥匙验收标准具有合同意义上的类同。有鉴于此，在国际金融机构出资的道路项目领域，近些年来OPRC合同模式也受到了世界银行的大力推介，在其出资的道路项目上广泛使用，也是值得关注的一种合同模式[1]。

在一般传统合同模式下，合同参与方的角色主要有：业主、工程师（监理）、承包商、分包商、供应商、土地所有者、工人及HSE管理方等。但是，不同合同模式下，合同的主要角色稍有区别，例如在EPC模式下，监理工程师的角色被业主代表所代替，而传统的DBB（Design-Bid-Build，设计-招标-建造）合同模式下，监理工程师扮演第三方监督（99版红皮书中第7.3条）、公正地决定一般事务（99版红皮书中第3.5条）等；2017版FIDIC银皮书对业主代表、监理工程师的职权做了部分修订，明确规定了监理工程师属于业主人员，实践中监理工程师可视为业主的代理人，但银皮书第3.5条［商定或决定］中与红皮书的第3.7条［商定或决定］中有同类规定，要求业主代表/监理工程师行使该条款项下的职权时不应偏向业主，该条款是对业主代表/监理工程师在处理一般事务或索赔时的职务豁免，可以免于作为代理人违背委托人意志而陷入道德风险的情势，同时在四个方面详细限定业主代表/监理工程师的职权范围，如促成商定（Consultation to Reach Agreement）、确定（Determination）、时间限制（Time Limits）、商定/确定的效力（Effect of the Agreement or Determination），虽然合同条件的这部分修订更符合合同公平原则，但在实践中承包商还是要认清业主代表/监理工程师作为业主的代理人行使职权，在主张合同权利时更多依靠自身力量搜集、整理材料；EPC合同中，设计成为承包商需要履行的义务之一。

---

[1] 程建，张伟，宋磊. 基于产出和性能的道路合同风险管控［J］. 国际经济合作，2015（8）：64-67.

在传统的合同模式下，第三方监理的监督对项目施工中的质量控制、HSE管理等起到关键作用，而在EPC/交钥匙合同模式下，合同关系缺少第三方监督角色——监理工程师。在2017版的FIDIC银皮书中，第4.9条［质量管理体系和合规审查制度］也是在制度上要求承包商立质量管理体系和合规审查制度，如，工程企业可申请获得国际ISO组织颁发的质量管理证书（Quality Management Certificate ISO9001：2015），工程企业建立合规制度的必要性下文有阐述。这种合同关系的变化会引起总包方合同管理的风险变化，如第三方监理监督变成了总包方的内部自行监管，很多风险点进一步内化，总包方在合同管理中需提高风险识别能力。

在EPC合同实际履行中，业主可能并不会拘泥于银皮书的规定（合同中缺少工程师监督角色）。如，业主在面对设计变更、标准升级、调整施工工艺、索赔与反索赔等事件时，批复/回复总包方申请、询问的流程长、时间久，从而考虑引进专业的咨询工程师团队，作为业主人员来履行专业技术审查、质询、批复等职责。

7.1.2 联营体协议管理

国际工程承包企业可以组建联营体（Joint Venture，JV）参与各类综合性项目的投资、建设、运营，牵头方（Lead Partner）与境内外公司组建联营体时均不得违背东道国的法律法规、国际公约、中国合同法及相关法律法规的有关规定。

各工程公司组成联营体主要原因包括：增强自身竞争实力；东道国的地方保护政策，要求外国投标者必须与本国承包商组成JV共同投标；东道国给予本国承包商优惠政策；一些世界银行贷款项目会对外国企业与本地承包商组成的JV在评标时给予优选；国际工程承包企业综合考虑与当地政府的公共关系、企业社会责任、投标竞争力等，选择与当地承包商组建JV。总之，组建JV是为了得到承包合同，并在项目实施时盈利，这是JV各方的共同目标。❶

针对项目规模、生命周期特点，联营体类型主要有法人型JV、合同型JV。例如，"投建营"一体化项目，时间周期长，联营体各方可以组建法人型JV，将项目整体打包成立无追索权或有限追索权的SPV（Special Purpose Vehicle，SPV；SPV指特殊目的的载体）项目公司，以各当事人所提供的资金、技术、服务等占SPV项目公司的注册资本一定比例，分享利润，分担风险和损失。而国际工程EPC项目中的联营

---

❶ 何伯森. 国际工程合同与合同管理［M］. 中国建筑工业出版社，2010：497-500.

体多半是合同型JV，联营体参与各方按照联营体协议约定履行各自的权责、风险分担，在具体协作中，各方可依据合同划分的工作范围完成特定工作，如项目的设计、部分土建工程（如基础工程、上部结构等）、货物采购等。

合同型JV的组织特点是多方参与的协作型组织，协作型JV也是合同型JV的主要形式。协作型JV可以不需要成立经济实体，是一个较为松散的组织结构，一般由牵头方对外进行业务联系，对内组织、协调生产，使各成员相互提供便利和优惠。在目前的国际承包工程市场环境中，业主普遍要求联营体中任一成员为其他成员的行为对业主负连带责任。❶

本节主要分析在采用合同型JV类型实施项目过程时，合同管理中要求各方的相互协作的风险点分析及应对策略（表7-1）。

协作型 JV 分工协作中风险点分析及应对策略表　　　　　表 7-1

参与方分工协作 \ 分析及策略	风险点分析	建议应对策略
1. 参与方的协作		
1.1 牵头方的组织协调		
完善组织结构	工作范围划分不明、人员配置不当，产生交叉工作、职能不清的争议纠纷	明确各参与方在商务、技术等工作范围划分，如施工方案、施工计划中对设计、部分土建工程、货物采购等明确分工，合理安排职能工作人员配置，并在项目实施过程中实时调整新增工作范围的划分
协调各方优势	在项目实施中各方工作范围划分后分属不同进度控制节点，因一方或多方在进度控制上脱离整体进度方案而影响项目进度控制；因一方或多方进度控制不当使得其他参与方进度控制受到被动影响，造成成本控制风险；沟通渠道不通畅，而引起重要技术、规范、标准等交底工作前后失序，造成质量控制隐患；以上三大控制方面的负面影响，会造成联营体各方实现共同目标的积极性受挫，将项目合同管理风险进一步放大	在技术上，多采用互联网技术，建立多级交流协商互认平台，包括（但不限于）设置不同级别邮件工作组，全平台的文档资料库等；在管理上，多召开沟通会议，包括与业主、联营体各方会议，会议可以常规化、分级别、分类别开展，防止出现信息不对称造成的误解❷；对项目共同目标造成损害的参与方，依据联营体协议规定的权责范围进行约束，维护其他方的利益
整合分包、采购方资源	可参考其他章节及下文中对分包、采购合同管理的内容，牵头方整合分包、采购方资源，借助交流协商互认平台，配合其他参与方实现资源整合	

---

❶ 何伯森. 国际工程合同与合同管理［M］. 中国建筑工业出版社，2010：497-500.
❷ 李庆龙. 海外大型项目联合体投标方略［J］. 国际工程与劳务，2013(02)：36-37.

续表

分析及策略 参与方分工协作	风险点分析	建议应对策略
1.2 协作成员积极参与		
提供关键人员	关键人员的稳定性，影响到分工作业的进度、质量的控制	在联营体协议中明确规定各参与方的关键人员到场时间、职责等
发挥专业技能	联营体协作方作为专业的技术、部分土建工程施工、货物采购等环节实施者，如不能发挥专业技能，将连锁反应地影响到项目各个环节（质量、进度、成本等），甚至影响到项目竣工	因业主普遍要求联营体中任一成员为其他成员的行为对业主承担连带责任。若任一方不能发挥专业技能，将造成连锁反应，所以，牵头方必须动态监督项目实施进展情况、把好质量关，发现问题及时纠正和止损
2. 参与方的约束		
2.1 牵头方的职责		
维护各方利益平衡	联营体各方的风险分担和利益分享失去平衡，将破坏合同激励和风险分担的原则，影响联营体协议的约束力	凝聚团队协作精神是牵头方基本职责，维护联营体协议约束力，才能有效保障项目共同目标的实现
2.2 协作成员的责任		
保密事项	参与方违背保密原则，将影响联营体其他方的利益，造成纠纷事件	协作方需加强保密意识，尊重其他参与方的商业秘密
禁止滥用知识产权	其他参与方如滥用其他参与方对项目定向准许使用的知识产权（如技术、服务等），将影响知识产权方的利益，造成纠纷事件	国际工程EPC项目联营体参与方需加强认知和进行必要职业培训，熟悉国际公约"TRIPS"[1]协议中对知识产权保护的相关规定
3. 参与方退出及JV解散		
3.1 参与方的退出机制		
参与方退出联营体（如正常的按进度节点退出；非正常的参与方清算、权益转让等）	参与方退出联营体机制不明，将影响到其他参与方的资产安全，联营体的不确定性风险将不可控制	在有2个以上参与方的联营体协议中，要考虑到参与方的权益转让、退出机制的完善，减少联营体的不确定性风险；对退出中的争议或纠纷的处理，也要建立裁决机制，或协商，或仲裁
3.2 联营体的解散		
解散联营体（如不可抗力因素、项目合同被终止、项目目标已实现、缺陷责任期已满等）	联营体协议中规定解散事项的权责不明确、范围不清晰，产生争议或纠纷	联营体协议中，对联营体的终止、解散以及清算应明确规定，在善后事务中明确参与方的资产清理、账户注销等书面确认程序；对解散中争议或纠纷的处理，也要建立裁决机制，或协商，或仲裁

---

[1] TRIPS：Trade-Related Aspects of Intellectual Property Rights,《与贸易有关的知识产权协议》是世界贸易组织（WTO）订立保护知识产权的协议之一。

国际工程EPC联营体项目中承包商如作为牵头方，为厘清联营体协议中多方利益、风险划分以及纠纷处理，建议有必要在项目施工前咨询专业法律机构来协助拟定协议，保障自身利益以及规避相关风险；如作为协作成员参与EPC项目，在明确自身工作范围以及权责划分后，积极参与联营体项目建设，积累宝贵的项目经验。

7.1.3 分包合同、采购合同管理

分包、采购合同管理是总包方的合同管理模块中的子模块，在EPC项目施工实践中，该模块的系统建设对项目的"三大控制"起到积极作用。

在传统的DBB模式下，合同关系的核心是业主、监理工程师和承包商三者的关系。在EPC模式下，合同管理则以业主和承包商的关系为主，但承包商作为EPC的总包方，需要面对不同的分包商和供货商，其合同管理部门应对各类分包合同、采购合同等明确各自的风险分担，必要时可采用保险（如CIF中保险条件）等方式，将风险转移至第三方。

在较大型EPC项目的合同文件中，一般会设置专题、附录等对设备材料的采购进行规定，包括（但不限于）设备材料的总体范围、非特殊材料当地优先政策、采购程序和文件留存要求（检验证书、原产地证书、出厂证书、进关检查证书、税务文件、进场检验报告等）。在永久性设备材料采购程序中，采购专题一般会要求承包商提供关键性资料（Material Requirements，MR）和非关键性资料（None Material Requirements，NMR）。其中，关键性资料中就要求总包方收集、整理供应商提交的设备材料技术标准、技术澄清，以及总包方对供应商递交的技术方案审核形成的评标纪要，并将意向供应商的评定结果一并报送业主批准；非关键性资料主要包括设备材料交付时间、交付方式、支付条件等，由总包商自行负责，业主并不需要参与。

总包方应当建立分包、采购管理系统，加强对各分包采购活动节点管控。节点包括（但不限于）分包采购程序制度建设、各分包采购要求和内容制定、分包采购合同评定状态、合同的订立、合同履行监督节点和问题反馈、合同收尾、合同的后评价等[1]。对以上控制节点的管理是否妥当可能会形成风险链条中的风险点，总包方应加强对该模块风险点的识别和控制。

在国际工程EPC项目施工管理中，业主经常会提出额外要求，如对设备材料采购程序，提出"非特殊材料当地优先政策"、设备材料所有权划归/转嫁至总承包商

---

[1] 郭瑞，刘四锋. 沙特阿美EPC项目物资采购合同管理与控制 [J]. 国际工程与劳务, 2018（01）: 56-57.

(Novated to the Main Contractor)等要求,这考验了总包方合同管理的包容性和可扩展性。总包方应充分考虑"非特殊材料当地优先政策",尤其当总包方在推动属地化进程时,对当地分包、采购供应商进行清单管理,完善合规经营管理制度。

在EPC模式下,银皮书第7.7条中有明文规定生产设备和材料的所有权问题。按照合同条款规定,当设备材料进场时,其所有权即已发生转移至业主方,总包方对设备材料的照管行为成为法律/合同意义上的无因管理(Negotiorum Gestio),理论上业主需补偿总包方。但是在实际操作中,业主和总包方往往不拘泥于某项合同条款形式,如业主在合同中特别制定设备材料采购专题,将设备材料的采购评选、运输进场、存放照管等工作都划归/转嫁至总包方;而总包方会在合同管理中向业主索要设备材料进场费(一般比例为设备材料费用的50%~70%);在实际施工环境中,业主、总包方制定的灵活方案也体现了合同中风险分担和利益平衡的原则。

7.1.4 合同风险分担的方式

正如本书第1章中所阐述,在国际工程EPC项目的实践中,逐渐形成的一个风险分担基本思想:风险分担应在能够激励合同双方努力使己方收益最大化的同时,也能有利于完成项目总体目标。

相对于传统的DBB模式,在EPC模式下,业主通过总价合同限定工作范围更加确定、成本风险在业主支付风险对价的基础上更多地分摊给了承包商,如将设计的责任与义务移交给承包商,从而规避了与此相关的风险;EPC总包方如将部分风险进一步转移至分包商或供货商,风险链条随之拉长,能否对主要风险节点加以正确辨析,将更加考验EPC项目管理团队的合同管理能力。

同样的,针对《生产设备和设计-施工合同条件》(黄皮书)合同类型的设备安装项目,也有类似于EPC项目下将部分风险转移至风险链条下游的分包商或供货商的做法。

总的来看,银皮书与黄皮书中对项目施工管理中合同风险分担有相似的地方,但是各自适用于不同的情况,合同双方风险分担也不尽相同。与黄皮书相比,为了使合同工期与价格更加固定,银皮书中承包商承担了更多的风险,而承包商可以在报价中增加相应的风险费,业主也愿意为此支付更多的费用。一旦签订合同,承包商索赔的空间也会很小,而在合同实施过程中银皮书的业主对承包商的管理相对比较宽松。❶

---

❶ 赵珊珊,陈勇强,朱星宇. 2017年版银皮书与黄皮书风险分担比较[J]. 国际经济合作,2018(07):67-71.

7.1.5　合同管理模块小结

主合同条件、联营体协议、分包协议、采购协议等均可以看作合同管理模块的子模块。在进行合同模块风险控制时，合同风险分担方式是实现合同管理模块运行的主要功能。合同管理模块的建立，需对合同条件、合同关系、合同权责等进行层层细分，每一项细分风险点需要不少于一则案例及具体条款（包括合同、规范、标准等）的支持。在实际项目施工管理中，可通过收集、补充、调整合同风险点及风险应对结果来完善合同管理模块。

7.2　控制模块

在国际工程EPC项目的施工过程中，传统意义上的项目控制风险依然存在，本节将从进度、质量、成本和HSE这四个方面分类讨论。

7.2.1　进度风险控制

进度、质量和成本是辩证统一于项目本身的。在实际操作过程中，承包商事后往往以时间维度去考察项目的各项经济指标，特别是成本和现金流，例如常见的成本曲线、现金流曲线图等。更实际的是，在施工管理中，工程形象进度往往从直观上反映了项目的实际进展情况，所以将进度风险放在控制模块的首位来讨论。

"工欲善其事，必先利其器"。在进度控制的过程中，为了快捷有效地显示出承包商的进度安排、工料机的准备情况，可采用程序化软件来编排。

常见的软件之一有Oracle（甲骨文）公司推出的Oracle Primavera P6，这是一款以计划-协同-跟踪-控制-积累为主线的企业级工程项目管理软件，具有高度灵活性和开放性，是项目管理理论演变为实用技术的经典之作。除Primavera之外，在项目施工中也广泛使用的进度管理软件还有MS Project，这是一款由微软开发销售的项目管理软件。

Project软件以操作简单而闻名，是目前运用较为广泛的一款项目管理软件。软件设计目的在于协助项目经理发展计划、为任务分配资源、跟踪进度、管理预算和分析工作量。

图7-2是一个用Project软件制作的某道路项目部分的进度计划，该进度计划中包

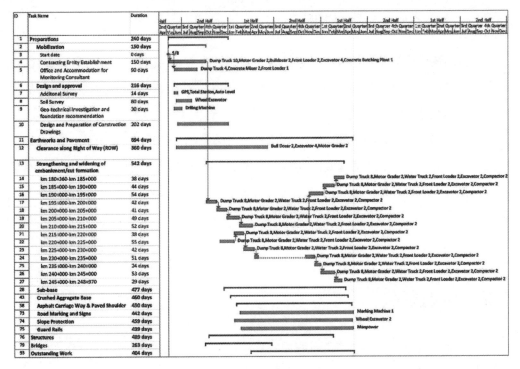

图 7-2 Project 软件制作的进度计划（部分）

含分部分项工程、每项作业的起止时间、前后作业的逻辑关系、资源配置以及关键路线（CPM）。

在国际工程项目的实施过程中，尤其是EPC项目，分部分项作业多，各项作业集中度高。例如，主体施工中需要考虑给水排水、强电和弱电管线预设；一个施工区域内有吊装钢梁的吊车、搅拌混凝土的输送泵、焊拼接作业等多道工序集中作业。因此，进度控制中的关键路线、流水作业、工序衔接等环节容易成为进度控制的风险点。

在实际操作中，影响工程进度的事件极多，如工程变更、设备材料进场延误、工地检查、异常气候（较大雨雪、雷暴等恶劣气候）、电力检修、节假日、突发事件、安全交通事故、罢工、现金流短缺等，都会对进度产生一定影响，进而导致进度控制中的关键路线、流水作业、工序衔接等发生变化。当然，总包方在遇到上述情形时，可以依照合同条款，要求工期延长。但是在进度控制环节中，以上事件除了对工期造成不可逆的影响外，更主要的会直接影响到项目的成本控制。

施工进度计划中的关键路线等一旦发生变化，就会影响流水作业，继而影响工序衔接，对项目的资源（工、料、机等）流动性造成影响，工效随之降低，使得单位产出变得更低。

而最近的一些研究和经验发现，进度控制中的非关键路线的作业也在影响项目的进度，尤其是当一些风险事件（业主变更、承包商延误、不可预见事件等）发生后，合同关系方（业主、承包商及其他参与方）排除风险事件流程长、时间久，造成工序前后衔接的自由时差不可控制，继而出现非关键路线的工序变成关键路线工序的情况，对项目进度计划造成影响。

【案例7-1】

承包商与西非某国公共工程部于2013年5月签署某道路项目施工合同，该项目采用OPRC合同模式，施工期为2年。

事件一：2014年初，埃博拉疫情开始在西非蔓延，2014年9月疫情已扩散至不可控程度。承包商启动紧急预案，内容包括：致函业主停工，并安排中方人员回国，遣散当地雇员。2014年底，在国际社会的援助下，当地疫情已基本得到控制。在业主的要求下，经过详细的风险评估，承包商于2015年初重新安排人员进场。

事件二：由于当地政府预算有限，项目道路沿线拆迁款迟迟不能落实，业主分段移交路权（分三段）均滞后于承包商的进度计划，导致承包商未能按计划完成建设施工。在业主移交最后一段路权后，承包商提交了最终进度计划和索赔报告，索赔工期及相关费用。

案例分析：

针对事件一，项目部引用合同中不可抗力条款，"若发生了诸如战争、动乱、侵略、内战、恐怖袭击、罢工、通信中断、流行病、地震、山崩、洪水、台风等人力不可抗拒的天灾人祸，如果一方不能履行合同义务，允许在不可抗力发生后14天内写信告知合同另一方。如工期延误，应顺延。如不可抗力累计发生超过120天，或单次持续发生60天以上，双方应努力协商达成一个共同满意的方案；如不能，合同任一方有权利终止合同。承包商不得就不可抗力对业主进行费用索赔。"最终，承包商仅要求业主延长3个月工期。提交了修改后的进度计划，突出工期间断3个月，整个工期往后顺延3个月。

事件二中，不管从合同角度还是从现场施工角度来看，业主移交路权工作，除开工前期外，其他后续阶段的移交工作都不会是关键工序，也不会处于承包商进度计划的关键路线上。但是业主由于延迟支付拆迁款的原因，未履行合同义务中对承包商移交路权、现场进入权等条款，造成承包商工期延误。

在学界，共同延误指在同一时间发生了两个以上延误事件，其中一个延误事件是业主风险事件，另一个延误事件是承包商风险事件，且发生了相互影响的延误。"共同延误"术语通常也用来描述在不同时间发生了两个或两个以上的延误事件，但却在同一时间产生了相互影响（整个或部分影响）的情形。为了避免概念混淆，更准确地说，应将第二种情况称为后续延误的"共同影响"。[1]

在国际工程项目的实际操作中，有两种或以上原因造成工期延误时，首先应判断造成延误的哪一种原因是最先发生的，即确定先发延误，它应是工期延误主要原因。在先发延误存续期间，其他后发延误依赖于先发延误的，后发延误的责任方不承担延误责任；如果后发延误扩大了先发延误的影响范围，应判定后发延误责任方须承担相应延误责任。但是，若先发延误是客观原因，后发延误或独立，或相互影响工期延误，则应在"共同影响"的原因中判定决定性原因及次要原因，最终确定延误责任分担。对事件一、二所造成共同延误的分析如图7-3所示。

如图7-3所示，承包商在埃博拉疫情得到控制后，立即申请复工。但是，由于业主延迟移交路权，承包商仍无法正常施工，从而导致获得路权成为进度控制中一道关键工序，这道关键工序无法实现而造成工期延误。如图7-3所示，第三横道线（Delay Caused by Late Site Possession）与第四横道线（Ebola Epidemic Suspension）有重叠的部分，但是移交路权延误超出了疫情影响时间。

该案例中，承包商的分析策略就是采用SWOT分析法，承包商优势（Strengths）来源于业主方面的移交路权延误和埃博拉疫情，两者合并后占用工期约5个月；劣势（Weaknesses）在于承包商在这期间因为进度控制不当而出现低效施工现象，工程进度受到延误；机遇（Opportunities）是由于埃博拉疫情和业主延迟移交路权，承包商率先索要工期延长，延长的工期（EOT）可以弥补承包商自身延误的工期；威胁（Threats）在于如果依据合同中进度控制条款，承包商需自行承担延误的责任。于是承包商提交了修改后的进度计划报送业主（第五条横道线所示）。

在此案例中，除了上述关键路线与非关键路线转换问题外，还出现了共同延误的事件，既有来源于承包商进度控制的原因，也有其他事件（埃博拉疫情和移交路权延误）的影响，但承包商借助合同工具，抓住关键路线与非关键路线转换问题点，突破共同延误中风险分担的不确定性，规避了较大的不确定性风险，有效地控制了工期和成本风险压力。

---

[1] 刘俊颖，李志永. 国际工程风险管理 [M]. 北京：中国建筑工业出版社，2013.

Analysis for Mutual Delay and Strategies																															
Time-Span/Year	2013							2014												2015											
Monthly	May	Jun	Jul	Aug	Sep	Oct	Nov	Dec	Jan	Feb	Mar	Apr	May	Jun	Jul	Aug	Sep	Oct	Nov	Dec	Jan	Feb	Mar	Apr	May	Jun	Jul	Aug	Sep	Oct	Nov	Dec
Rainy/Dry Season in turn	Rainy								Dry					Rainy							Dry					Rainy					Dry	
Original Submitted Working Schedule	Mobilizations								Normal Working Time					Lower Rate Working Time					Normal Working Time													
Delay Caused by Late Site Possession																																
Ebola Epidemic Suspension																																
Revised Working Schedule	Mobilizations								Normal Working Time					Lower Rate Working Time				Ebola Break			Normal Working Time					Extension of Time						
SWOT Analysis																																
Background Statement	1, Schedule/Programme of Work Progress is 24 Months; 2, Ebola Epidemic Suspension is 3Months; 3, Revised Schedule/Programme of Work Progress is 27Months; 4, The Monthly Sheet is not precisely discribed the real situation, May longer or shorter time of each acitivity consumed, Especially, the Ebola Epidemic time measured.																															
Strength of Contractor	Delayed by Late Site Possession and Ebola Epidemic																															
Weakness of Contractor	Inefficiency of Work Plan Caused None Work Progress																															
Threats	Delayed by Contractor's Own Responsibility													Ebola Break																		
Opportunities	Ebola Break and Delay Site Possession gives the Contrctor an EoT to make up the progress																									EOT						

图 7-3 共同延误原因及 SWOT 分析

7.2.2 质量风险控制

工程质量是一个国际工程承包企业的立足之本，对质量的控制贯穿于项目的全生命周期，从设备材料进场的样品审核与检查、试验、施工工艺的选择与实施，到设备安装试运行、项目的临时验收、缺陷修补以及工程接收。中资承包企业实施国际工程 EPC 项目，需要适用不同的国际规范，承包商需要充分认识到因采用不同技术规范而带来的相应风险。

上文提及，在 EPC 模式下，缺少第三方监理的监督，项目的质量控制由承包商自行负责。在设计、采购阶段，项目质量控制应当识别出EPC合同设计专题、采购专题、规范专题等专题中的中外差异，如技术标准、工艺流程、规范、检验标准等，必要时可以借助第三方网络平台检索各标准间的认证、差异。

对上述标准、流程、规范差异性的认知缺失，将直接影响项目整体或阶段性验收程序的实施，严重的甚至会导致验收失败。

【案例7-2】

某中资企业承建东南亚某国电力EPC项目，合同中的技术规范中明确规定主要设备采用不低于ASME认证❶的标准。该承包商的国内采购团队对合同标准不明，按照国内一般采购流程，采购了一批电力设施零配件，而这些零配件生产使用的是国内行业电力标准（DL）。这批零配件在进场检查中，承包商团队及时发现零配件的技术标准差异，而放弃使用这批零配件，并及时反馈国内采购部门调整采购方案，但是仍然对项目的进度、成本造成了一定影响。

案例分析：

虽然在国际技术标准之间，不同的标准可能有同类、相似的规定，但是对不同标准的认定或互认，需要在设备材料采购之前与业主团队做好必要沟通，得到业主认可才可以采购进场。承包商团队在质量控制的采购环节忽视合同中的技术标准差异性，随后在施工现场检验时发现零配件的标准差异，并及时报送国内采购部门调整采购方案。这一做法虽然控制了质量问题，但是由于质量控制程序不当而导致进度、成本受影响。

除在采购环节需要注意技术标准、规范的差异性外，还要对检验标准的差异引起重视。图7-4～图7-6为中国公路工程行业标准体系（JTG）与美国公路与运输协会标准（AASHTO）在塑液限检测中的不同检验标准。

此外，在项目施工过程中，施工流程、施工工艺的控制也是质量控制的重要环节。可从四个方面入手：建立完整的可操作的质量保证体系；确立质量控制组织结构，培养树立全员质量意识；明确质量控制步骤，配备完善的质量控制资源；坚决按质量控制文件执行质量控制。

在实际施工过程中，对质量风险的要素控制更加体现在流程管理中，承包商应分步骤实施节点控制的原则，并强调对过程的控制，才能将施工中质量风险控制在最小范围内。

---

❶ ASME是American Society of Mechanical Engineers（美国机械工程师协会）的英文缩写。ASME认证项目包括以下四大类：锅炉及压力容器（BPV）、核动力装置（N-Type）、核原料（QSC）、树脂及塑料容器（RTP）。

图7-7为某道路项目施工中质量控制流程的参考图,项目施工中对材料试验流程细分节点,逐节点控制,保证材料试验控制每一步都符合流程规范;同样,在施工工艺检测上,也是细分流程节点,保证影响工艺的因素控制符合流程规范。

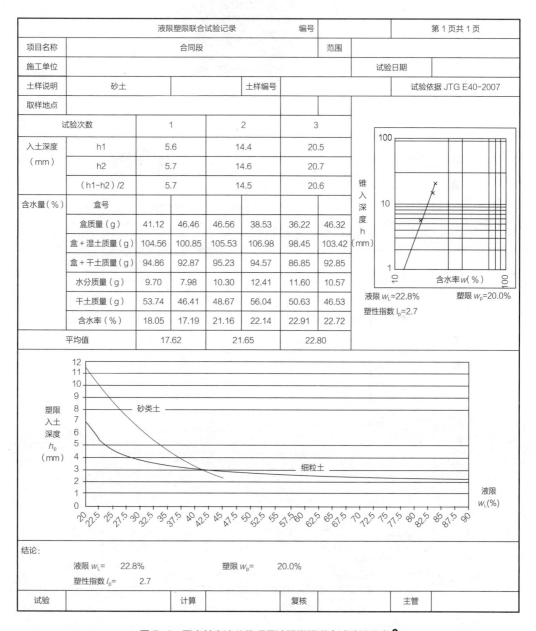

图7-4 国内某高速公路项目液限塑限联合试验记录表 ❶

---

❶ 依据《公路土工试验规程》JTG E40-2007所制

图 7-5　AASHTO/ASTM 中碟式仪检测仪器图片

Soil Material Test						
(Client) RDA					(Contractor) 河南国际 CHICO	
Project						
Section				Sample No.	T1130	
Date				Layer	SELECTED SUB GRADE	
Operator				% Stabiliser	NILL	
Material description	Brown Laterite		MATERIAL SOURCE			
TEST METHOD-AASHTO T89-6 / ASTM D423-66						
	LIQUID LIMIT TEST			PLASTIC LIMIT TEST		Average
No. of blows		29	24			
Test No.		1	2	3	4	
Tin no.		20	23	51	27	
Mass of tin + wet soil	g	51.72	51.28	43.94	43.37	
Mass of tin + Dry soil	g	48.03	47.58	42.58	42.12	
Mass of tin	g	37.27	37.13	37.20	37.21	
Mass of moisture	g	3.69	3.70	1.36	1.25	
Mass of dry soil	g	10.76	10.45	5.38	4.91	
Moisture content	%	34.29	35.41	25.28	25.46	25.37
Factor		1.018	0.995	SAMPLE PREPARATION		
Corrected moisture content	%	34.91	35.23	As received		
Average moisture content	%	35.07		Air dried		
				Oven dried		
				Pestled		
				Passed through 425μm Sieve		
REPORTED RESULTS						
LIQUID LIMIT			35.07			
PLASTIC LIMIT			25.37			
PLASTICITY INDEX			9.70			
Shrinkage mould length (mm)			140			
Material shrinkage (mm)			6.90			
Linear shrinkage			4.93			
Contractor ___Technician___				Contractor ___Site Agent / Materials Engineer___		
Consultant ___Technician___				Consultant ___Materials Engineer___		

图 7-6　某国道路项目碟式仪检测记录表 [1]

---

[1] Standard Test Methods for Liquid Limit, Plastic Limit, and Plasticity Index of Soils, Test Method—AASHTO T89-6 / ASTM D423-66.

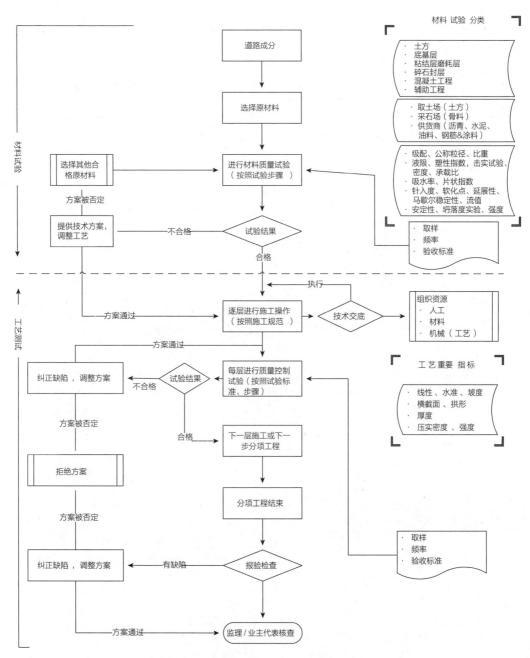

图7-7 某道路项目施工中的质量控制流程图

近些年,中国国际承包企业日益成熟,开始尝试推行中国标准、中国方案的"走出去",如肯尼亚"蒙内铁路"项目中大量采用中国标准,相信中国标准、中国方案会越来越受欢迎。

7.2.3 成本风险控制

企业是以营利为目的而从事生产经营活动、向社会提供商品或服务的经济组织，国际工程承包企业也不例外，EPC承包商对成本风险的控制也贯穿项目的全生命周期。从上文中，可以得知进度、质量控制都会影响到成本控制，因此成本控制是"三大控制"中较敏感的一项控制要素。

在实际操作过程中，对成本风险的控制一般从资源分析、成本预算、成本计划、动态控制到项目竣工后的数据分析入手，如图7-8所示。

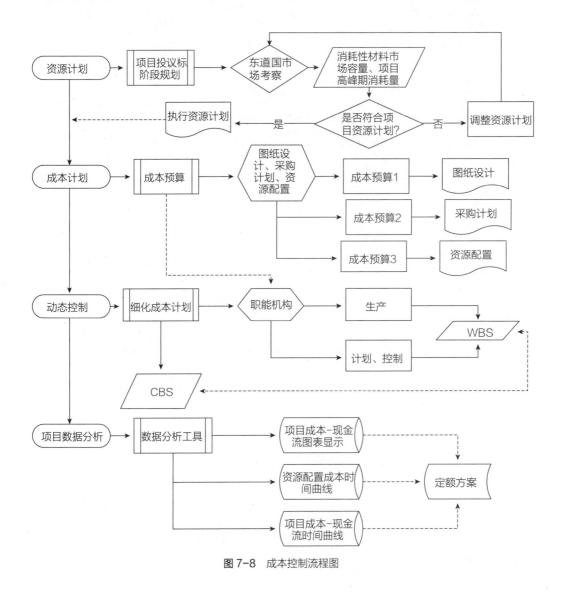

图7-8 成本控制流程图

在项目规划（投议标）阶段，承包商就要做"资源计划"——对东道国当地市场资源情况（下文详述）要有通盘考虑，尤其是将消耗性材料（如钢筋、水泥、电力、设备租赁等）的市场容量和项目高峰期消耗量进行比较，确保资源计划的可行性及准确有效。

在项目开工前，通过设计图纸、采购计划、资源配置等，承包商做出"成本预算"，列出成本管理的主要风险控制节点。

在施工阶段，承包商按照精细化管理原则，划分职能机构，将成本管理划分到不同部门，细分"成本预算"方案，做出各部门的成本计划，参照工作分解（WBS）逐步进行成本分解（CBS），将CBS与WBS进行基础关联，使工作、成本结合在一起。

成本控制是较为敏感的控制因素，影响因素多。因此，成本控制也应做到动态控制，通过基础数据和综合数据分析比较，分析成本控制中各影响因素的权重比例，识别成本风险控制的关键节点。

在项目结束后，如果有足够多的数据，再通过数据分析工具（如SPSS数据统计分析、EViews时间序列分析等）来综合分析项目成本、现金流曲线及资源投入与成本、现金流等相关关系，分析得出一套适合企业经营类似项目的成本管理方案。

在国际工程行业中，日益强调精细管理，不仅在一个项目中的各个环节如此要求，还要求企业在东道国建立一套定额标准来作为成本预算的基础。因此，国际工程承包商在一个成熟的市场应该建立一套适用的定额。一个有经验的国际工程承包商对项目施工中各类资源消耗的控制不会照搬国内定额，往往会引入自己的企业定额。根据本企业的施工技术和管理水平，以及相同地区类似项目的实际情况，来决定项目实施过程中使用的人工、材料和机械台班消耗量。企业定额的形成和发展是企业经历从实践到理论、由不成熟到成熟的多次反复检验、滚动、积累。在这个过程中，企业的技术水平在不断发展，管理水平和管理手段、管理体制也在不断更新提高，这也是一个互动的内部自我完善的过程。在成本风险控制中引入企业定额往往更具有实践意义，表7-2为依据部分企业定额制定的某单项工程单价分析表。表7-2中对不同类型的箱管涵的工程造价核算，采用当地市场的人工、材料、设备台班等数据计算单价，形成某类箱管涵的定额，因而可以广泛用于该地区的投标、索赔计价中。针对不同时期的人工、材料、设备指数的变动，对定额进行加权浮动。

某国箱管涵单价分析表

表 7-2

编号	定额工作内容	U	截面积 m²	垫层截面 m²	沙 m³	32.5水泥 t	钢筋 t	匠丝 t	碎石 t	材料费总计 美元	机械费(含油料) 美元	人工费 美元	间接费 美元	单价 美元
403a	单孔1.0×1.5 筒单过水箱函	1m	1.160	0.160	0.552	0.443	0.116	0.001	1.782	181.366	175.112	87.556	143.842	587.876
403b	单孔1.2×1.2 筒单过水箱函	1m	1.120	0.180	0.545	0.431	0.112	0.001	1.758	176.742	170.647	85.324	140.147	572.886
403c	单孔1.0×1.2 筒单过水箱函	1m	1.040	0.160	0.503	0.399	0.104	0.001	1.622	163.661	15.018	79.009	129.800	530.487
403d	六孔2.0×1.0 多功能箱函	1m	6.760	1.360	3.424	2.644	0.676	0.007	11.014	1,084.231	1,046.844	523.422	859.908	3,514.405
403e	双孔1.0×1.0 多功能箱函	1m	1.640	0.280	0.806	0.634	0.164	0.002	2.599	259.849	250.889	125.444	206.087	842.270
403f	双孔1.2×1.2 多功能箱函	1m	1.920	0.320	0.940	0.741	0.192	0.002	3.031	303.715	293.242	146.621	240.878	984.457
403g	双孔1.0×1.2 多功能箱函	1m	1.760	0.280	0.855	0.677	0.176	0.002	2.759	277.554	267.983	133.992	220.129	899.659
403h	三孔1.0×1.0 多功能箱函	1m	2.320	0.400	1.143	0.898	0.232	0.002	3.682	367.841	355.157	177.578	291.736	1,192.311
403i	双孔1.5×1.5 多功能箱函	1m	2.340	0.380	1.141	0.902	0.234	0.002	3.679	369.514	356.773	178.386	293.063	1,197.737

续表

编号	定额工作内容	U	截面积 m²	垫层截面 m²	沙 m³	32.5水泥 t	钢筋 t	匝丝 t	碎石 t	材料费总计 美元	机械费(含油料) 美元	人工费 美元	间接费 美元	单价 美元
403j	双孔1.0×1.5多功能箱函	1m	1.940	0.280	0.929	0.742	0.194	0.002	2.998	304.112	293.625	146.813	241.192	985.742
403k	三孔2.5×1.25多功能箱函	1m	4.320	0.850	2.179	1.687	0.432	0.004	7.011	691.661	667.811	333.905	548.559	2,241.936
403l	三孔2.0×1.5多功能箱函	1m	3.920	0.700	1.942	1.520	0.392	0.004	6.256	623.065	601.580	300.790	494.155	2,019.592
403m	三孔1.0×1.2多功能箱函	1m	2.480	0.400	1.208	0.955	0.248	0.002	3.895	391.448	377.949	188.975	310.458	1,268.830
403n	四孔3.0×1.5多功能箱函	1m	6.700	1.320	3.380	2.617	0.670	0.007	10.875	1,072.824	1,035.830	517.915	850.861	3,477.431
403o	四孔2.0×1.0多功能箱函	1m	4.600	0.920	2.328	1.799	0.460	0.005	7.487	737.443	712.014	356.007	584.868	2,390.332
403p	八孔2.0×1.0多功能箱函	1m	8.920	1.800	4.521	3.490	0.892	0.009	14.542	1,431.020	1,381.674	690.837	1,134.947	4,638.477
403r	五孔2.0×1.0多功能箱函	1m	5.680	1.140	2.876	2.221	0.568	0.006	9.251	910.837	879.429	439.714	722.388	2,952.368
403s	六孔3.0×1.5多功能箱函	1m	9.860	1.960	4.983	3.853	0.986	0.010	16.030	1,579.926	1,525.446	762.723	1,253.045	5,121.141

7.2.4 HSE风险控制

（1）关于HSE的合同规定

银皮书第4.18节、第6.7节等对环境保护、员工健康和安全作出了明文规定，合同条款中的HSE管理规定是承包商的合同义务。

HSE管理中风险事件的发生主要来源于承包商的不作为，如未全部履行合同中对HSE的要求。针对国际承包市场中普遍存在的HSE管理意识淡薄，世界银行等国际金融贷款机构，逐渐要求其贷款出资的项目在招标文件中规定履约保函和HSE保函，HSE保函一般比例为1%~2.5%的合同额。保函内容明确对承包商HSE管理的考核规定，如果承包商对HSE管理不作为，未得到业主部门的HSE考核认可，将扣除一定比例的保函金额。承包商在施工环节中对新出的HSE保函风险识别时，除了加强对考核标准的认知外，还应当清楚清退保函条件。

在一些欧美私营业主出资的项目中，对HSE方面的要求往往会很严格，甚至业主要求先进行安全、健康和环保报检，检验合格后才准施工。对此，有些中资承包企业可能会不适应。

（2）HSE风险识别

通常来说，HSE风险的识别应从健康、安全、环保三个方面考虑。而世界银行发行了《环境、健康与安全通用指南》（简称《EHS指南》），对环境、职业健康和安全列出详细的指标清单，对HSE管理有重要参考意义，所以本文从健康和安全、环保两个方面来阐述HSE风险点的识别。《EHS指南》列出的常见HSE风险管理的关键因素如表7-3所示❶。

HSE 风险管理的关键因素 表7-3

HSE 风险	关键因素	风险点
员工职业健康和安全	营地卫生条件	营地卫生环境差，易引发胃肠道传染病（如伤寒）
	传染病预防措施	STD（性病类疾病）宣传不到位可能会造成当地社区爆发重大传染病疫情
	设置专业医务人员	遇到急救或一般性疾病的救治缺乏专业医务人员可能会耽误最佳救治时间

---

❶ 世界银行. 环境、健康与安全通用指南[J], 2008: 1-3.

续表

HSE 风险	关键因素	风险点
员工职业健康和安全	设置施工专职安全检查员	施工中不规范着装、行为、操作等会导致安全事故发生
	设置交通安全培训人员	交通安全事故可能造成重大人员伤亡和财产损失
环境保护	生活垃圾的处理	影响营地卫生条件
	施工空气污染的处理、废弃物处理	例如氮氧化物（NOx）、二氧化硫（SO_2）、一氧化碳（CO）和颗粒物（PM）等，工业废水和废弃物堆放，施工扬尘等

（3）HSE风险管理

针对以上HSE风险管理的影响因素，建议采取以下措施来规避、转移风险。

首先，建立HSE管理制度，设置相应岗位和人员，定期开展中方人员的培训并总结安全事故教训。针对中方人员的培训和管理，承包商要增强其合规意识，中方人员在境外工作，需要严格遵守当地的法律法规，并尊重当地的社会习俗。

其次，遵照当地劳动法签订用工合同。针对可能发生的外籍员工劳资纠纷，承包商应充分认识到文明差异和文化冲突的客观存在。在签订用工合同时，建议咨询专业机构以规避风险，如购买当地员工意外伤害险及第三方责任险等。在项目实施过程中，承包商还要善于利用当地的工会组织来协调劳资双方矛盾。

此外，还需注意当地的环保法规及合同中规定的环保责任和义务。针对合同中规定的环保责任和义务，承包商要厘清责任义务的范围，辨析风险点，在必要时寻求专业第三方的合作，以转移相关风险。

7.2.5 控制模块小结

"三大控制"及HSE管理是控制模块的子模块，其中，"三大控制"之间还具有相辅相成、互相制约等特点。项目风险管理控制模块的建设，一方面反映了工程企业管理项目的经营模式、治理结构；另一方面，也对工程企业在项目施工过程中处理具体风险事件的灵活性提出了一定要求。因此，控制模块的完善需要兼顾企业内部管理制度和灵活的项目管理方案的运用。

控制模块内所有控制因素应致力于科学管理、系统管理，如强化数据采集的标准化、规范化，为数据分析、处理、转换奠定基础，以及细化非标流程的节点，为节点控制提供依据。

7.3 资源模块

国际工程EPC项目在建设过程中日益重视资源整合的能力,这一能力也成为EPC项目承包企业的核心竞争力之一。

在施工过程中,各类资源消耗占项目成本支出的比例不尽相同,但一般来说比重大致为:人力资源(含中方人员和当地人工)15%~25%;施工设备(含折旧和维修)30%~40%;永久设备和材料40%~50%。因此,设备和材料是资源模块风险控制的重点。

7.3.1 人力资源

参考上节的HSE风险控制,中方人员和当地人工是人力资源管理的基础。EPC项目施工管理中着力于人力资源的专业性与充足性,承包商应当认真审阅FIDIC条款(银皮书第6章员工)中对承包商人员的要求及标书中对关键人员的要求。在长期的施工管理过程中,承包商需要注意到项目管理团队中中方人员的年龄结构趋势,合理调整项目中方人员的年龄结构,对人力资源作梯队式安排,以保证企业在境外业务的可持续性发展。

对于国际工程项目,人力资源除了受限于人员的专业性和充足性外,还经常受制于人员的结构,主要包括中方管理团队、中方施工队伍、当地工人等。中方人员出境承担国际工程项目的主要管理、施工工作,项目实施期间中方人员动迁涉及跨国工程人员劳务许可的办理,而劳务许可的办理与东道国、过境国的外事政策、政府间劳务往来协定、工作许可法规等有极大关系。

在用工高峰期,要注意外部法律环境的变化和政策的调整对施工的影响,对此建议承包商在用工计划阶段就与第三方劳务机构合作,规避一些不确定性风险。

随着国际承包企业在东道国属地化进程加深,工程项目的经营管理也开始对中方人员的劳务派遣和劳务人员属地化管理进行权衡。如在项目开工初期,项目中方人员进场的费用,包含工资、住宿、办公、通信、国际差旅、交通等方面远高于雇用当地人员,而当地劳务人员属地化管理能否胜任项目前期的动员准备工作,以及中方人员的劳务派遣和当地属地化劳务规模在什么条件和比例时具有良好的经济性效果❶,是

---

❶ 孙正民. 韩国劳务属地化管理的艰难历程及启示[J]. 国际工程与劳务,2017(1):79-81.

许多推进属地化管理的国际承包企业需要思考的地方。

7.3.2 设备材料

作为国际工程EPC项目施工投入的主要资源，设备材料资源的调配与成本控制息息相关。在具体的项目管理中，设备材料的管理分属单独的职能部门，所以本节将设备材料资源进行单独陈述，对设备材料的风险控制需考虑以下几个方面。

（1）资源的供给确定性

若业主指定供货商，承包商应提前与该供应商沟通，并及时签订有关采购合同文件，尽可能规定设备材料运输方式和到场时间，以确保资源的供给确定性；对于非指定供货商，承包商需做好产品、设备、材料的合规性审查，见下文中资源的合规性。

投入项目的部分设备材料如需进口，且招标文件中没有对进口设备材料作减免税陈述，承包商应在合同谈判期间做好税收筹划，识别境内外税收制度中优惠政策，避免双重缴税或多交税，降低项目税收成本和控制税务风险❶。例如，设备材料来源国与当地政府有贸易优惠协定或者设备包含在当地政府免税清单中，承包商在合同谈判中应极力争取使业主开具产品、设备、材料的相关说明，用于报进口管理部门备案，以达到减免关税节省成本的目的。

【案例7-3】

某中资央企的国际工程EPC项目采用FIDIC合同条件，在合同附录中指定了特定型号的设备需来自欧洲某厂家。承包商在研究了设备的技术参数后认为国产设备也能满足要求，而且价格较低，于是从国内进口设备到场。但该设备在安装调试后，由于后台操作语言是中文（其实是程序的编码问题），无法接入业主的管理操作系统，业主因而全盘否定该设备的安装通过。最终，承包商不得不在规定厂家重新采购了一套新设备，并自行承担工期的延误责任，甚至还被业主在媒体上曝光，严重损害了企业的形象和声誉。

（2）资源的充分性

设备材料的充分供应是项目实现连续施工的重要保证，特别是主要的消耗性材料（水泥、钢筋、石料等）在市场上能否保证稳定和足量的供应，将直接影响到项目的进度和成本控制。

---

❶ 曾令锐，胡夏平. 国际工程EPC合同规划对税务风险的影响 [J]. 施工企业管理. 2018（07）：80-83.

【案例7-4】

非洲某国水泥紧缺且价格较高（约230美元/吨），物流运输条件也较差。某中资地方企业承揽我国经援当地的体育场项目，在主体施工高峰期，需大量投入钢筋和水泥浇筑混凝土，而水泥消耗单月用量峰值已超过当地市场的全部供应量。在一次工地例会上，业主直接向承包商指出，体育场建成后将用于总统就职典礼的现场，因此要求承包商必须保证当前的施工进度不变，甚至还要加快进度，项目必须按期完工。承包商在业主压力下，首先考虑保证项目工期，为此不得不寻求水泥的其他供应渠道，最终在价格、供货周期、运输和存储环节的诸多限制权衡下，选择从国内通过散装船进口水泥。为了保证进度，水泥的成本上升较快，占款也较多，项目经营不仅承受了额外的成本压力，还影响了后续材料采购安排。

而同期，钢筋的供应就是另外的景象。在项目授标前，该公司和项目管理团队已经敲定从国内进口钢筋到场，所以运送钢筋到场和存储得到全面考虑，几乎没有受到进度压力的影响，钢筋成本控制的偏差也在预期范围之内。

案例分析：

该案例中，承包商忽视了施工高峰期时资源消耗的程度，过高估计了当地市场的主材供应能力。如果尽早识别相关风险因素，预判市场主材供应的风险点，就可以及时采取应对措施，比如调整进度安排、提前建设水泥仓储、提前储备水泥等。

【案例7-5】

非洲某国由于地质条件特殊，只有来自特定地区的砂石料才符合高等级道路施工的要求，该石区的几家石料厂生产效率不高。某中资地方企业在施工过程中，由于没有提前在雨季囤积砂石料，在旱季施工高峰期发生了材料短缺的情况，工期被迫延误，部分索赔事由也被业主拒绝，最终项目成本也增加了10%左右。

案例分析：

一个有经验的承包商能够预见石料生产和供应的紧缺情况，而未能及时采取措施处理这一事件，造成工期延误和成本增加。对于此类索赔，业主是不会接受的。由此可见，在国际工程项目的实施过程中，资源供应的充分性应受到重点关注，承包商要提前辨析市场供应结构及相应的风险，并做好应对方案，以规避和控制风险发生时自身受损害的程度。

(3)资源的合规性

对于国际工程EPC项目中需进口的设备和材料,承包商需要处理好与此相关的进口许可、清关文件、产品认证和原产地证明等,提前做好相关准备工作,或由分包商、供应商及其他第三方专业机构来承担资源获得的合规审查责任。

7.3.3 资源模块小结

人力资源、设备材料资源是资源模块的子模块。人力资源模块的建设需要大量的历史数据收集、整理及分析得出符合项目施工管理中的人力资源配置计划单,在项目管理实施进程中,人力资源模块调整人力计划单的增减。设备材料资源模块建设既体现资源配置的计划性,也要符合动态调整特点,通过对历史数据的整理分析来形成对新项目的设备材料配置计划单是该资源模块的主要目标。资源的供给确定性、充分性、合规性是对该资源模块的动态审核。

7.4 外部环境输入性风险控制

外部环境对国际工程承包企业界面管理的影响扩展至项目施工管理,主要是在具体的外部风险事件实例化成具体的项目任务后间接地影响项目管理进程。如东道国在政治、经济、社会、文化等方面的外部环境会间接且深远地影响项目施工管理;合规经营体系,从制度上规范项目施工中经营管理行为,属地化进程也在重塑国际工程的管理模式;工程承包企业在东道国经营发展,履行企业社会责任,推行良好企业社会形象、注重"以人为本"原则等举措,对项目施工中履行合同义务和缓解社区文化冲突有积极作用。从工程承包企业、项目的界面管理角度看待,外部环境表现是一种输入性的影响,所以本节立足于外部环境输入性风险控制的阐述。

7.4.1 东道国外部环境

国际工程承包商面对的东道国外部环境,如政治、经济、社会、文化等,是项目实施所在国的客观存在,承包商需要辨析相关风险因素。

在政治风险方面,承包商面临的主要是政局不稳、政权更迭和主权违约等风险。

在某些特定地区，政局的稳定性时刻受到暴乱、冲突和恐怖主义的威胁，国际承包商应深入研读专业机构针对国家安全评估的相关报告，例如中国对外承包工程商会、中国出口信用保险公司公布的《国家风险分析报告》。

政权更迭的最大风险就是政策的稳定性和连续性，特别是在一些欠发达国家和地区，中资承包企业受此影响的案例不胜枚举，如中缅密松水电站项目等。

在项目施工过程中，承包商需审慎对待可能存在或已存在的国家信用评级下滑，对即将发生或已发生的风险事件进行评估，降低主权违约风险。

在经济风险方面，对国际工程承包企业影响最大的就是汇率风险，近年来全球外汇市场波动大，特别是一些欠发达国家和地区自身外汇储备不足，导致汇率波动较大。项目的外汇损失成为承包商需要注意的关键风险之一。在项目施工初期，就可以考虑一些预防措施，保证项目施工中稳健的现金流。例如，可选择在当地银行进行当地币的短期融资，若当地币融资的利率过高或是授信额度过低，无法满足承包商的需要，则可使用汇率掉期工具，进行外汇的套期保值操作。

在社会风险方面，中资企业进入当地市场，要积极融入当地社会。秉承"共商、共建、共享"的理念，借助项目的实施，创造就业机会，培训当地员工，带动当地社会的发展，实现和谐的社会环境，从而规避相关风险的发生。

在文化风险方面，中资企业进入当地市场，置身于复杂的国际大环境和当地人文小环境，不可避免地要面对文化冲突。承包商需要审时度势，强化树立企业正面形象，杜绝在当地媒体上出现负面报道。

7.4.2 公共关系

（1）商务关系

良好的商务关系有利于承包商施工的顺利开展，但在复杂的国际商业环境中，不可避免会存在一些与合规经营相抵触的现象。承包商对此需高度关注，特别是反腐败、反欺诈、商业贿赂红线，一旦被世界银行等多边金融机构合规部门查实，会被列入制裁黑名单。在2017年和2018年，被列入世界银行制裁黑名单的中国企业显著增加，其中大部分为工程及相关企业❶。以世界银行为代表的多边开发银行机构的合规体系审查覆盖项目全生命周期，包括招投标阶段、施工阶段、竣工验收阶段、保修阶段等。

---

❶ 周显峰. 从"长臂管辖"到"联动制裁"——中国国际承包商建立"多维合规体系"的重要性［J］. 国际工程与劳务，2018（12）：20-23.

（2）合规经营

随着国际经济交往和"一带一路"建设的深入，国际工程承包企业对国际经济政策和规则日益熟悉，建立符合自身企业经营模式、治理结构的合规体系成为必然选择。国际工程承包企业的合规体系要以遵守中国法律、国际公约、企业内部章程及行业规范、多边开发银行合规体系等规则为前提展开，建立以合规风险防范为导向的合规体系；合规制度执行首重内审，也符合2017版FIDIC银皮书中第4.9条［质量管理体系和合规审查制度］中要求承包商强化内审原则；合规体系涵盖的审查事项如市场公平竞争、反舞弊与反腐败、HSE标准、质量控制等，一般可分为定量判定、定性判定事项，对可定量判定的事项按照标准化的数据处理流程处理，对需定性判定的非标事项处理，可细化管理、审查流程，实行节点控制（Nodes Control），将非标事项的判定流程也限定在合规制度内；通过定期的内外审、员工培训、尽职调查等手段，企业进一步完善合规审查制度体系。

国际工程承包企业的合规体系的完善，可以有效规避企业在海外经营中遭受合规审查的不确定性风险以及遭受外部制裁的风险。

（3）属地化管理

前文中几处提及属地化管理的应用，而属地化是国际分工和精细化管理的结果。大量国际工程承包企业开始"深耕"东道国市场，尤其是大型EPC项目对全球范围内资源供应链的界面管理提高，对当地社会资源、国内资源的整合也进一步推动属地化管理进程，属地化管理也完善了国际工程承包企业在海外市场的治理结构。

属地化管理对东道国市场的采购管理、劳务管理及企业成本控制和形象建设发挥了积极作用，也在一定程度上规避了项目实施中面临的人力资源短缺、当地采购优先程序等方面的风险。

7.4.3 社会责任

中资承包企业在境外实施国际工程EPC项目，需承担相应的社会责任，如促进当地就业、培训员工、技术交流，以及开展一些社区关爱行动（艾滋病防控宣传、捐建学校等）。社会责任涵盖的内容很多，积极履行这些责任有利于树立良好的企业形象，为项目施工营造良好的外部环境，化解相关风险。

【案例7-6】

东南非某国某道路项目由一家欧洲公司中标实施。在临近验收前的例会中，业主要求承包商在一处易发生交通事故的三岔路口设置安全提示。承包商按要求在该路口树立了醒目的提示牌，既标有限速提示，还增加了英文标语"SPEED KILLS, CONDOM SAVES"，更标有当地语言的译文。业主对承包商设立的这个提示牌很满意，并在多个项目上对中国、印度、日本等承包企业进行宣传。在这个案例中，承包商将交通安全提示与艾滋病防控的宣传融合为一体，巧妙地完成了承包商对社会责任的履行义务。

7.5 综合性案例分析

从工程项目施工管理中的风险管理需求和项目管理生命周期实践可知，项目风险管理界面应对具体风险事件，或是调用项目自源性风险模块，或是外部输入性风险事件实例化接入，输出高度可执行的应对方案才是风险界面管理的根本目标。

而在实操中，界面管理中内建模块之间的耦合性（影响因素、模块之间的依赖性），以及外部事件的偶然性，使得在调用模块分析复杂事件时，可能遇到干扰因素多、主次不清以及实例化后形成具体任务范围不清等，使得运用风险界面管理流程实现应对策略适用性降低。

在内建模块中，影响是交叉、多重的，如进度直接影响成本、合同管理模块中交叉规定HSE管理的内容（银皮书第6条）、质量控制对设备材料的检验也有交叉规定等。又如，突发事件（如疫情、罢工等）对进度、成本控制影响程度认定范围，需要业主、承包商或其他机构协商认定，并不一定反映项目实际受影响的情况。

协调、处理高耦合性模块间的信息调用、传递、接入、集成等成为项目施工中风险界面管理的难点。

下面介绍两个综合性案例。

【案例7-7】

某中资地方企业在非洲市场中标一个DB项目，合同条件是当地政府自行编制的标准合同条件，与NEC合同条件较为接近，不同于FIDIC合同条件。但是合同附录中额外规定了一批永久性设备安装，并且给出了设备的详细参数，合同谈判期间业主也指出设备需从欧洲某工厂采购，而未向承包商承诺对永久性设备的照管和保障进行适当补偿，以及对购买同类设备的差价补偿。

在项目执行主体完工后，永久性设备安装计划遭遇设备进场延误影响而推迟。设备安装调试完成后，进度计划再一次因设备检验标准（非关键路线工作）缺失影响到设备验收等关键路线工作，最终项目进度计划受非承包商原因多次调整。

项目施工期间，业主对项目进行几次变更，主要包括：业主追加主体附属工程较大工程量（超出15%比例）；追加太阳能照明、网络服务和安保系统等较大规模合同内容、设计功能等变更。

施工期间，承包商主张了工期、费用的索赔，但仅工期得到一定延长，费用索赔未得到合理的满足。

案例初步分析：

对本案例进行初步分析，不难发现：(1) 设备进场延误既有承包商的责任，也有供货商的责任，而风险几乎全由承包商承担。(2) 设备安装后，因为检验设备的标准缺失，延误了对设备的验收。这一非关键路线与关键路线转换事件，打破承包商的进度控制管理流程，最终由供应商提供检验方案才缓解了自由工期的压力。(3) 追加较大工程量。承包商依据合同主张对追加工程进行全新报价，监理称业主的预算有限，最终追加工程采用"加量不加价"方式执行。(4) 额外的合同内容、设计功能的追加工程，虽然没有实质性改变原设计的功能，但是却影响了原主体工程，如网络服务安装增加了部分地下管道工程。

承包商以重新动员人力为由，主张对部分合同支付项进行全新报价，监理却又以业主预算有限，仅支持对增加的部分设施进行适当补偿，并在追加协议里明确规定了费用的上限。经过几轮商务谈判后，双方协商的结果是业主同意承包商建议，采用中国标准、方案实施部分追加设施，承包商不再索要额外费用。

综合上述情况，承包商唯一主张较为成功的权利只有工期延长，费用增加的赔偿不足所主张索赔的40%。

案例深入分析：

在上述分析中，不难看出承包商在索赔工作中遇挫，受到的最直接的影响因素就是合同模块的作用变小。(1) 该项目所用合同条件是业主量身制作的合同条件，不是熟悉的行业标准合同范本，许多合同条款偏向于业主。(2) 承包商在施工采购管理中，对供应合同中风险链条的节点控制不当，也使得应是供应商承受的风险转移到自身。(3)承包商的质量控制流程不合理,未及时发现检验标准缺失,导致检验、验收延迟,影响到进度控制。(4)在合同施工范围、设计变更中,业主要求追加新的设施、新的施工任务,承包商必须重启资源模块内人力动迁、设备材料采购等。(5)承包商吸取了之前指定供货商管理失误的经验教训,在追加协议的合同谈判中坚决要求采用中国技术标准和产品,仅网络服务采用当地网络服务商提供的方案,降低重启资源模块时不确定性风险,使得追加工程的实施过程中整体风险可控。

综合上述案例及分析,对于综合性较强项目施工管理中,风险界面管理在协调、处理具体环境中的几大模块之间互相影响时,需对合同模块、控制模块、资源模块等因素进行独立细分,完善模块自我建设,筛选出模块中风险节点。对于模块间的耦合性,建立一套触发、接入原则,一方面分析模块间的主从、因果等关系,另一方面尽量减少界面管理中模块间依赖性。对于承包商自身无法化解的模块间高耦合性事件(如突发事件引起的安全问题,复杂的变更事件引起进度变化、成本增加等),建议承包商寻求第三方专业机构协助,例如采用保险手段、寻求专业机构协助等。

项目施工管理中风险界面管理离不开数据支持,可从建立一套文档管理系统开始逐步建立各大模块系统。文档管理系统集成文件收集、分类、整理、保存等数据管理系统,构建合同模块、控制模块、资源模块的数据基础。例如,合同模块实践中需要合同、文书、信函等;控制模块中的进度计划、质量控制报验单、成本分析表、HSE报告等;资源模块中的人工工资、人力资源调查表、设备材料清关单、材料采购表等。在界面管理运用实践中,文档管理系统有助于发现承包商在风险管理中的一些不足之处,总结经验;能为企业制定合理的企业定额提供数据支持;可为人力资源里中方人员的年龄结构的分析提供数据支持;积累项目管理经验,尤其是质量控制中的技术规范、控制流程经验的积累,有助于实施同类项目;用于进行保险偿付时,必要的文件支撑将对偿付事半功倍。

界面管理平台除了记录书面材料、积累数据,索赔工作更是项目施工管理中界面管理平台主要应用场景。

在项目实践中,检验界面管理系统的实际防控风险的效果,主要是应用到变更–索赔的工作场景。在具体的项目环境中,业主的变更行为是一些风险点的直接表现,而承包商的索赔工作是对变更的直接的回应。业主的变更行为包括发布变更令(Variation Order)、现场指令(Site Instruction)、紧急协助(Urgent Assistance)等,变更行为的后果将对项目的设计(Design)、施工内容(Scope of Work)、进度

(Schedules)、施工工艺(Workmanship)、技术标准(Technical Standards)等产生影响,承包商面对一系列复杂的变更行为,能调用界面管理平台里几大模块,输出适用本次索赔环境的合同条件、技术标准、规范内容等,再依据界面管理平台输出支持性材料如用于额外施工的进度表、报验单、成本表等表单,以及子表单如资源调配单、人工工资单等,再将索赔工作的进展反馈至系统平台便于追踪、协调,本次索赔终止后修正原模块中如合同额、进度计划、成本核算、资源配置等原数据。

【案例7-8】

西亚某国火电升级改造EPC项目,由中资企业中标后实施。原火电厂旧机组(50MW)由欧洲公司建设,设计及设备等主要采用了欧洲的技术标准,现在升级项目(并行两组50MW机组)要求技术标准不低于当前欧洲标准。

事件一:该项目是东道国政府在换届之前上马的一批电力能源项目之一,新政府上台后全面压缩财政预算,对很多电力能源项目进行整顿。该国的国家主权信誉评级较好,当时又受该国与中国良好的政治环境影响,没有造成项目的停工,但业主要求承包商筹划资金完成项目的建设运营后移交业主。同时,新政府加强了环保政策,对火电项目的环保改造也提高了要求,尤其是采用较新的脱硫脱硝技术。

事件二:承包商针对事件一中政权更迭的影响早有预判,但是对于将EPC项目转变成BOT项目准备不足。经过一年多的谈判,最终确认项目整体采用BOT模式建设运营,项目的建设运营期是20年,允许承包商15年特许经营期。在运营期内,承包商需培训业主人员并允许业主人员参与管理。业主批准承包商提出的整体方案:(1)改变原电力设计功能,采用135MW机组整体方案替代新旧两组50MW机组并行方案;(2)允许承包商以该项目设立离岸SPV公司进行建设和运营。

事件三:改变原电力设计功能后,承包商面临施工队伍素质差问题。国内施工团队专业人员少,而当地招聘的工人施工水平较低,中方人员与当地工人语言不通,造成施工工艺的不足以及工效低。面对业主方面环保升级改造需求,承包商采用的脱硫脱硝技术未得到全面通过。

案例分析:

(1)项目在合同模式上发生本质的改变,由EPC合同模式变成BOT(建设-运营-移交)模式,理论上两者的合同模式的风险范围和风险程度都是有很大区别的,承包商一旦接受业主的方案即表示接受外部环境输入性风险事件实例化。

（2）基于商业和技术层面的考虑，承包商提出整体方案也是对外部环境输入性风险事件的应对措施。

以上两条都是在约束外部环境输入性风险事件实例化成为具体项目管理中的界面管理模式。

（3）为提前进入运营期，针对施工工艺和工效等问题，承包商调整人力资源结构，引进大量专业人员进场。

（4）在技术、设备方案引进到国外后，排放率和转换率一直得不到业主的环保部门认可，一度成为项目验收的重要节点，承包商为此付出了较大的精力和成本，最终在专业第三方机构协助下采用新技术解决排放问题。

依据项目管理中界面管理平台来分析、协调几大模块运行的范围和处理事件辅助机制，承包商处理的特定具体事件，可以依靠自身能力解决风险事件，如解决人力结构问题，也可以借助第三方专业机构协助规避风险事件，如环保升级改造的技术难关。

综合来看，在外部风险事件实例化成为具体项目任务后，对施工管理中的合同管理、"三大控制"等提出新的要求，新的项目任务仍离不开具体的项目施工管理措施，仍可以继续延续风险界面管理模式来应对项目施工中的具体问题。

本章作者：张伟

张伟，男，中国河南国际合作集团有限公司海外事业部部长。首都经济贸易大学企业管理专业在职研究生学历，专职于国际工程市场开发与项目管理13年，熟悉EPC、EPC+F、OPRC、BOT、PPP等合同模式，熟悉多种国际工程领域通用的行业规范，擅长在不同合同模式下的项目实施、合同变更索赔中风险管控，曾主持参与多个大型基础设施EPC、OPRC项目的合同谈判与执行，现筹划以大型项目"投建营"为导向的全过程风险管理Web界面实现，推行在业务范围内实行数据规范、流程管理、节点控制、合规审查等业务逻辑的解决方案。

第8章

国际工程EPC项目的保险管理

作为风险管理工具之一，保险仍然是最为有效的风险转移手段。通过支出保险费的方式换取无额外成本的损失融资，可以大幅降低项目收益水平的不确定性。

在EPC合同框架下，业主和承包商作为合同双方，虽然在立场上有所不同，但风险控制目标基本是一致的，因此，协调双方利益并非是核心关注点，风险点的全面检视和风险保障的合理规划是更为重要的内容。

随着保险产品的发展，越来越多的风险可以通过保险进行转移，同时由于保险经营的专业化，保险产品也出现了细分碎片化的倾向，这就需要对于项目风险、保险产品和保险市场具有更深入的理解，才能够合理规划项目的保险保障，恰当分配合同各方的投保责任，以最优惠的成本取得理想保险保障。

本章将主要分析在EPC项目中合同双方的核心保险工作内容，主要保险的设计要点，投保责任的分配，以及保险实务等内容。

8.1 项目进展阶段和保险工作范畴

由于进入项目的时间始点不同，相较于承包商而言，业主进入保险工作的时间较早，因此其在项目立项阶段就需要考虑项目风险以及风险转移的手段，其中包括保险解决方案。由于本书是围绕EPC合同框架讨论保险，所以该章并没有向项目前期展开太多，而是从设计EPC合同作为始点来讨论保险问题。

虽然在EPC合同框架下业主和承包商的保险相关利益并没有太大的冲突，但双方在工作内容上还是有所不同的，下文将分别从业主角度和承包商角度分阶段分析各自的保险工作内容。

8.1.1 业主视角

作为项目业主，更多情况下是EPC合同框架的设计者，在准备招标文件时就需要将保险规划体现在EPC合同草稿中。图8-1中是作为业主从开始招标到项目竣工过程中与保险相关的工作内容。

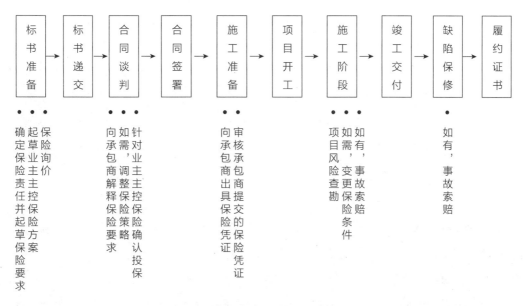

图 8-1 基于业主角度的保险管理工作

如果在某种情况下，承包商是EPC合同的设计者，在该类情况下则需要转换角度考虑问题。

下面将基于业主的视角，具体分析各阶段与保险相关的工作内容。

（1）招标准备阶段

作为业主，对于风险转移方案及保险安排的考虑应该在更早的阶段就开始了。但在准备招标文件伊始，业主就需要将既定的风险转移策略和保险安排计划落实到合同草稿中。就项目风险，在合同关于风险责任的部分，确定风险的承担方；在合同中关于保险责任的部分，确定必须投保的险种和条件，以及投保责任人。

根据合同中约定的投保责任的分配，针对业主主控的保险种类，主要包括合同工程保险、延期完工保险、项目第三者责任保险等。如果关乎承包商利益，则需要在招标文件中提供保险摘要，如保险类别、保险金额、保险期限、免赔额等，以便承包商了解业主提供的保险保障范围，并进一步考虑保险对其自身的充足性，以及是否需要在合同的要求之外另行补充投保。

针对承包商主控的保险种类，主要包括合同工程保险、项目第三者责任保险、专业责任保险等。业主需要在合同中提出最低保险要求，为业主提供以下几个方面保障：①业主的直接损失，比如说在施工过程中可能造成业主在施工现场的已有财产的损失，如在改扩建工程中对现有建筑和设施造成的损害，业主可要求承包商投保；

②业主潜在的连带责任，比如在施工过程中，因为施工原因造成周边第三方财产损失，第三方首先将业主作为被索赔方，且业主最终因为监管责任需要承担一定比例的赔偿，如深基坑项目在施工过程中造成周边建筑物的超额沉降；③承包商履约能力下降带来的不确定性，比如承包商没有能力按照要求完成合同，同时又没有能力赔偿损失，对于该种情况，在国内通常采用银行保函的方式，但在美国通常采用保险公司保函。针对保险条件方面的要求，业主也可以就投保的保险公司提出资格要求，比如要求承保公司必须具有最低标准普尔A-以上的评级，以便保证保险的效力。

（2）合同谈判阶段

在确定潜在的中标人后，双方需要落实合同细节部分，就保险而言，主要有以下两方面：

1）针对承包商提出的就业主主控保险（Owner Controlled Insurance Program，OCIP）范围的疑问进行澄清，如果需要，对合同要求进行修改。比如，如果业主在合同文件中确认合同工程保险由业主负责投保，并且给出的保险摘要中设置的免赔额较高，而与免赔额所对应的风险是承包商的风险，承包商可以提出要求在投保操作中降低该免赔额，因为承包商无法独立将该免赔额部分进行单独投保。业主需要评估该承包商要求的合理性，并进一步确定是否需要响应该要求。

2）针对承包商提出的就承包商主控保险（Contractor Controlled Insurance Program，CCIP）范围提出的差异，如果需要，对合同要求进行修改。比较常见的情况出现在美国投资于中国的项目上，美国业主通常会要求承包商提供高额的责任险，比如，针对机动车第三方责任要求500万美元的限额，事实上在中国市场几乎无法取得该保险，而且在中国的司法环境下也很难遭受这么大额的索赔请求，必要性较少。因此，如果美国业主了解到这种情况，就不会要求这么高的限额。

（3）施工准备阶段

在施工准备阶段，业主和承包商均需要着手投保各自负责的保险种类，业主将按合同规定审核承包商提供的保险样本，以确认是否符合工程合同中要求的投保条件，主要审核内容包括保险保障范围、保险限额、免赔额，以及其他约定事项，如放弃对业主的代位求偿权等。然后再批准承包商启动相关保险，并进一步收集承包商投保的保险凭证，包括保险单与保费支付证明。

（4）施工阶段

在多数的施工阶段，业主与承包商在保险工作内容方面是相似的，不论负责维护哪一保险种类，均应保证其负责险种的有效性，在风险情况发生重大改变（Material Changes）时通知保险公司，更改保险条件，以保证在出现赔案时，能够从保险公司获得充足的赔付。

业主不同于承包商之处在于，业主在项目竣工验收前就需要考虑运营期保险的安排事宜，需要充分考虑运营期保险与建设期保险的界面，特别在项目存在分步移交的情况下，或者有部分项目已经被业主实际占有的情况下，在合同工程保险的通常条件下，已经移交或者实际占有部分的保障已经失效了，需要生效财产保险进行保障。

保险索赔工作虽然是或有的，但也是在施工期间潜在的重要工作内容，就保险的索赔，本章将在后面专门陈述。

（5）缺陷保修阶段

缺陷责任保险阶段是建设期保险与运营期保险重叠的阶段，在缺陷责任保证期内，如果发生保险索赔，需要充分考虑该保险赔偿应该在哪个阶段的保险中取得赔偿，是建设期保险还是运营期保险，如果是承包商在现场的保修行为造成的损失，通常是可以向建设期保险进行索赔的，从建设期保险取得赔偿，可以降低运营期保险的赔付率，维持保险价格。当然，在缺陷保修期内建设期保险特别是工程一切险所提供的保险是有限的，不是充足的财产保险范围。

8.1.2 承包商视角

大多情况下，承包商只有在接到招标文件时，才会进入合同并在业主提出的框架下开始考虑保险问题。图8-2中是作为承包商从接到招标文件到项目竣工过程中与保险相关的工作内容。

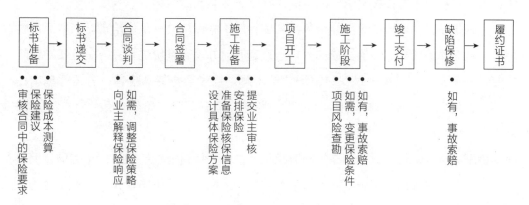

图8-2 基于承包商角度的保险管理工作

当然，考虑到EPC合同特点以及越来越多的承包商项目融资，承包商也越来越全面地介入项目保险规划。

（1）投标准备阶段

不同于业主保险工作的始点，承包商是在接到招标文件的时候才具备考虑保险事宜的条件。取决于业主对于保险事宜的策略或者重视程度，承包商在合同中承担的保险责任非常不同。举例来说，中国境内的项目，特别是大型基础设施项目，主要保险的安排都是由业主承担的；而在境外，除了美洲市场，业主会负责合同工程保险"Builder's Risk"，大多地区默认要求承包商承担项目主要的保险责任，具体要求可以参考FIDIC合同EPC版本条件下的保险要求，具体分析可以参考本章针对FIDIC合同EPC版本中对保险要求的分析。

在接到招标文件后，针对保险，承包商需要审核合同草稿中就双方风险责任分配的约定、保险要求，并结合所处的地区的法律法规，制定自己的保险计划。合同就保险的要求可以理解为承包商需要满足的最低要求，而在很多情况下，承包商也仅仅按照合同要求来执行保险，而没有充分考虑自身实际面对的风险，这是需要避免的误区。中国承包商在很多欠发达国家从事项目，业主很有可能根本没有针对保险提出具体要求，但是合同中的风险责任分配决定了承包商需要承担的风险。某承包商在从事一个燃气电厂的联合循环改造项目，业主针对第三方责任没有提出太高的限额要求，承包商就按照合同要求进行了保险。这样做的风险是非常巨大的，就该项目来说，承包商最大的风险之一就是造成现有的燃气机组的损失，该部分现有资产不包括在合同金额中，承包商不会将其视作合同价值进行投保。一般做法是通过特别约定将该财产视作第三方财产，并评估潜在损失从而确定赔偿限额。就该项目，如果造成燃机的损失，加上间接的发电损失，承包商可能面临数千万美元的索赔。

在确定项目的保险市场后，承包商需要针对不同保险险种从保险市场获取意向性报价，从而作为投标成本的组成部分。承包商有时并没有询价过程，而是直接对保险估算了一个成本，但由于对保险市场缺乏了解，针对某些特殊险种，有可能成本估计不足，特别是一些特殊险种，如专业责任险、质量保证保险等，最终影响项目的利润。

由于项目保险相对成熟，在投标时承包商很少需要对保险要求提出差异项，但这仍是一项可行的操作。由于不同地区保险习惯的不同，对于不同险种或险种组合的报价可能存在很大的差异，如果通过改变保险组合即可以降低成本，那么提出相应的差异项也是值得做的。经常出现的一种情况是，特别是在美洲市场，业主承担合同工程保险的投保责任，而要求承包商单独投保第三方责任保险和施工机具保险。在非美洲市场，这三个险种通常是在一张保险单下投保的，该方式可以保证第三方责任保险的竞争性费率，并能够顺利买到施工机具保险；否则，第三方保险成本高昂，而施工机具保险可能根本无法找到保险市场。

（2）合同谈判阶段

在合同谈判阶段主要需要处理以下两个方面的工作：①在与自身利益相关的情况下，要求业主澄清其主控保险的保险范围，特别是在业主并没有给出保险明细的情况下，或者进一步对其投保保险范围提出变更要求，例如提高赔偿限额、降低保险免赔额或增加保险责任；②为业主澄清其就保险提出的问题，在需要的情况下，对自己负责的保险方案进行修改。

（3）施工准备阶段

在合同正式签署至开工前这个阶段，承包商应依据合同中约定的条件要求保险机构出具正式的保险单，并按要求向业主出具保险凭证及保险生效的证据。同时，承包商也需要向业主索取相关保险的凭证，并审核其是否与合同中约定的保险条件一致。

（4）施工阶段

承包商在该阶段的工作与业主面对的情况是相似的，同样需要负责维护自身主控的保险种类，保证保险的有效性。如果项目的风险情况发生重大改变（Material Changes），通知保险公司，更改保险条件，以保障在出现赔案时，能够从保险公司获得充足的赔付。

保险索赔是在施工期间潜在的重要工作内容，本章将在后面专门陈述。

（5）缺陷保修阶段

在缺陷保修阶段，承包商需要按照合同的约定返回项目进行例行的检修或者针对新发现缺陷进行修理。在履行保修义务时，承包商可能造成已经完工工程的损失，或者进一步造成第三方的损失。对于上述风险，依据国际通行的保险实践，该风险是可以在工程保险中进行保障的，一旦事故发生，承包商可以向工程保险的承保保险公司发出赔偿请求，即使工程保险是由业主投保的，承包商也应具有该权利。在投标阶段，在业主主控工程保险的情况下，承包商对于该保险条件应特别重视。

8.2　保险种类和设计要点

由于保险市场的发展以及保险的专业化分工，EPC合同框架下的可保风险是通过不同的保险种类组合来实现的，当然除去不可保障的机会性风险外，即使是纯粹风险（即可保风险），在目前的保险市场上也不是都有产品提供。

从狭义的角度，即围绕某一特定工程实施角度，工程保险的范畴包括以下种类：

（1）项目货物运输保险（Project Cargo Insurance）；

（2）合同工程险（Material Damage Insurance）；

（3）承包商施工机具保险（Contractor's Plant & Equipment）；

（4）延期完工保险（Delay in Start-up）；

（5）第三者责任险（Third Party Liability）；

（6）专业责任保险（Professional Indemnity Insurance）；

（7）员工补偿保险（Workmen Compensation）。

从广义的角度，考虑到项目融资，项目地点等特殊因素，工程保险的范畴还可以进一步扩大，相关产品可能包括以下各类：

（1）工程质量责任/内在缺陷保险（Inherent Defects Insurance）；

（2）信用保险（Credit Insurance）；

（3）保证保险（Surety Bond）；

（4）政治风险保险（Political Risk）；

（5）绑架与赎金保险（Kidnap & Ransom）。

下面将就EPC合同的核心保险种类以及保险设计的要点展开介绍。

8.2.1　货物运输保险

项目货物运输保险（Project Cargo Insurance）是一份就项目所有需要运输货物的框架性协议，保险业内通常叫作开口保单。项目货运保险用来保障任何需要运至项目现场的材料和设备在运输途中的损失。

项目货物运输保险的保险金额是项目所运货物的总价值，这也是保险的计费基础；单一运输工具或航次的保险赔偿限额是项目货运保险的重要因素，针对该限额特别需要考虑风险累积的情况，即不同批次的货物由同一运输工具运输的情况，以免发生赔偿限额不足的情况。项目货运保险通常采用"仓到仓"的航程覆盖方式，即可能需要将海运两端的陆地运输纳入到保险的范围中来。就该问题需要综合考虑项目采购合同所采用的格式，如FOB、CIF等，及供应商所需承担的保险责任。

考虑到项目货物的特殊性，在条款设计上还需要考虑一些特殊情况，如船龄要求、裸装货物、舱面运输等情况。

8.2.2 合同工程保险

合同工程保险（Material Damage Insurance）是指常规工程一切险项下的第1部分-物质损失，责任范围包括施工期间工程本身、施工机械、建筑设备所遭受的损失。

合同工程的保险金额通常为EPC合同总价，对于大多财产保险（合同工程保险是财产保险的一种）来说，确定投保范围的简单原则就是在损失修复时需要重置的项目或者是会重复发生的费用。

合同工程保险的保险期限分为两段，即施工期（从开工到工程竣工交付）和保证期（从完工开始到颁发履约证书前的某一时间节点）。特别需要注意的是在保证期内，本保险提供的保险范围是有限的，远小于施工期间的保险范围，因此如果项目延期，需要延长施工期的保障。

在合同工程保险中有两类特殊的保险条件分别是关于缺陷责任和保证期保障。

关于缺陷责任的保障，在保险市场上通常采用两类保险条件，分别来自伦敦工程协会（London Engineering Group，LEG）和慕尼黑再保险公司，由于中西语境的不同，慕尼黑再保险条款在翻译成中文时，由于定义不清，在赔偿时很容易引发争议，而伦敦工程协会的条件是以修复实践的方式描述的，更容易理解和避免争议。现将缺陷责任保险条款的三个不同保障条件列举如下：

LEG 1（96）

The Insurer（s）shall not be liable for loss or damage due to defects of material workmanship design plan or specification.

保险公司不负责赔偿由于材料缺陷、工艺不善，和设计错误造成的损失。

LEG 2（96）

The Insurer（s）shall not be liable for

All costs rendered necessary by defects of material workmanship design plan or specification and should damage occur to any portion of the Insured Property containing any of the said defects the cost of replacement or rectification which is hereby excluded is that cost which would have been incurred if replacement or rectification of the Insured Property had been put in hand immediately prior to the said damage.

For the purpose of this policy and not merely this exclusion it is understood and agreed that any portion of the Insured Property shall not be regarded as damaged solely by virtue of the existence of any defect of material workmanship design plan or specification.

保险公司不负责赔偿：修复材料缺陷、工艺不善，和设计错误所必需的成本；如果被保险财产任何部分存在前述材料缺陷、工艺不善，和设计错误并造成损失，该除外是限于假设在该损失发生前，发现前述材料缺陷、工艺不善，和设计错误并立即修复所发生的成本。

不限于本除外责任，各方理解并同意，如果被保险财产的任何部分只是存在材料缺陷、工艺不善，或者设计错误的问题不被认为发生了损失。

LEG 3（2006）

The Insurer（s）shall not be liable for

All costs rendered necessary by defects of material workmanship design plan or specification and should damage（which for the purposes of this exclusion shall include any patent detrimental change in the physical condition of the Insured Property）occur to any portion of the Insured Property containing any of the said defects the cost of replacement or rectification which is hereby excluded is that cost incurred to improve the original material workmanship design plan or specification.

保险公司不负责赔偿：修复材料缺陷、工艺不善，和设计错误所必需的成本；如果被保险财产任何部分存在前述材料缺陷、工艺不善，和设计错误并造成损失，该除外是限于改善原材料缺陷、工艺不善，和设计错误并所发生的成本。

在目前的保险市场上，LEG2的保险条件是可以被保险公司广泛接受的。

关于保险保证期的保障，也有三个层次的保障可供选择，分别列举如下：

Visits Maintenance（保修期访问条款）

cover solely loss of or damage to the contract works caused by the insured contractor (s) in the course of the operations carried out for the purpose of complying with the obligations under the maintenance provisions of the contract.

仅保障被保险承包商由于履行合同保修责任实施操作而造成合同工程的损失。

Extended Maintenance（保修期扩展条款）

cover loss of or damage to the contract works

- caused by the insured contractor (s) in the course of the operations carried out for the purpose of complying with the obligations under the maintenance provisions ofthe contract,

- occurring during the maintenance period provided such loss or damage was caused on the site during the construction period before the certificate of completion for the lost or damaged section was issued.

保障合同工程的下述损失：

- 被保险承包商由于履行合同保修责任实施操作而造成合同工程的损失；

- 在保修期间并在现场发生的由于颁发竣工验收证书前施工期间的原因造成的损失。

Guarantee Maintenance（保修期保证条款）

cover loss of or damage to the contract works

- caused by the insured contractor (s) in the course of the operations carried out for the purpose of complying with the obligations under the maintenance provisions ofthe contract,

- occurring during the maintenance period provided such loss or damage was caused on or off the site prior to the inception of the defects liability period of the lost or damaged property insured.

保障合同工程的下述损失：

- 被保险承包商由于履行合同保修责任实施操作而造成合同工程的损失；

- 在保修期间发生的由于颁发竣工验收证书前的原因造成的损失，无论是否发生在现场。

其中扩展责任保证期条款是被保险市场广泛接受的条件，这也是FIDIC合同格式中要求的条件。

8.2.3 施工机具保险

施工机具险全称为承包商施工机具与设备保险（Contractor's Plant & Equipment Insurance，CPE），承保参与工程建设的施工机具和设备，赔偿施工机具和设备在工地使用或停放过程中由于自然灾害和意外事故造成的损失。

施工机具保险的保险金额通常为所有投保设备的重置价值；该保险通常采用年度费率计算保险费用，保险金额可以采用在现场的设备价值。不过该种方式，如果仅对设备在现场使用的期间内投保，精确计算保险费用是相当麻烦的，需要准确申报施工设备的进出场时间。

通常来说，将施工机具保险与合同工程保险联合投保，价格会相对便宜；如果独立投保，一方面是承接的保险公司数量不多，另一方面，价格也会相对较贵。

在业主负责合同工程保险的情况下，施工机具多数是没有被纳入投保范围的，所以承包商需要考虑该风险，自己投保，或者要求租赁商提供保险保障。

8.2.4 延期完工保险

延期完工保险（Delay in Start-up）保障因在合同工程保险范围内发生了事故进而造成项目延期完工而发生的间接的经济损失。

该保险的保险金额通常可以包括三个大项，即预期毛利润、额外贷款成本和增加的固定费用。

关于期限，该保险包括两个方面的概念，一是保险期限，二是赔偿期限。保险期限等同于合同工程保险的期限；而赔偿期限是指从计划投产开始后的一段时间，也就是赔偿该段时间内的间接经济损失。该保险只负责赔偿一次，也就是无论在施工过程中发生几次事故，最终只赔付一个延期。

该保险除了保障现场事故造成的延期，还可以扩展承保制造商生产场地的事故，以及因为公共设施事故造成的延期。

该保险是一个附加险种，不能够单独投保，必须与合同工程保险一起投保。

8.2.5 第三者责任保险

第三者责任险（Third Party Liability）承保在保险期间内，因发生与保险合同所承包工程直接相关的意外事故引起工地内及邻近区域的第三者人身伤亡、疾病或财产损失,依法应由被保险人承担的经济赔偿责任;以及被保险人因保险事故而被提起仲裁或者诉讼的,应由被保险人支付的仲裁或诉讼费用以及其他必要的、合理的费用。

该保险的保险金额是一个设定的限额。在确定该限额的高低时,需要综合考虑项目的性质以及其所处的环境,进而评估引发潜在第三方责任的大小,并作为设定限额的依据。

该保险期限应包括施工期和履约保证期两个阶段,对履约保证期的扩展是常常会被忽略的。

在业务实践中,该保险通常与合同工程保险放在一张保单下购买,即常见的工程一切险。不过,在美洲市场,第三者责任保险经常会被要求单独购买。

8.2.6 专业责任保险

专业责任保险(Professional Liability/Indemnity Insurance)是指承保各种专业技术人员由于工作上的疏忽或过失所造成的合同一方或他人的人身伤害或财产损失的经济赔偿责任的保险。需要投保专业责任保险的专业人员包括设计师、各种专业工程师、咨询工程师等,保险范围分别包括由于设计错误、工作疏忽、监督失误等原因给业主或承包商造成的损失。相较于设计责任保险来说,职业责任险有更广的保障范围。设计责任险的投保人通常为设计院(设计师),而职业责任保险的投保人可以是EPC总承包商。

专业责任保险的投保金额也是一个约定的限额,真正的风险需要评估自身疏忽或过失可能导致的最大损失。

该保险的保险期限通常会自合同生效开始至项目完工后的一定时间节点。

8.2.7 员工补偿保险

员工补偿保险承保雇员因工作原因造成伤病,雇主依法应承担的赔偿责任。之所以介绍该险种,是因为在实践操作中,围绕雇员(工人)保险的实施仍然相当混乱。

为数不少的企业在履行工程合同时为员工(包括建筑工人)投保团体意外伤害保险,不同于雇主责任保险,团体意外伤害保险的被保险人是员工本身,从法律责任上来说,在员工取得意外伤害保险的赔偿金后,如果雇主在事故中负有法律责任,员工仍有权向雇主索赔,也就是说意外伤害保险的赔偿金并不能减少雇主依法应承担的赔偿责任，而雇主责任保险可以。

无论是团体意外伤害保险还是雇主责任保险都是年度保险产品，工程项目的施工期限大多都长于一年，所以在保险管理上需要及时续保。鉴于项目用工特点，工人具有相当大的流动性，就团体意外伤害保险和雇主责任保险，保险公司通常都要求实名申报，对于保险的管理提出了相当高的要求。理想的保险方式是根据项目的金额、类型和工期一次性投保，国内的建筑工人意外保险就是采用这种方式投保的，但保险的种类应该定位于责任险的性质而不是意外伤害险的性质。员工补偿保险可以设计成这样的保险形式，即采用雇主责任险的形式，在确定的个人赔偿限额基础上，以合同金额作为保费计算基础，以工期作为保险期间，无须实名申报。

8.3 投保责任分配

风险责任与投保责任并非有完全的相关性。在相对公平的合同条件下，风险责任的分配更多的是与风险性质相关的，关键的判断标准就是承包商对于该风险是否有控制能力，而投保责任分配更多是从实践性考虑。

8.3.1 影响投保责任分配的因素

在形容不同的投保责任分配方式时，保险业内通常会有不同的叫法，即业主主控保险和承包商主控保险。区分的标准是由谁来负责投保项目的核心保险种类，特别是工程一切险。

投保责任分配取决于各种因素，主要包括以下几个方面：

（1）业主的习惯和策略

不同的业主有不同的保险管理习惯并带有明显的区域性特征，比如说，中国境内是明显的业主主控保险市场，特别是大型基础设施业务；美洲，也是一样，业主通常会控制合同工程的保险（Builder's Risk），而将责任保险（Commercial General Liability）留给承包商处理；而其他地区更多是采取承包商主控保险的方式，如FIDIC合同的默认条件。

无论任何主体承担投保责任，或多或少都会增加行政管理成本，但与此同时，保险的设计也或多或少会更多考虑自己的利益。

（2）特殊的保险要求

无论是出于业主对于风险转移的要求还是出于融资人的要求，一些特殊的保险要求可能会被提出来，比如说延期完工保险在当前的保险市场和条件下，延期完工保险的被保险利益是业主的，而承包商不具备。如果由承包商投保，无论是从保障条件设计，投保环节，还是保险索赔角度都是不便捷的。因此，在有延期完工保险投保要求时，通常采用业主主控保险的方式。

（3）保险险种的性质

除了保障合同多方主体的保险种类，有些保险种类只是针对某一方的保障，通常会直接由直接相关方投保，比例车辆保险、雇主责任保险等。

（4）保险顾问/经纪的推动

采用何种主控方式还有可能是保险顾问/经纪的推动，主要原因是对保险顾问/经纪潜在收入的影响。

8.3.2 不同投保责任分配方式的考虑因素

（1）业主将项目保险的核心投保责任均交由承包商负责

在该情形下，业主只需要考虑自己财产、车辆和员工的保险；针对承包商需要履行的保险，业主需要提出明确的保险条件，以确保最终的保险可以实现自身的保险诉求，这些条件可以包括：对于投保范围的要求，对于保险金额的要求，对于免赔额的要求，对于保险公司资质的要求，以及对于承包商提供保险生效证据的要求。

对于合同工程保险和第三者责任保险，业主均需要要求承包商将自己列为共同被保险人，需要承包商取得保险公司的同意免除对于共同被保险人的代位求偿权。

（2）业主负责投保合同工程的保险

在合同中，业主应就投保条件向承包商展示将来计划投保的保险摘要，最终投保的保险条件理论上应不低于保险摘要提供的条件。

承包商应认真审核业主提供的承保条件，考虑提供的保障是否充分，相关限额或免赔额设置是否合理，在不能满足自身需要的情况下，与业主商讨改进的可行性或者是自己另行购买补充性的保险方案。

针对承包商应履行的投保义务，就与业主利益相关的部分，业主同样应在合同中提出具体要求。

（3）专业责任保险

专业责任保险可以由业主或者承包商投保，一般在工程项目上都会投保多年期保险单。在由承包商投保时，承包商可能要求以年度投保的保险作为投保条件，因为承包商可能针对自己公司的经营已经投保了年度的保险单，在该种情况下，业主需要考量承包商已经投保保险的赔偿是否充足，同时要求承包商履行续保承诺。如果保险赔偿限额不足，可以要求承包商进一步补充投保；承包商同时也要审核现有年度保险单的条件是否与合同要求条件一致，否则需要补充投保。

在业主投保的模式下，需要考虑将保险的性质从第三方赔偿保险转变成第一方赔偿保险，即从责任险转变成财产险。目前这种方式在国内还没有得到推广，少数保险公司在尝试。

8.3.3 不同投保责任分配带来的影响

不同投保责任的分配会对保险的组合方式造成影响，从而影响保险的采购。可以说，合同工程保险是EPC合同中的核心险种，在保险公司提供的制式保险单中，慕尼黑再保险公司提供的项目综合保险（Comprehensive Project Insurance）格式是最具有代表性的，除了必投险种合同工程保险外，还可以附加投保第三者责任险、施工机具险、延期完工险，以及海运保险。在这些险种中，除了延期完工保险是非独立险种，即附加保险，其他险种均可以单独投保。但是单独投保有可能会对保险公司的选择范围产生影响进而影响保险的价格。

如果施工机具保险单独投保，会面临（特别在国内）保险公司选择面少的问题，而且保险的价格可能会大幅上升；如果第三者责任单独投保，基本上只有国际上几家主流的保险公司可以提供针对项目的多年期保险单，保险价格不菲；而联合合同工程一起投保，第三者责任部分所收取的保险费几乎可以忽略不计。

在项目综合保险单中，虽然整合了海运保险，但在绝大多数的保险公司的管理中，合同工程保险与海运险是单独的，所以虽然可以将两个保险合并投保，但是这么做并没有太大的意义。同时，同一家保险公司在合同工程保险与海运险上不能保证都具有竞争性，所以两个险种合同投保可能并不能得到最具竞争力的保险条件。

8.4 保险投保和维护

保险投保操作需要对保险产品以及各类保险产品的承保市场有充分的了解，通常这种操作需要专业的顾问提供支持，主要是保险经纪人。特别是针对国际项目，由于被保险人对保险产品的习惯以及对保险承保市场的偏好，很多情况下，保险安排方式是通过跨国再保险方式实现的，这就更需要专业的知识和技能。

不同区域的保险承保市场所习惯的保险产品是不同的，采取该地区不常用的保险方式很有可能需要支付不合理的额外保险成本，所以需要将保险设计和保险承保市场综合起来考虑。

8.4.1 保险险种确定和组合

保险险种的确定需要综合考虑作为合同主体应承担的投保责任、当地法律的要求，以及进一步考虑履行合同所需转移的风险；而保险投保组合则需要考虑保险市场的接受程度。

合同工程保险通常是EPC合同的核心险种，对于该保险的投保通常是按合同约定执行的，当然从保障自身风险角度来说，业主抑或承包商都会投保该保险，即使合同中没有规定相应的义务。

延期完工保险，从保单结构上是合同工程保险的附加险种，也就是说，没有保险公司同意单独承接延期完工保险，这是由于该险种的赔偿特点决定的。同时，在大多保险欠发达市场，该保险承保市场受限，也就是并非所有的保险公司都提供该保险。某项目中标后，在合同谈判过程中，业主要求承包商代表业主购买延期完工保险，并由业主承担该部分保险费用。承包商在购买延期完工保险时，才发现两个问题：（1）延期完工保险是一个附加险种，必须和建筑工程一切险绑定购买；（2）可以提供延期完工保险的公司有限，这些公司的保险价格通常高于常规保险公司。承包商因为安排延期完工保险，其购买建筑工程一切险的价格大幅上升，但是在合同中承包商并未对这部分额外费用明确向业主索赔的权利，最终导致业主和承包商之间就谁来承担建筑工程"一切险"部分的额外费用而引发纠纷。

货运保险下也可能以附加投保延期完工保险，在这种情况下，货运保险也将与上述合同工程附加投保延期完工保险面临一样的情况。

第三者责任保险也是EPC合同的核心险种之一，可以单独投保，但是在非美洲地区，大多采用与合同工程保险联合投保的方式。

施工机具保险通常也是EPC合同中要求购买的保险种类，该险种理论上可以单独购买，不过至少在中国市场很难单独购买到，主要是该险种的出险频次比较高，保险公司不太愿意单独承保。在绝大多地区，施工机具保险是可以在合同工程保险项下扩展投保的。

慕尼黑再保险公司开发的工程一切险（Comprehensive Project Insurance），将合同工程施工机具、第三者责任、货运保险以及延期完工保险，全部整合到了一张保险条款下，这极大方便了投保人的操作，投保人可以合同工程部分投保为前提，任意组合保险种类。但是在保险采购时还是存在一定的问题，即在保险公司内部，合同工程保险和货运保险通常来说不属于一个承保条线，在承接保险时对待同一业务的态度不同，不像是分别选择保险公司，可以采购最佳价格组合。

至于其他类型的保险种类大多是单独投保的，分别采用不同的潜在保险市场。

8.4.2 保险采购

保险采购可以采用招标或询价的方式，不过想严格满足招标的所有要求是相当复杂的，特别是在为一些大型项目采购保险时，很有可能最终所有应标的条件并没有实质性差异，而且并没有取得市场最具竞争力的价格。导致该情况的原因是保险背后的再保险定价权，只掌握在少数可以开具首席保险条件的大型保险公司。

理想型的保险询价过程如图8-3所示。

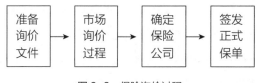

图8-3 保险询价过程

该过程对于小型的项目，可以由单一保险公司独家承保的项目，而且就在风险所在国进行投保的项目是适用的。

对于大型的项目，特别是上述过程中事实上不能够很好地控制保险询价或者招标的有效性，则通常需要引入共保或者再保主体之间的竞争，因此，修正后的保险询价过程如图8-4所示。

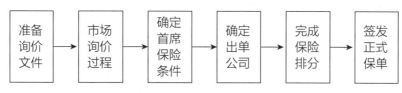

图 8-4　修正后的保险询价过程

这种修正后的方法将保险询价的重点放在首席保险条件的选取上，适当地扩大了具有开价能力的保险公司之间的竞争。

保险询价文件除了提供准备好的保险条件，还需要准备相关风险信息，以便保险公司合理评估承保的风险。保险公司的逻辑是：不清楚的风险就当作最差的风险。没有充分的风险信息，对于取得竞争性的价格是非常不利的。

出于内部或者外部要求，招标方式被广泛采用，但是相较于招标方式，询价方式对于保险安排更具有灵活性。对于大型国际工程项目，保险安排涉及再保、共保、出单等环节，这个过程是由多家保险主体联结起来完成的，但是现在并不具备发起保险公司联合体招标的可能性，因此保险招标过程很难操作，而且不容易取得最优结果。

首席保险条件的选择，一般需要考虑以下几个方面的核心要素：一是保险条件能够全面满足各类合同和法规的要求；二是价格具有竞争性；三是可以保证保险可以完成共保排分，即保险公司具有一定的号召力，同时是理性价格。

在采用再保方式时，需要在项目当地选择出单公司，出单公司通常承担的保险比例不会太大，但同样也需要较好的信誉，保证按时提供文件服务，保费结转，赔款摊付等。

由于保险安排过程涉及环节太多，同时需要对保险市场有充分的了解，包括承保能力、法律法规等，针对国际工程项目，保险的安排过程通常由专业的保险经纪公司协助完成。保险经纪公司会在充分了解项目信息、工程合同、项目所在地法规要求，以及保险市场情况的基础上，向客户出具一份保险建议书，保险建议书的内容通常包括：保险需求分析、初步的保险方案、保险安排方式、初步成本估算，以及工作流程等内容。在取得客户确认的基础上，保险经纪公司将按计划执行保险的采购工作。

8.4.3　保险有效性维护

保险有效性是在投保后容易被忽略的问题，但非常值得关注。通常会引起保险单失效的原因主要有以下几种：

（1）没有按照约定交纳保险费；

（2）保险已经过期；

（3）风险发生重大变化，但是没有通知保险公司。

通过设置提醒机制可以较好地防范前两条造成的失效；但特别需要提醒的是第（2）条，需要避免将保险保证期误当成保险正常有效的错误认识，该项已经在前文关于保修期保障范围时介绍过。

针对第（3）条，重大风险变化可能包括以下几种情况：

1）设计发生重大变化。比如，高层建筑的非芯筒部分由钢筋混凝土结构变钢结构。

2）施工方法做出重大调整。比如，地下结构施工由明挖法改为暗挖法。

3）施工工期发生巨大变动。施工工期延长通常为了保证在保险有效期内，被保险人可能有意识向保险公司申报，但如果工期大幅减少，被保险人可能认为保险在有效期内，就会忽略向保险公司申报，但事实上由于工期的减少，施工过程可能大量增加工作面，交叉施工增加，也会改变工程风险，所以也要申报。

4）发生重大事故。

在发生上述变化时，被保险人应及时通知保险公司，取得保险公司的确认。

8.5　FIDIC2017版本EPC合同下的保险要求要点分析

为了更准确地在合同制定或谈判中采用合适的保险策略，本部分将就FIDIC2017版本EPC合同中关于保险的要求展开分析（见表8-1），以供参考。

FIDIC2017 版本 EPC 合同下的保险要求要点分析表　　　表 8-1

条目	条款	备注
19.1	General Requirements 对保险的一般要求 Without limiting either Party's obligations or responsibilities under the Contract, the Contractor shall effect and maintain all insurances for which the Contractor is responsible with insurers and in terms, both of which shall be subject to consent by the Employer. 在未限制任何一方在本合同项下的义务或责任的情况下，承包商应投保并维持其向保险公司负责的所有保险，保险条款应经业主同意	本保险合同下，如果没有在专用条件中列明，所有保险的"应投保方"均为承包商；如果在合同设定中，针对某险种需要由业主作为应投保人，应在特殊条件中进行约定

续表

条目	条款	备注
	Where there is a shared liability the loss shall be borne by each. Party in proportion to each Party's liability, provided the no-recovery from insurers has not… In the event that non-recovery from insurers has been caused by such a breach, the defaulting Party shall bear the loss suffered. 双方有共同责任的，由各方承担损失。若违约方未能向保险公司追偿，则违约方应承担由此造成的损失	免赔额内的损失和超过保险赔偿限额的损失并不一定是由某一方承担的，在没有违反投保责任的情况下，没有在保险赔偿范围内的损失，需要根据合同中约定的风险责任进行分摊。如果合同中约定的投保责任方没有投保，在发生损失时，所有本应从保险公司摊回的损失将由投保责任方承担
19.2.1	The Works 工程	
	The contractor shall insurer and keep insured in the joint names of the Contractor and the Employer from the Commencement Date until the date of the issue of the Taking-Over Certificate for the Works: 承包商应自开工之日起至工程接收证书签发之日止，以承包人和发包人的共同名义投保并维持：	本条要求是针对工程一切险的第1部分-物质损失，抑或本文所介绍的合同工程保险，是就建设期间提出的要求
	（a）The works and … （a）工程和……	说明了合同工程保险应该保障的标的范围； 特别说明了需要保障缺陷原因造成的间接损失，就是特别条款-缺陷责任LEG2约定的范围
	（b）An additional amount of fifteen percent … （b）额外15%的金额……	在保险实践中，通常会就不同的费用，如清除残骸、专业费用等，分别给予额外的赔偿限额，所以建议就比例另行明确约定
	The insurance cover shall cover the Employer and the Contractor against all loss or damage from whatever cause arising until the issue of the Taking-Over Certificate for the Works… 保险责任范围应包括在工程接收证书签发前业主和承包商因任何原因所遭受的一切损失或损坏……	该处指出保险需要保障任何原因引发的损失，这和保险实践是不一致，建议承包商在签署合同前与业主达成一致约定。目前保险市场中适用的主要除外责任，在本章的保险产品介绍中有说明。合同工程保险需要进一步延长到颁发履约证书，用以保障承包商由于履约行为引发的损失
19.2.2	Goods 货物	货运保险的要求 项目货运保险通常采用开口保单的形式，即由保险公司签发一张大保单，投保所有将运输的物资，这样可以避免投保遗漏

续表

条目	条款	备注
19.2.3	Liability for breach of professional duty 违反专业职责的责任	专业责任保险的要求 在当前保险市场中，专业责任保险采用的都是索赔发生制，只赔偿在保险期内提出的索赔；这和事故发生制保单相对应，事故发生制是赔偿在保险期内产生的责任，是长尾保单，现在保险公司基本上都不同意签发这种保单。 在事故发生制的基础上，保单期限包括保险期和发现期。保险期是潜在责任产生的期间；发现期是在保险期后，延展的索赔报告期
19.2.4	Injury to persons and damage to property 人身伤亡和财产损失	该章节是工程一切险下第三者责任部分的要求。第三者责任的保险期限也要求到颁发履约证书结束，这是很多投保实践中会忽略的问题
19.2.5	Injury to employees 雇员伤亡	对于员工的保险，特别提醒要采用雇主责任保险的形式，很多投保实践中采用投保团体意外伤害险的形式。团体意外伤害保险的赔偿金不能够补偿雇主的法律责任
19.2.6	Other insurances required by Laws and by local practice 法律和当地惯例规定的其他保险	其他保险通常包括车辆保险、施工机具保险等。如果施工机具是租赁的，很容易忽略投保施工机具保险，即没有采用财产险的形式单独投保，也没有在工程一切险中扩展投保，在现场发生事故时，得不到赔偿

8.6 保险索赔

保险赔偿是保险人在保险合同中需要承担的核心义务，一旦保险事故发生，从保险公司取得充足的赔偿也是被保险人的核心诉求。EPC合同下的保险相对复杂，专业的索赔能力对于取得充足的赔偿至关重要。

8.6.1 保险索赔的主体

财产保险要求在保险事故发生时被保险人必须具有保险利益，保险索赔主体只能是保险合同的关系人，即被保险人和受益人。被保险人，是指以自己的财产或人身利益享受保险保障，在保险事故发生或者约定的保险期届满时，对保险人享有保险金请求权的人。受益人,是指保险中由被保险人或者投保人指定的享有保险金请求权的人,投保人和被保险人都可以为受益人。

EPC 合同中,由于关系复杂,各关系方仅在他们所从事的经济活动范围之内具有保险利益,亦可以作为被保险人。

8.6.2 保险索赔流程

(1)报案和施救

事故发生后,应及时通知保险公司,通过拨打保险单上保险公司的24小时报案电话进行报案或者将出险信息提供给自己的保险顾问。

被保险人应该立即对事故现场进行拍照(或录像),记录事故损失情况,收集取证,在可能的情况下,保持好现场以供保险人及公估人进行现场查勘;如果情况紧急,应马上组织施救,防止损失进一步扩大,事后做好现场记录以备查询,并记下目击者姓名和联系方式,协助配合保险人、公估人进行现场调查、拍照、取证和理算工作。

(2)配合现场查勘

现场查勘是指保险公司接到报案后,其查勘人员立即赶赴现场进行查勘并配合施救,准确了解出险时间、地点、原因、损失现状及拍照、估损、索取有关单证,做好文字记录的工作过程。

在该阶段,在配合保险公司进行查勘的过程中,作为被保险人应该注意的非常重要的一点是,在该过程中,只确认现场事实而不就任何推断进行确认。

(3)索赔资料整理

现场查勘结束后,应书面记录详细的事故报告(包括事故的性质、原因、损失程度等有关资料),并根据保险公司的要求收集理赔所需的材料,包括损失清单和证明文件等。

事故报告是确定事故是否属于保险责任的重要依据,最好经过专业人员的审核。保险公司在看过事故报告就进行拒赔的事件数不胜数。为了更好地从保险公司获取赔偿,损失清单最好按照保险可赔偿项目准备,而不是完全依据工程量清单格式。

(4)谈判

对于损失金额较小、双方争议不大的案件,一般直接与保险公司协商确定即可。如果事故金额较大且双方有很大分歧,应请专业的保险经纪公司介入,保险经纪人基于客户最大利益，将利用专业优势为业主和施工方争取最大的权益。

（5）赔偿金支付

保险公司在收到完整的理赔资料后会给出理算清单及金额，经被保险人确认无误，保险公司将在约定的赔付日期内把理赔款打到被保险人指定的账户。

在支付环节，保险公司会要求被保险人签署支付协议，对保险责任，损失认定，赔款金额以及追偿权转移等问题进行明确，以减少后续异议。

其中一种特殊的支付环节称为预付赔款。预付赔款的约定可以事先在保险合同中明确，也可以在保险事故发生后，由被保险人提出申请，经双方协商确定。目的是在具备全额赔偿条件之前先行赔偿一部分金额，以便于被保险人实施修复工作。

8.6.3 保险索赔注意事项

（1）及时报案

在大多保险合同中，通常会约定"投保人、被保险人或者受益人知道保险事故发生后，应当及时通知保险人。故意或者因重大过失未及时通知，致使保险事故的性质、原因、损失程度等难以确定的，保险人对无法确定的部分，不承担赔偿或者给付保险金的责任，但保险人通过其他途径已经及时知道或者应当及时知道保险事故发生的除外"。

在保险事故发生后，通常需要立即施救，同时报案可以取得保险人对于施救行为的许可，以免在后期发生争议。

（2）报案措辞

为了维护双方的权益，通常情况下，保险公司的报案电话都带有录音功能，保险人安排的现场查勘人员也会通过报案信息了解案件的情况，所以说报案人报案的逻辑清晰度，对损失项目及程度的描述是否准确，对保险查勘人员制定查勘计划有很大的参考意义，同时也会对被保险人产生第一印象；有的时候，更是因为报案不准确，导致拒赔，故建议被保险人在报案之前第一时间了解受损具体情况，在报案时应逻辑清晰，特别不应轻易对事故原因定性，也不应给出草率给出损失金额。建议委托保险经纪人代为报案，以避免因报案错误或是不准确带来麻烦。

（3）及时施救

事故发生之后，被保险人要进行积极的施救，尽力避免损失扩大。为了鼓励被保险人施救，保险人通常承诺，保险事故发生后，被保险人为了防止或减少保险标的的损失所支付的必要的、合理的费用由其承担；保险人所承担的费用数额在保险标的损失赔偿金额以外另行计算，最高不超过保险金额。

(4) 保险现场

事故发生后，被保险人应尽力保护好现场，允许并协助保险人进行事故调查；如果因为拒绝或者妨碍保险人进行事故调查导致无法确定事故原因或核实损失情况的，保险人无法确定或核实的部分，保险人有权拒绝赔偿。

(5) 提供资料

被保险人应尽力配合保险人提供相关资料，以便保险人能够快速完成定责和定损。所谓定责就是对于导致损失的原因进行确定，并认定其是否属于保险责任范围的一个过程；所谓定损就是根据保险合同的有关规定，对于其就应当支付的赔款进行核算和确定。

在保险公司或公估公司人员进行查勘之前，应尽量保护可能成为今后事故定损及责任确认的证据，并准备初步的书面报告。如果事故涉及刑事成分（如盗窃），应及时向公安部门报案；如涉及火灾爆炸，及时向消防部门报警。

(6) 协助追偿

保险合同通常会约定：因第三者对保险标的的损害而造成险事故的，保险人自向被保险人赔偿保险金之日起，在赔偿金额范围内代位行使被保险人对第三者请求赔偿的权利。保险人未赔偿保险金之前，被保险人放弃对第三者请求赔偿权利的，保险人可不承担赔偿保险金的责任。保险人向被保险人赔偿保险金之后，被保险人未经过保险人同意放弃对第三者请求赔偿权利的，该行为无效。在保险人向第三者行使代位请求赔偿的权利时，被保险人应当向保险人提供必要的文件和所知道的有关情况。

本章作者：崔丰堂

崔丰堂，男，阳光保险经纪（上海）有限公司副总经理。华中科技大学建筑工程专业学士，曾就职于大型国有建筑施工企业以及数家国际知名保险经纪机构，包括Willis、JLT等，专职于工程保险经纪工作10多年，熟悉工程合同中关于风险与保险责任的分配，各类保险保障的范围，以及全球保险市场情况，曾为众多国内大型基础设施项目和中国企业海外工程提供风险和保险咨询服务。

第9章

EPC工程风险评估实践：以炼化工程项目为例

在传统的国际工程项目,如建筑、桥梁、港口等工程中,由于项目自身建造技术较为成熟并且社会影响面较小等原因,业主和承包商都未将风险管理作为一个单独的业务进行细化管理,而主要是将其并入质量部门的工作范围内。然而,目前国际工程项目正朝着技术复杂、利益干系人众多、社会波动大的方向发展,特别是诸如核电、矿山开采、城市管廊建设等工程不仅要求承包商具有高水平的建设能力,更要求其对于风险等具有管理能力便于项目平稳有序进行。此外,风险事件不仅仅指的是如政坛动荡、战争等突发风险事件,还包括物价波动、地质条件变化等一系列影响项目收益的问题。本书的前8章已经就项目各部分的风险管理进行了论述,为保证风险管理的实践性特征,本章将以某炼化工程EPC项目为案例介绍实践中的项目风险管理程序,包括业主招标文件要求、承包商响应的风险管理程序、投标报价风险评估和项目执行风险评估。另外,为了满足部分业界人士对于风险量化方面知识的诉求,本章也会对项目中的风险进行量化计算演示,重点突出风险量化分析和评价的特征以期提高国际工程项目公司的风险技术管理水平。

A项目是中东某国的国家控股石油公司对现有的某炼油厂改扩建的项目,目的是提高汽油和其他产品的质量,增加收益,整个改造项目由来自中国、东南亚、欧洲等6个地区总共10家工程承包商分工完成,中国工程公司承担其中的常减压、加氢处理、重油催化裂化及丙烯回收等装置的工程设计、采购和施工服务总承包合同,总合同额达到25亿欧元(约1056亿美元),工期为52个月。

9.1 业主招标文件要求

9.1.1 范围

招标文件定义了承包商在设计、采购、施工总承包项目实施工作范围内对风险管理工作开展的具体要求,该要求是经过业主批准同意的一流风险管理过程。

9.1.2 相关参考文件

对于承包商在项目执行阶段实施的风险管理标准文件与最佳实践主要包括：
- 项目管理知识体系（PMBOK，第六版）；
- 项目风险管理标准体系（PMBOK，第六版）。

承包商需要依据上述标准体系从事业主批准的工作范围内的风险管理。

承包商应参考业主批准的项目执行指南（Project Execution Instruction，PEI）推进风险管理工作：
- 通用项目计划与控制要求；
- 进度计划要求；
- 进度测量、认证与分析；
- 业主项目报告模板。

9.1.3 承包商业务

承办商需要在组织机构中设定风险经理，按照业主批准的程序文件与最佳风险管理实践，开展项目风险管理工作，并递交相关报告。

9.1.4 程序

一旦授标，承包商项目组需立即递交业主同意的风险管理文件，主要包括项目风险管理计划和项目风险管理程序。

承包商须按照上述文件中的要求实施风险管理。

9.1.5 组织

承包商负责执行项目风险管理，直接向业主汇报相关执行情况。承包商应构建包括风险岗位在内的项目管理组织，成员应具有充分的知识并且具有从事相似工程项目风险管理工作的经验，并获得业主的面试同意。

9.1.6 项目风险管理要求

9.1.6.1 介绍
项目风险管理包括三个主要过程：

- 项目风险管理计划；
- 项目风险评估；
- 项目风险监控。

第二个过程项目风险评估包括四个子过程（图9-1）：

- 项目风险识别；
- 项目风险定性分析；
- 进度风险定量分析；
- 项目风险应对计划。

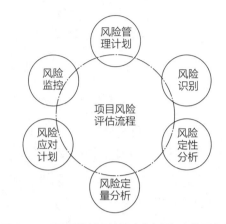

图 9-1　项目风险管理过程（业主招标文件要求）

承包商应该递交所有必需的程序文件，并高度重视三个过程：项目风险管理计划、风险评估和风险监控。

承包商在总承包项目设计、采购、施工、预试车与机械竣工等重要里程碑应严格按照项目风险管理计划实施风险评估。

9.1.6.2　项目风险管理计划

承包商应参考以下信息制定项目风险管理计划，从而使本计划能够与项目特点相适应。

项目风险管理计划描述在整个项目生命周期中如何架构并执行风险管理，主要包括以下要素：

- 风险研讨参加人员；
- 必需的文件；
- 方法；
- 角色和职责；
- 时间控制；
- 风险类别。

（1）参与者

风险研讨会需要以下关键人员参加：

- 业主方：

√ 项目管理团队PMT（项目经理PM，项目工程师PE，计划工程师，专业工程师）；

√ 其他相关专业代表；

√ 项目风险管理代表。
- 承包商方：
√ 项目经理；
√ 风险经理/工程师；
√ 计划工程师；
√ 安全经理/工程师；
√ 施工经理/工程师；
√ 采购经理/工程师。

（2）需要的文件

在开展风险研讨会之前，承包商应提供以下文件：

- 业主风险登记表范本；
- 由业主批准的二级项目进度计划；
- 活动工期的三点估值。

（3）需要的软件

蒙特卡罗模拟软件（Pert Master或者是Primavera Risk Analysis）。

（4）方法

承包商必须说明实施项目风险管理所采用的方法、工具和数据来源。承包商在整个项目生命周期中必须按照PMI出版的最新版项目管理知识体系指南（PMBOK）来采用合适的项目风险管理方法。其他相似组织出版的项目风险管理知识体系由承包商提出，但须经业主批准同意。这些方法中也包括对已经通过定性风险分析确定优先级的风险进行定量分析，定性分析与定量分析方法应综合运用。

（5）角色和职责

角色和职责规定了风险管理团队成员在风险管理计划中对每项任务应负的责任和义务。项目风险管理的责任由承包商承担，业主会定期索要并且审查承包商的报告，以确保风险管理能够正常进行。承包商应负责执行项目风险管理，监控项目风险管理并向有关方提交需要的文件和报告。

（6）频率和时间

频率规定了在整个项目生命周期中执行项目风险管理的时间和频率，并且涉及在项目进度计划中构建风险管理的具体任务。在EPC项目生命周期中的典型项目风险管理时间控制参考图9-2。

项目风险管理计划与流程	在研讨会开始之前		
项目风险评估研讨会	在开工会后的 8 周内（第一次研讨会）		在项目进度达到 10% 时（第二次研讨会）
进度风险定量分析与报告	作为第一次研讨会交付物之一		作为第二次研讨会交付物
项目风险监控	月度风险状态会议及风险登记册的更新		

图 9-2　项目风险管理在 EPC 阶段的时间计划

另外，承包商负责每月定期开展风险状况研究会议（风险监控），会议旨在：
- 识别、分析和规划新出现的风险；
- 追踪已经识别出的风险和项目风险登记表中已经登记的风险；
- 再分析现存风险；
- 评估风险应对的有效性，同时审查风险应对的落实情况。

在实施EPC合同期间，通过进行项目风险管理审查以确保承包商正确执行项目风险管理流程，并且准备了相应的风险储备金。如果已经准备了风险储备金，此额度应根据在项目风险管理评估研讨会期间得到的进度定量分析结果进行修改，使其与项目风险相协调，参考图9-2。

风险研讨会一般为三天，项目执行指南（PEI）应当一并附在风险研讨会的议程上。

（7）风险分类

风险分类提供根据风险来源进行分组的风险分解结构，以确保能够系统地识别风险过程的全面性和一致性，有利于提高风险识别的质量和效率。为了系统地处理在项目中遇到的各种风险，识别风险的方法是根据风险的来源对风险进行分类，而不是根据风险产生的影响进行分类。

以下的风险类别可作为参考：

- 市场/商业：市场材料的价格波动导致工期延误和成本超支；
- 地理位置：地理位置的特定条件导致项目的延误；
- 财务：项目经济预测和财务支付结构（现金流模式）导致拖延付款；
- 合作伙伴/联营体：合作者的行为阻碍承包商项目目标的实现；
- 工艺/技术：项目不能满足操作规范；
- 健康安全环境（HSE）：对人、财产产生的隐患和环境导致项目中断；
- 利益相关者批准：批准项目的过程（内部和外部）影响项目进展；
- 合同和分包：合同和分包不符合缔约方的标准；
- 项目管理：能力（经验、知识和技能）不足以处理该项目，缺乏索赔、界面管理和变更管理的能力；
- 时间计划：未能完成项目里程碑任务；
- 质量：设备、材料、服务、做工和性能不符合标准/要求；
- 承包商：分包商或供应商不满足合同义务要求。

9.1.6.3 项目风险评估

承包商应执行项目风险评估工作。

该过程必须包括以下要点：

- 风险识别：确定可能影响项目的风险，并且记录风险产生的根源和影响；
- 定性分析：评估已经识别出的风险的优先级，分析方面应包括以下三个部分，即确定发生概率，确定其对项目目标的影响程度，以及测算工期和成本、进度、范围和质量等要素约束下的风险容忍度；
- 定量分析：对每项任务的活动进行三点估算，从而定量分析整个项目的时间进度，以此评估实现项目进度目标的概率；
- 风险应对计划：决定应采取的策略以减少风险对项目目标威胁的过程，并且按照需要，将资源和任务纳入到预算、进度和项目管理计划中，在风险研讨会上，应将风险缓解行动的目标日期应得到认同并且记录在风险登记表上。

典型的项目风险评估过程参考图9-3。

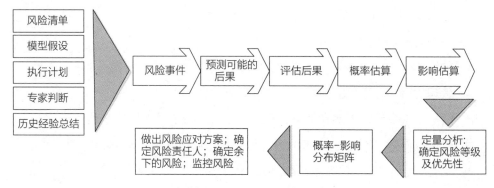

图 9-3 项目风险评估方法

（1）项目风险识别

按照项目风险管理计划，上文描述的关键参与方应根据业主批准的风险识别方法来开展风险识别研讨会。

- 确定哪些风险可能影响项目目标，并记录下它们的特点；
- 风险识别的主要输出成果是包含其他风险管理过程中的风险识别最终成果的风险登记表，业主可能会提供一个包含已经识别出的重要项目风险的初始风险登记表；
- 将识别出的项目风险登记在风险登记表中，作为风险记录以供查询。对于每一项被识别的风险，应在登记表中记录以下信息：

  √ 风险编号；

  √ 风险识别日期；

  √ 风险类别（参照风险类别分配列表）；

  √ 风险名称；

  √ 原因；

  √ 影响（表现在对进度、成本、范围或质量的影响）；

  √ 触发时间。

（2）项目风险定性分析

定性分析包括确定风险优先级的方法，定性分析可以为定量分析和风险应对计划提供基础参考。

定性分析确定风险的优先级，分析方面应包括以下三个部分，即确定发生概率，确定其对项目目标的影响程度，以及测算工期和成本、进度、范围和质量等要素约束下的风险容忍度。

承包商制定的概率和影响评估标准应经过业主的同意。

（3）项目风险定量分析

承包商必须按照项目执行指南的进度要求去准备二级项目进度表，在获得业主批准后开始执行定量分析。

对于最高等级的项目风险，承包商必须通过评估实现进度目标的概率来进行定量分析。该分析必须按照业主批准的二级进度表，一般包含以下活动：

- 仔细检查进度表以确保无误，并且审查任务工期，依赖关系及关联关系；
- 在风险研讨会期间和关键参与方讨论确定在关键路线上的活动工期的三点估算（乐观、最大可能性和悲观），建议进度风险分析涉及的活动数量为100～150之间；
- 使用软件Pert Master（或者是相似的软件），采取蒙特卡罗模拟技术确定项目最可能的完工日期并且通过敏感性分析确定出影响项目进度预算的任务；
- 向业主提交进度风险分析报告，以获得批准。

（4）项目风险应对计划

风险应对计划是一个决定应采取策略以减少风险对实现项目目标威胁的过程，其包括识别一个或多个人（风险责任人）对于商定的风险应对承担的责任。风险应对计划通过将资源和任务纳入到预算、进度计划和项目管理计划中，以确定风险的优先级，进而处理有关风险。

对于所有项目，必须准备应对计划，确定采取的应对策略和可供采取的备选策略以实现将风险对项目目标威胁的程度最小化，机会最大化，进而增加项目成功的概率。该应对计划必须按照PMBOK术语编写。

业主要求承包商发布项目风险报告，主要包括风险登记表、风险优先级列表、基于蒙特卡罗模拟的项目进度风险分析、风险应对计划和有关结论。

（5）程序

承包商须制定每阶段具体的实施方案来保证项目风险管理计划的有效执行。

9.1.6.4 项目风险监控

承包商必须每月定期更新项目风险登记表，执行项目风险监控。

该更新过程包括：

- 确认是否正确执行风险管理计划；

- 识别、分析、规划新出现的风险；
- 追踪已识别的风险和观察清单上的风险；
- 再分析现存风险；
- 在评估风险应对的有效性时，审查风险应对的执行过程；
- 如果有进度风险储备，确认是否需要根据项目风险更新进度计划调整新的进度风险储备。

承包商负责监控预先建立的项目风险管理计划过程，检查该过程是否遵循政策和程序要求，审查和评估风险应对的策略，并在该过程中按照进度、成本、范围进行适当的调整。

9.1.6.5 项目风险管理成果

以下是承包商为有效执行项目风险管理应向公司提交的成果总结：

- 项目风险管理计划和程序：

√ 在开工会（Kick-OffMeeting，KOM）的四周之内；

- 项目风险管理评估研讨会：

√ 在KOM的八周之内开展第一个项目风险管理评估研讨会；

√ 在项目建设完成10%的时候开展第二个项目风险管理评估研讨会；

- 项目风险管理报告：

√ 在项目风险评估研讨会结束后完成第一份报告，第一份报告必须包括采用蒙特卡罗模拟技术进行定量风险分析的结果在10%项目施工完成节点，开展项目风险评估研讨会之后，需再次递交风险报告；

- 项目风险登记表：

√ 在第一个项目风险评估研讨会结束后完成第一个风险登记表；

√ 每月修改先前完成的风险登记表；

√ 在10%项目施工完成节点，开展项目风险评估研讨会之后，需更新风险登记表；

- 进度定量分析报告：第一次风险研讨会之后递交第一版基于二级进度计划的风险报告；
- 风险登记表更新：根据业主的模板要求，每个月份更新风险登记表；
- 项目风险管理汇报：根据项目执行指南（PEI）的业主项目报告模板。

承包商应根据项目执行指南的进度测量、核实和分析，提交上述规定的成果。

9.2 承包商响应程序

9.2.1 范围

该程序文件定义了承包商在执行A项目设计、采购与施工阶段的风险管理,形成了项目执行的基础。

该文件适用于业主与承包商两个利益相关方。

9.2.1.1 业主

PMT(项目经理PM,项目工程师PE,计划工程师,专业工程师);

其他相关专业代表;

项目风险管理代表。

9.2.1.2 承包商

项目经理(Project Manager);

风险经理/工程师(Risk Manager/Engineer);

计划工程师(Planning Engineer);

采购经理/工程师(Procurement Manager/Engineer);

现场经理/工程师(Site Manager/Engineer);

项目控制经理/工程师(Control Manager/Engineer);

费用工程师(Cost Engineer);

行政管理(Administrative Manager/Engineer);

质量经理/工程师(QA/QCManager/Engineer);

健康、安全和环境经理/工程师(Health, Safety and Environment Manager/Engineer)。

9.2.2 目标

为A项目建立符合业主要求的风险管理程序,规范风险管理流程,最优化项目面临的机会和威胁,保证项目团队在进度、预算、质量等既定的目标下顺利完成指定的项目。

9.2.3 编制依据

业主的要求:项目风险评估指南、通用进度与计划要求、进度要求、进度测量、核实和分析、业主报告模板；

承包商自有的标准规范；

其他标准规范：PMBOK、PMI项目风险管理标准、AACE推荐标准、AACE全生命周期造价管理。

9.2.4 术语

定量分析（QRA）：Quantitative Risk Analysis，一般指蒙特卡洛模拟；

风险分解结构（RBS）：Risk Breakdown Structure；

风险经理（Risk Manager）：负责整个项目的风险管理工作，包括提供全面风险管理框架并且在项目执行过程中协调风险管理团队；

风险工程师（Risk Engineer）：作为PMT成员，应该受PMT风险经理的领导并收集、分析、监控及报告风险；

风险协调员（Risk Coordinator）：负责协调自己的部门及PMT以便于收集风险数据、促进并监控风险管理程序；

风险应对责任人（Risk Resp Owner）：其应在进度和预算许可的范围内负责（RM/PM批准的）风险应对计划的执行，并且迎合RC合作完成风险再评估和应对工作的反馈；

职能部门经理（Functional Dept. Manager）：作为职能部门领导者，应负责项目风险管理计划和应对工作的执行。

9.2.5 相关要求

该文件适用于A项目，包括项目风险计划、识别、定性分析、定量分析、应对、监控和风险报告。

承包商将严格按照递交给业主的风险管理计划在项目设计、采购、施工、预试车和机械完工等重点里程碑实施风险识别、分析、应对和监控，并按要求递交风险报告。

9.2.6 组织

PMT将按照业主和项目风险管理程序文件的要求建立组织，委任项目风险经理及其他相关人员，这些人员项目的风险管理执行上将具有充足且相似的经验以便得到业主认可。图9-4中的组织将负责项目风险管理工作的执行，图9-5是风险管理部门的组织结构，并贯彻业内最佳实践和采用业主批准的程序来交付有关文件。

9.2.7 责任和角色

9.2.7.1 风险经理（Risk Manager）

- 安排执行项目风险管理计划和程序；
- 为PMT执行项目风险计划和程序提供任何必要的帮助和支持，并且参加必要的风险应对计划研讨会；
- 修改、完善项目风险管理计划和程序；
- 与项目经理一起审查批准风险应对计划。

9.2.7.2 风险工程师（Risk Engineer）

- 参加起草和修改风险管理计划和程序工作；
- 协助风险经理执行风险管理计划和程序；
- 采用概率与影响矩阵方法（P-I Matrix）进行定性风险分析；
- 利用Pert Master软件，采用蒙特卡罗模拟技术对项目进度风险进行定量分析；
- 在执行项目风险管理计划和程序的过程中与PMT进行交流与合作；

在开工会召开的八周之内和项目施工完成10%，开展项目进度风险定量分析后，利用Pert Master软件帮助PMT修正项目进度计划，并且用上述软件修改预估的进度计划。

9.2.7.3 风险协调员（Risk Coordinator）

- 作为项目风险管理的推动者，负责审查提交的风险报告在内容和格式上是否符合要求，并规范其对风险描述、风险因素及影响的表述；
- 当专业经理准备的内容不满足要求时，帮助修改相关内容；
- 在风险管理计划中，将风险事件划分为PMT定义的RBS类别；
- 如果风险事件可以被定义为新的风险类别，风险协调员应该向风险工程师报告，用RBS中术语描述该风险事件；
- 将经过审查的风险类别报告提交给风险工程师（Risk Engineer）以进行进一步深入的研究。

9.2.7.4 风险应对责任人（Risk Response Owner）

- 根据定义的进度计划和预算，执行风险经理/项目经理批准的风险应对计划；
- 负责与风险协调员协作完成风险再评估和应对审查。

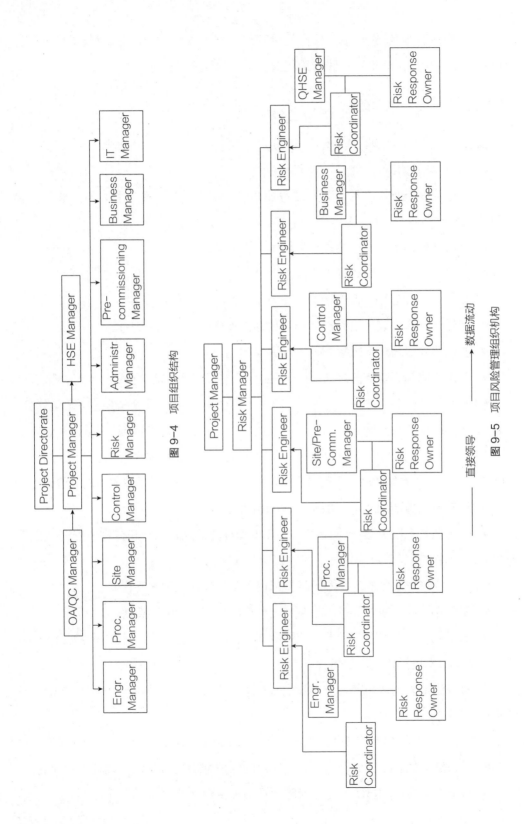

图 9-4 项目组织结构

图 9-5 项目风险管理组织机构

9.2.7.5 项目主任/经理（Project Director/Manager）
- 在进度、成本、规范和项目程序上来指导和控制整个项目的风险管理计划和程序；
- 监控所有专业部门在整个项目生命周期内发生的项目风险活动；
- 使技术和业务决策适合项目风险管理；
- 确保项目风险管理计划和程序得以成功执行；
- 向业主和利益相关者报告，或与之交流影响项目的任何潜在或实际风险。

9.2.7.6 职能部门负责人/经理（Functional Director/Manager）
- 完全承担其负责的部门中所有应该被识别、评估和管理风险的任务；
- 确保其部门中风险管理计划和程序的执行，包括：识别新风险，评估风险发生概率和影响，制定风险应对计划，定期更新历史风险，审查项目风险管理报告；
- 确保风险应对计划在重大风险发生时及时提交给风险经理；
- 确保分配给其部门的风险应对计划工作得以顺利落实；
- 将适当的人员指派为风险协调员，其最好拥有风险管理的相关知识、时间进度和成本控制方面的经验以及良好的沟通能力。

9.2.7.7 项目控制经理（Project Control Manager）
- 运用Primavera Risk Analysis来准备项目进度计划；
- 在合适的时候管理风险对项目控制工序的影响，如关键路径分析、趋势分析；
- 在需要的时候更新进度表，从而反映由于风险应对而产生的进度变更；
- 承担专业部门负责人/经理的职责。

9.2.8 项目风险管理流程

9.2.8.1 风险管理流程图
A项目风险管理过程主要包括，但不限于，风险管理计划、风险识别、风险定性分析、风险定量分析、风险应对计划和风险监制。图9-6中显示的风险评估过程的细节如下：

- 风险识别（Risk identification）：首先，项目成员的简要讨论和对项目先前情况、需求的回顾，识别威胁和机会，在任务流网络中制定风险ID，之后采访风险责任人，最后形成风

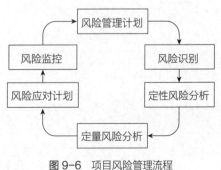

图9-6 项目风险管理流程

险登记册，德尔菲法在这个过程中被广泛使用；

● 定性风险分析（Qualitative risk analysis）：首先，评估已识别风险的发生概率，以及如果风险确实发生，对项目目标的相应影响；然后，通过P-I矩阵中风险出现的概率和风险影响的乘积来评估已识别风险的优先级；

● 定量风险分析（Quantitative risk analysis）：首先选择最高的项目风险，然后通过蒙特卡洛模拟，分析已识别风险对整体项目目标的影响，并评估在给定的项目风险情况下实现进度目标的概率；

● 风险应对（Risk response）：制定备选方案，确定减少项目目标威胁和增加项目目标机会的行动，以及在必要时将资源和活动纳入预算、进度表和项目管理计划；

● 风险监控（Risk monitoring & control）：对预先建立的项目风险管理计划的监测和控制过程，检查策略和程序的实施，审查和评估风险应对措施，以便按进度、成本和范围进行适用的修改。

9.2.8.2 项目风险评估

（1）工作流程图（图9-7）

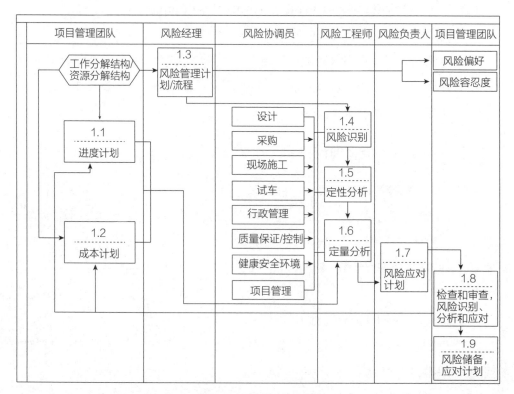

图9-7 风险管理流程图

（2）流程说明（表9-1）

风险管理流程图说明　　　　　　　　　　　　　　表 9-1

NO.	S.N.	说明
1	1.1 1.2	项目控制应以项目的工作分解结构作为定量风险分析的基础，准备并提供具有逻辑的二级进度计划
2	1.3	风险管理者应制定并实施风险管理计划和程序并将其作为重要交付物，包括如下模块：风险组织，风险登记册，二级项目进度，活动持续时间的三点估计值，风险定性和定量分析，风险应对和风险监控
3	1.4	风险工程师应在识别新风险事件时查阅历史风险登记册，并在新的风险登记册中填写新识别风险的基本信息
4	1.5	风险工程师应根据给定的风险评估标准，从概率、成本和进度的角度考虑风险对整个项目的影响，并以"非常高，高，中，低，极低"来定性评估已识别的风险事件，选择项目最高风险进行深入的风险定量分析
5	1.6	风险协调员应收集并向风险工程师提供来自职能部门的风险定量分析（Quantitative Risk Analysis）数据，用于进行项目进度风险分析，QRA数据应通过三点估计反映和描述风险对WBS活动的影响
6	1.7	风险责任人负责执行风险应对策略和根据风险工程师完成的风险优先级成果来处理风险，包括威胁、机会
7	1.8 1.9	项目进度风险定量分析报告应由PMT负责报告、检查和批准，同时高度重视检查工期储备是否充足，并确定如何针对高、中级风险制定风险应对计划

（3）频率和期间

承包商的项目风险管理的频率和期间将严格按照业主对于A项目的每项要求来执行，如图9-8所示。

	详细设计阶段	采购阶段	施工阶段
项目风险管理计划	在第一次风险研讨会之前		
项目风险管理程序	在第一次风险研讨会之前		
项目风险评估研讨会	开工会后的8周之内	完成10%的项目时	
进度定量分析及报告	作为第一次风险研讨会的交付物		
项目风险分析报告	作为第一次风险研讨会的交付物		
项目风险监控	在详细设计阶段要每月更新风险登记册	在采购阶段要每月更新风险登记册	在施工阶段要每月更新风险登记册
项目管理报告	月度状况报告		

图 9-8　频率和期间要求

承包商将负责执行并每个月在风险状况会议上向业主提交项目风险报告。承包商将与业主进行为期三天的风险研讨会，第一次风险研讨会将在开工会后的8周内举行，第二次则在施工完成10%时进行。

（4）项目风险识别

来自业主的参与者包括：

- 计划工程师（Planning Engineer）；
- 专业工程师（Discipline Engineer）；
- 分支机构运营代表（Affiliate Operations Representative）；
- 风险代表（RM Representative）。

和有关承包商人员：

- 项目经理（Project Manager）；
- 风险经理/工程师（Risk Manager/Engineer）；
- 专业经理/工程师（Discipline Manager/Engineer）；
- 采购经理/工程师（Procurement Manager/Engineer）；
- 现场施工经理/工程师（Site Manager/Engineer）；
- 试车经理/工程师（Pre-Commissioning Manager/Engineer）；
- 控制经理/工程师（Control Manager/Engineer）；
- 造价工程师（Cost Engineer）；
- 计划工程师（Plan Engineer）；
- 行政经理/工程师（Administrative Manager/Engineer）；
- 质量保证/质量控制经理/工程师（QA/QC Manager/Engineer）；
- 健康，安全和环境经理/工程师（Health，Safetyand Environment Manager/Engineer）。

参与风险研讨会，根据批准的方法来识别风险事件，方法包括但不限于头脑风暴法（Brainstorming）、专家判断（Expert Judgment）、经验教训（Lessons Learned）、历史风险清单（Historical Risk Checklist），以及业主批准的在类似或之前项目中使用过的方法。

该项目识别的风险包括设计、采购、施工、商务、项目控制和项目管理方面的风险，在项目开始前由业主检查并批准：

- 设计风险：业主/PMC、专利许可方、基础设计分包商、详细设计分包商、供应商响应、设计管理；

- 采购风险：询价、接收报价、技术评估、商务评估、供应商选择、申请、制造、监督和检查、交付、海关清关、采购管理；
- 施工风险：设计文件交付、设备交付到达、仓库、分包商、现场管理、气候条件、HSE、预试车；
- 商务风险：项目交付模式、保函、发票、合同；
- 项目控制风险：成本控制、进度控制、材料控制；
- 项目管理风险：资源配置、沟通与协调、项目团队管理、未知风险。

之后，应交付的成果包括风险分解结构和风险登记册。

（5）风险分解结构（表9-2）

项目风险分解结构 表9-2

风险类别	一级风险类别	二级风险类别
项目风险管理	设计	客户/PMC
		许可方
		基础设计分包商
		详细设计分包商
		供应商响应
		设计管理
	采购	询价
		接收报价
		技术评估
		商务评估
		供应商选择
		申请
		制造
		监督和检查
		交付
		海关清关
		采购管理

续表

风险类别	一级风险类别	二级风险类别
项目风险管理	施工	现场条件
		设计文件交付
		交付到达
		仓库
		分包商
		现场管理
		气候
		HSE
		预试车
	商业	项目交付模式
		保函
		发票
		合同
	项目控制	成本控制
		进度控制
		材料控制
	项目管理	资源配置
		沟通与协调
		项目团队管理
		未知风险
外部风险	政治经济	政治经济的不确定性
	社会文化	宗教、风俗等
	法律和政策	法律法规、与项目相关的政策
	技术	技术要求、进步和更新

（6）风险分解结构（表9-3）

项目风险登记册

表9-3

风险ID	风险SN	风险识别日期	风险事件名称	风险类型(机会/威胁)	风险描述	风险归类	原因	结果	影响目标	受到影响的任务ID	触发时间	事前管控							应对			事后管控							项目阶段
												定性			定量						定性			定量			
												概率(P)	工期影响(I)	成本影响(I)	得分(P·I)	可能性	最小值	最可能值	最大值	应对计划	风险应对负责人	应对成本	概率(P)	工期影响(I)	成本影响(I)	得分(P·I)	可能性	最小值	最可能值	最大值	

9.2.8.3 项目风险定性分析

承包商将从风险发生的概率、（如果风险确实发生）对项目成本和进度的相应影响以及其他因素（如时间框架，以及项目成本约束、进度、范围和质量的风险承受力等）等角度来评估已识别风险的优先级。

定性风险分析是通过分析风险评分，即风险的发生概率和影响的乘积来确定深入分析或行动的风险优先级的过程。关注高优先级的风险可以改善项目的绩效。

在进行定性风险分析之前，概率G影响矩阵（P-I Matrix）由PMT和业主同意并批准。根据图9-9中给出的P-I矩阵，风险评分被分级为低、中或高优先级，分别以绿色、黄色和红色表现。

将极低到极高的概率表示为1、2、3、4和5，从极低到极高的影响表示为1、2、4、8和16，从而计算概率和影响的评分值（在项目开始前由公司检查和批准）。风险评分高于32的为高风险；风险评分低于12的为低风险，而评分在13和31之间的为中风险（在项目开始前由公司内部检查和批准）。

（1）项目风险评估概率标准（表9-4）

项目风险概率标准　　　　　　　　　　　　　表9-4

等级	概率	等级	概率
极高	>70%	低	>10%
高	>50%	极低	<10%
中等	>30%		

（2）项目风险评估影响标准（表9-5）

项目风险影响标准[1]　　　　　　　　　　　　表9-5

等级	影响			
	威胁		机会	
	时间	成本	时间	成本
极高	>21天	> $1,000,000	>42天	> $1,500,000
高	>13天	> $600,000	>26天	> $1,000,000
中等	>6天	> $300,000	>12天	> $500,000
低	>1天	> $100,000	>2天	> $200,000
极低	<1天	< $100,000	<2天	< $200,000

---

❶ 此表格仅仅为示例，并不反映该项目真正的影响范围。

（3）项目风险评估P-I矩阵标准（表9-6）

风险 P-I 矩阵　　　　　　　　　　　　　　　表9-6

概率 \ 影响			很低 1	低 2	中 4	高 8	很高 16
概率	很高	5	5	10	20	40	80
	高	4	4	8	16	32	64
	中	3	3	6	12	24	48
	低	2	2	4	8	16	32
	很低	1	1	2	4	8	16

9.2.8.4 项目风险定量分析

承包商将遵循项目执行指南的进度要求，准备二级项目进度表，并仅对最高级别项目风险进行定量风险分析。风险定量分析应根据现有项目进度计划（必须使用二级项目进度更新）来评估完成进度表中预期目标的概率。

详细过程（图9-9）描述如下：

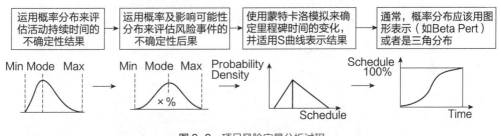

图9-9　项目风险定量分析过程

（1）输入

● 检查进度表，以审查任务的持续时间、依赖性及其关联关系。

● 使用三点值（乐观、最可能、悲观）估计的概率分布来定义关键路径活动持续时间的不确定性。一般来说，使用Betapert或三角分布来定义概率分布，以进一步考虑活动或风险事件之间的相关性。

● 拟定替代方案：需要同时考虑概率和影响概率分布估计的不确定效果的输入值。

（2）运行

基于蒙特卡洛模拟技术，对100~150个活动运行软件Pert Master1000和1500次，以确定完成项目的最可能日期，并通过敏感性分析确定影响进度估计的活动。

（3）输出

进度的概率分布（样本）如图9-10～图9-13所示。

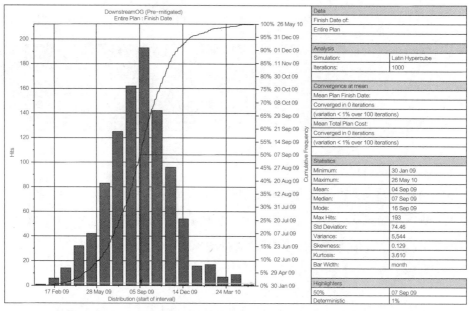

图9-10　进度概率分布（应对前）

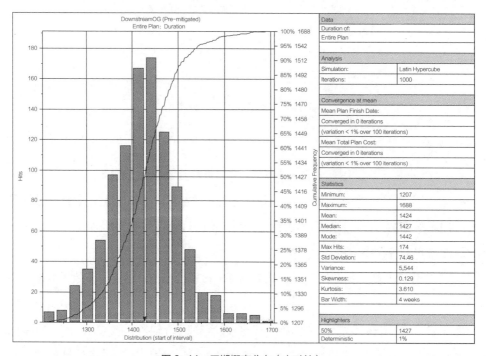

图9-11　工期概率分布（应对前）

第9章　EPC工程风险评估实践：以炼化工程项目为例

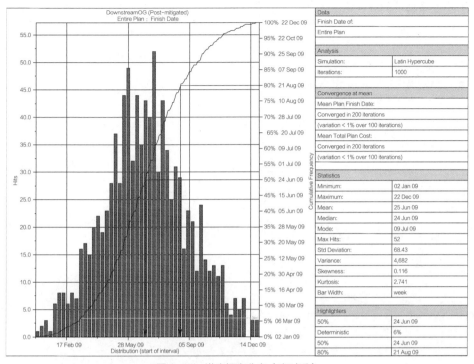

图 9-12　进度概率分布（应对后）

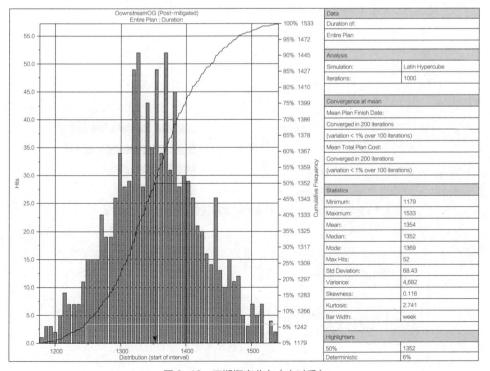

图 9-13　工期概率分布（应对后）

（4）进度风险S曲线（样本）（图9-14）

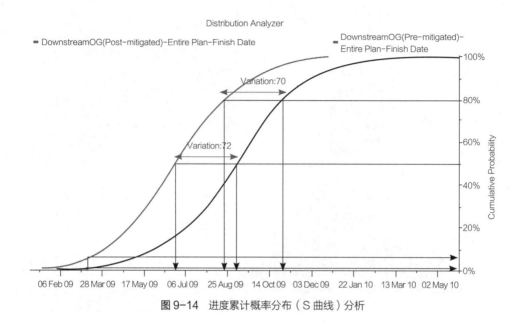

图9-14　进度累计概率分布（S曲线）分析

（5）敏感性分析（样本）（图9-15、图9-16）

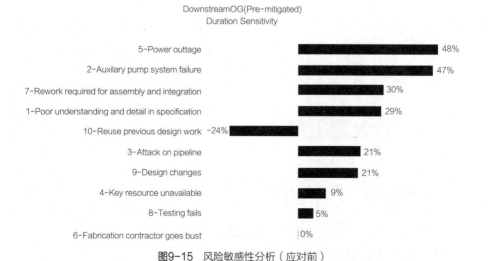

图9-15　风险敏感性分析（应对前）

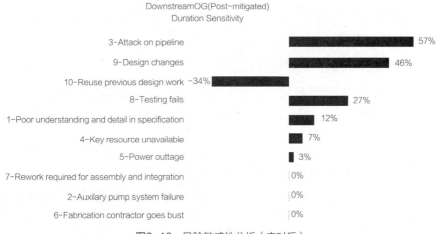

图9-16 风险敏感性分析（应对后）

9.2.8.5 项目风险应对计划

在项目风险评估后，承包商将根据风险的严重程度或风险的定性排序制定合理的风险应对方案，以防止风险发生或将风险影响限制在可接受的水平。通过将风险应对成本和风险应对后形成的收益进行比较，选择合适的风险应对方式。一旦选择了适当的风险应对措施，风险责任人和资源将被纳入预算、进度和计划中，形成对应的映射关系。

在风险应对阶段执行的关键措施包括：

- 评估所有合适的应对策略；
- 选择合适的风险应对计划策略或策略组合；
- 执行行动项目以支持所选的应对计划；
- 与指定的风险责任人核实应执行的行动，包括执行的日期；
- 核实风险应对目标和收益；
- 如果预期行动价值增益为正，则更新项目进度或预算；
- 识别风险应对可能产生的任何次要威胁或机会。

总体上讲，对于威胁型风险有四种管控方案：

- 规避-包含消除概率或影响，可以通过澄清需求，获取专业知识或改变项目管理计划来实现；
- 减轻-包含减少关键驱动因素，以减少概率和/或影响；
- 转移-包含将威胁转移给更能承受的第三方，可以通过保险或合同转让（通过赔偿，排除或保留无害条款）；

● 自留并预留风险储备-不采取主动行动，因为成本超过利益，或已有足够的风险储备来保护项目目标。

此外，机会型风险的四种管控方案：

● 开发，包含保证机会出现的行为（例如更改规范、范围或供应商）；

● 共享，包含与第三方共享风险并更好地管理风险（可以应用盈亏平衡分析公式）；

● 加强，包含增加主要风险驱动因素的概率和/或影响；

● 接受，不采取主动行动，因为成本超过利益，或已有足够的风险储备金来保护项目目标。

详情如表9-7和表9-8所示。

风险应对计划　　　　　　　　　　　　　　表9-7

风险（威胁）		概率	
		高	低
影响	高	规避/避免	规避/转移
	低	规避/接受	接受

风险（机会）		概率	
		高	低
影响	高	接受	增强/开发
	低	增强/共享	增强/接受

风险应对计划登记册　　　　　　　　　　　表9-8

风险ID	风险SN	风险名称	风险归类	风险类型（机会/威胁）	概率	影响	得分	风险应对计划	应对成本	风险责任人行动	截止日期

9.2.9 项目风险监测与控制

承包商将通过更新项目风险登记册来对项目进行月度监控,并努力将项目监控作为项目管理的一个组成部分。

承包商将执行每月的风险状况会议(风险监控):

- 对新出现的风险进行识别、分析和机会;
- 跟踪已识别的风险以及已经记录在项目风险登记册上的风险;
- 重新分析现有风险;
- 审查风险应对的执行情况,同时评估其有效性。

项目风险登记的更新过程主要包括:

- 确认是否遵守了适当的风险管理策略和程序;
- 识别、分析和规划新出现的风险;
- 跟踪已识别的风险和登记表上的风险;
- 重新分析现有风险;
- 审查风险应对的执行情况,同时评估其有效性;
- 确定是否应根据项目的风险修改进度的风险储备。

承包商将负责监控预先建立的项目风险管理计划的流程,检查策略和程序的履行情况,审查和评估风险应对措施,以便在进度、成本和范围方面进行适用的修改。细节主要包括但不限于如下措施:

- 在项目执行中持续采取管控措施;
- 每月监测每个风险的状态;
- 如有必要,更新管控措施;
- 月度报告(表9-9)。

风险监控登记册 表9-9

风险ID	风险名称	影响的关键活动	应对方式	风险状态	执行责任人	风险监督	风险监督日期

9.2.10 项目风险管理报告

承包商将每月为业主准备和展示项目风险管理报告,此外,还会在第一次风险研讨会、8周的启动会议以及公司要求的10%的建设结束时,完成进度定量风险分析和报告,以便能与PMT就潜在风险及其对项目目标和目标的可实现性的影响进行沟通。

报告将提供有关项目执行期的现有风险和新发现风险以及相应的管控措施和成本的更新信息。每月的项目风险管理报告将主要包括:

- 项目风险登记状态;
- 风险优先级列表;
- 风险应对计划。

进度定量风险分析和报告将主要包括:

- 项目进度风险储备分析;
- 进度风险S曲线分析;
- 敏感性分析。

9.2.10.1 项目风险登记状态(表9-10)

项目风险状态　　　　　　　　　　　　　　　　　表9-10

		高-高风险	高风险	中等风险	低风险	总风险
前期风险分析	风险总体评估(前期)					
更新	关闭的风险					
	新发现的风险					
更新风险分析	总体风险评估(当前)					

9.2.10.2 项目风险管理报告详细概要(项目开始前由业主检查和批准)

1. 范围
2. 风险状况汇总

3. 定性分析

3.1 风险优先级

3.2 风险优先级的细节

4. 定量分析

4.1 进度的概率分布

4.1.1 应对前的概率分布

4.1.2 应对后的概率分布

4.2 进度风险S曲线

4.3 敏感性分析

4.3.1 风险敏感性分析

4.3.2 工期关键性分析

5. 高-中等级风险的规避计划

6. 附件

6.1 风险登记

6.2 风险规避行动计划

9.3 投标报价和执行阶段风险量化评估

9.3.1 A项目投标报价阶段风险储备金的测算

一直以来，炼化工程领域习惯用固定费率的方法估算投资项目的不可预见费，也就是在基准成本（不含预备费的估算值）的基础上增加一定的额度，以作为项目的风险储备，但这样得到的投资额不能确切地反映具体项目的风险状态。应用风险分析的方法确定工程项目报价风险，并在此基础上通过蒙特卡罗模拟的方法计算风险储备金，较一般采用的固定费率估算风险储备金的方法更加科学、合理和可靠。尤其在项目前期的投标报价阶段，有助于为业主和投标者之间进行有效的风险分担和确定更加可行合理的投标价。其具体过程可以分为以下五个步骤：

9.3.1.1 项目基准成本的估算

估算不含预备费的项目费用，该费用应被分解到CBS（Cost Breakdown Structure，费用分解结构）的专业级，如静设备、管道、电气、仪表等。

9.3.1.2 识别项目可能面临的风险

识别项目所面临的全部风险，并确保各个风险事件之间、风险的影响独立。本案例风险分解结构与表9-2相似，在此不再重复。

9.3.1.3 评估风险

评估风险事件发生的可能性以及风险事件对各专业费用的影响，确定影响区间的概率分布类型，一般采用的概率分布类型为三角分布。

9.3.1.4 模拟运算

通过蒙特卡罗模拟运算获得项目基准成本的概率分布及累计概率分布。在此需要详细描述一下蒙特卡罗模拟基本原理。

蒙特卡罗模拟方法，是一种随机模拟数学的方法。该方法用来分析评估风险发生可能性、风险的成因、风险造成的损失或带来的机会等变量在未来变化的概率分布。主要包括几个步骤：（1）对每一项活动，输入最小、最大和最可能估计数据，并为其选择一种合适的先验分布模型，在经济系统中常用的概率分布为均匀分布、正态分布、贝塔分布与正态分布等；（2）计算机根据上述输入，利用给定的某种规则，快速实施充分大量的随机抽样；（3）对随机抽样的数据进行必要的数学计算，求出结果；（4）对求出的结果进行统计学处理，求出最小值、最大值，以及数学期望值和单位标准偏差；（5）根据求得的统计学处理数据，让计算机自动生成概率分布曲线和累积概率曲线（通常是基于正态分布的概率累积S曲线）；（6）依据累积概率曲线对指标的统计特征进行分析。该方法的优点是使用计算机模拟项目的自然过程，比历史模拟方法成本低、效率高，结果相对精确；可以处理多个因素非线性、大幅波动的不确定性，并把这种不确定性的影响以概率分布形式表示出来，克服了敏感性分析的局限性。其缺点是依赖于特定的随机过程和选择的历史数据，不能反映风险因素之间的相互关系，需要有可靠的模型支持，否则容易导致错误。

9.3.1.5 预备费的确定

通过上述第四步，以不含预备费的基准成本费用分解结构作为基础，通过加载具体的风险事件，模拟分析项目在此基准成本下完成的概率，以及在一定的置信度下所需的预算水平。一定置信度下的预算水平与基准成本之间的差值即为项目风险储备金。

报价阶段，A项目管理高层确定的风险置信度是80%，在此置信概率下，模拟出的费用估算值是325亿欧元，即该项目由于风险影响带来的费用超过325亿欧元的概率为20%，或者说有80%的把握判断该项目费用能够控制在325亿欧元以内。对照基准成本284亿欧元，考虑风险以及适当的风险应对后，报价调整为325亿欧元，风险储备占基准成本的145%（图9-17）。

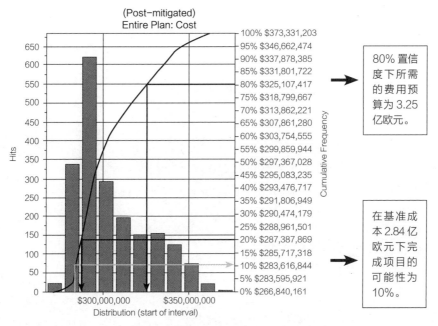

图9-17　成本分布曲线（应对后）

9.3.1.6　敏感性分析

从风险敏感度排序的相对关系来看（图9-18），"商品价格的异常波动及货源不足"是项目面临的最主要风险，其敏感度系数为84%；其次为"制裁/禁运带来的供货风险"、"基础设计信息不完全造成的设计偏差"、"承包商不能及时对供货商开出信用证"以及"业主延迟付款带来的现金流风险"等，敏感度系数均在10%~12%之间。据此，"商品价格的异常波动以及货源不足"需在合同谈判过程中和业主充分沟通，通过调价公式将部分涨价风险转移给业主，不能转移部分在报价中体现。合同执行过程中，若能选择合适的时机下订单购买，合理监控该风险，威胁可转变为项目盈利。

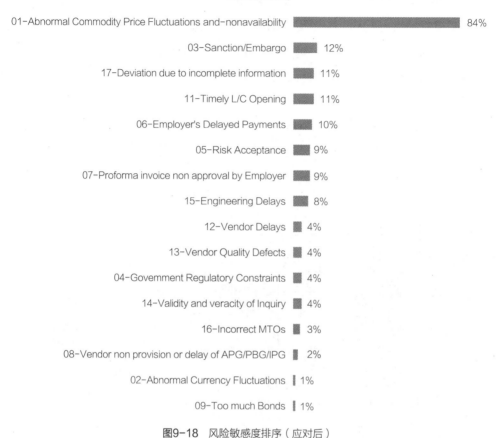

图9-18 风险敏感度排序（应对后）

9.3.1.7 A项目本阶段的风险储备金的调整和分解

A项目合同生效以后，项目组对项目面临的风险进行了重新评估，确定了控制估算和风险储备金，并将风险储备金进一步分解到专业和风险项下。风险再评估时主要考虑如下因素：

- 部分风险已经通过合同谈判转移给业主或规避；
- 项目面临的国际政治、经济形势与投标报价阶段相比发生了一些变化；
- 投标报价阶段未考虑到的采购与施工界面之间的风险。

经过再评估与定量分析，项目风险储备金调整为997万欧元（项目策划与执行阶段，置信度提高到90%）（图9-19）。

风险储备分解如表9-11和表9-12所示。

按专业分解的风险储备金　　　　　　　　　　表 9-11

费用编码	专业	风险储备	比例
A2.P	采购	€9,978,844	100.00%
A2.P.1	大宗材料	€3,492,378	35.00%
A2.P.1.EL	电气/通讯	€384,137	3.85%
A2.P.1.ST	钢结构	€454,852	4.56%
A2.P.1.PI	配管	€1,776,375	17.80%
A2.P.1.SF	安全消防	€49,235	0.49%
A2.P.1.IN	仪表	€489,636	4.91%
A2.P.1.IS	绝缘	€171,832	1.72%
A2.P.1.PA	防腐	€153,803	1.54%
A2.P.1.HV	暖通	€12,509	0.13%
A2.P.2	带位号设备	€5,684,196	56.96%
A2.P.2.ME	静设备	€3,724,977	37.33%
A2.P.2.HE	换热设备	€528,238	5.29%
A2.P.2.IN	仪表	€65,398	0.66%
A2.P.2.EL	电气/通讯	€246,148	2.47%
A2.P.2.PM	工艺设备	€1,119,435	11.22%
A2.P.3	运费	€802,269	8.04%
A2.P.3.FR	运费	€802,269	8.04%

按风险分解的风险储备金　　　　　　　　　　表 9-12

风险编码	风险名称	风险储备金	比例
PD.E.C.001	商品价格的异常波动及货源不足	€461,524	4.63%
PD.E.C.002	汇率异常波动	€4,578,379	45.88%
PD.E.C.003	制裁/禁运带来的供货风险	€1,465,288	14.68%
PD.I.C.001	风险接受	€2,222,231	22.27%
PC.E.C.001	供货商对询价不响应	€145,493	1.46%
PC.E.C.002	供货商供货延误	€207,598	2.08%
PC.E.C.003	供货商质量瑕疵	€124,971	1.25%

续表

风险编码	风险名称	风险储备金	比例
PC.E.C.004	催交、检验、运输和清关等后勤问题	€ 209,180	2.10%
PC.E.C.005	卸货延误和货品损坏	€ 267,086	2.68%
PC.E.C.006	供货商不能或延迟开出APG/PBG/IPG	€ 102,639	1.03%
PC.I.C.001	询价资料的准确性和完整性	€ 194,454	1.95%
合计		€ 9,978,844	100.00%

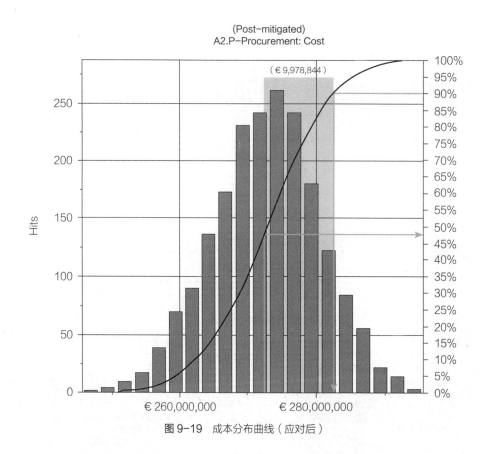

图9-19 成本分布曲线（应对后）

风险储备金在专业和风险上的分解为项目执行阶段的风险管理和费用控制提供了细化管理的平台，项目执行过程中，通过监控风险储备金的消耗达到控制项目成本的目的，在一定程度上提高了项目组应对风险的压力，对项目管理具有积极的意义。

9.3.2 项目执行阶段进度风险量化评估

9.3.2.1 风险分解结构

延续报价阶段的风险清单，A项目风险分解结构分解如下，主要反映EPC承包商的风险来源，具备内容如下：

（1）内部风险

- 技术风险——未经检验或者复杂的技术、技术规范或行业标准风险；
- 项目管理风险——项目执行、项目计划和控制、项目协调以及工作范围冲突风险；
- 资源风险——人力、材料、机械设备资源配置风险；
- 商务风险——商务、财务运作风险以及合同风险；
- 组织风险——沟通、文化以及组织结构适应性风险。

（2）外部风险

- 业主风险——业主责任与承诺、业主偏好以及业主项目管理和执行能力风险；
- 外部环境风险——不可抗力风险、恶劣天气、政治经济事件、供货商、分包商、专利商、设备材料运输风险等。

9.3.2.2 风险偏好

风险偏好反映项目对风险的基本态度，通常用风险概率-影响矩阵表示。概率和影响是风险的两个量纲，概率即风险发生的可能性，影响是风险一旦发生对项目目标产生的后果。以下为B项目风险管理使用的概率和影响评估标准：

（1）风险评估标准（表9-13～表9-15）

风险可能性标准　　　　　表9-13

描述	发生可能性
很高	>70%
高	50%～70%
中	30%～50%
低	10%～30%
很低	<10%

威胁风险影响程度标准　　　　　　　　　　表 9-14

描述	影响（威胁风险）	
	进度影响	费用影响
很高	>45天	>€1,000,000
高	>30天	>€600,000
中	>20天	>€300,000
低	>10天	>€100,000
很低	<10天	<€100,000

机会风险影响程度标准　　　　　　　　　　表 9-15

描述	影响（机会风险）	
	进度影响	费用影响
很高	>60天	>€1,500,000
高	>45天	>€1,000,000
中	>30天	>€500,000
低	>15天	>€200,000
很低	<15天	<€200,000

（2）风险概率-影响（P-I）矩阵

风险概率-影响矩阵将概率与影响两个标度结合起来，以此为依据建立对具体风险事件进行评定的等级（低、中、高）标准，评估每项风险的重要性及紧迫程度。定性评估为高等级的风险需要作进一步分析，包括量化以及积极的风险应对。

图9-20为A项目的P-I矩阵，高风险区域、中风险区域以及低风险区域，由项目决策层根据概率与影响结果组合后确定。

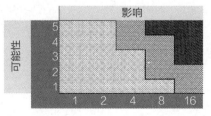

图9-20　风险等级区域图

9.3.2.3 进度风险量化评估

项目执行阶段定量风险分析采用蒙特卡洛（Monte Carlo）模拟技术，将各项不确定性换算为对整个项目进度目标产生的潜在影响。模拟时，根据每项变量的概率分布函数（如最小值、最可能值、最大值的三角/点连续分布），任意选取随机数，经过多次叠加，计算工期目标的实现概率，以及既定置信度下的项目工期。

（1）项目工期的概率分布

以采取应对措施后的分析结果为例，65%置信度下，A项目21单元剩余工期预计为437天。

图9-21中的横轴代表项目剩余工期；左纵轴是以次数表示的概率分布；右纵轴代表累计概率分布（置信度）及相应累计概率分布下的工期。每个柱状图表示在选定次数（本例为1000次）的模拟计算结果中，有多少次（概率，对应左纵轴）落在横轴的剩余工期区间。柱状图累加即得到累计概率分布曲线，从中可以看出不同置信度下的工期以及既定工期的实现概率，既定置信度下的工期与既定工期之间的差值即为预计的延期。

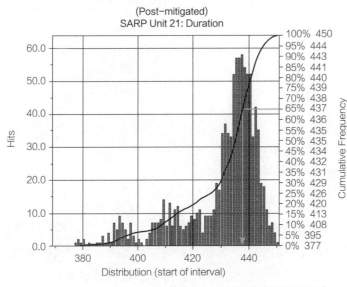

图9-21　进度分布曲线（应对后）

（2）敏感性分析

对风险以及风险影响的活动进行敏感性排序（图9-22、图9-23），确定需要优先考虑的风险和活动，帮助决策者有重点的采取应对措施。

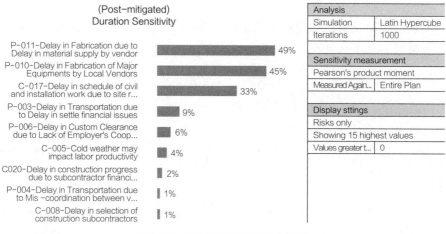

图 9-22 风险敏感性排序（应对后）

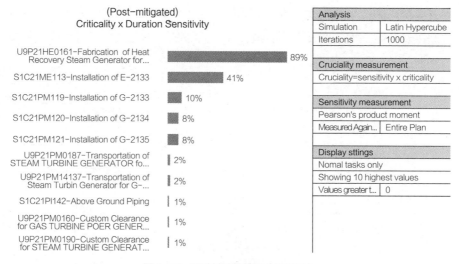

图 9-23 活动敏感性排序（应对后）

量化分析的敏感性排序与定性分析风险排序不同之处在于：一是，对于进度风险，定量分析能够排除浮时对总工期的影响，筛选出影响项目最终目标的关键风险，确保对关键风险的重点管理；二是，无论是对于进度目标还是费用目标，定量分析能够结合风险和被影响的活动，并考虑其关键性，对影响项目费用目标的费用项和进度目标的活动进行筛选、排序，确保对关键活动的重点管理。

- 影响关键活动的关键风险的敏感性排序

对影响项目目标的关键活动的关键风险进行排序如图 9-24 所示。

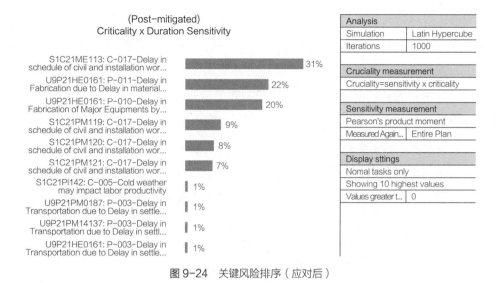

图 9-24　关键风险排序（应对后）

通过以上三个纬度的敏感性分析，确定需要特别关注的风险和活动，以集中项目资源对这些风险和活动采取应对措施，降低风险发生的可能性和（或）对项目目标的影响，从而达到以最少资源获得对未来不确定事件进行最大化收益管理的目的。

9.4　总结与展望

本章按照EPC项目生命周期阶段，重点阐述了投标报价和项目执行两个阶段的风险量化评估。在报价阶段涉及业主招标要求与承包商的响应，一旦授标，承包商将会严格按照投标阶段的风险管理计划推动风险评估。因此，在报价阶段，以价格控制为主要目标，案例详细分析了报价阶段的风险储备确定，并提供了业主和承包商针对风险管理实施的程序文件；在执行阶段，控制进度风险成为业主和承包商共同关心的议题，因而本章重点分析了本阶段的进度风险量化评估过程，有效地实现项目全生命周期阶段以费用和进度为主要控制目标的量化风险，为项目顺利推进和盈利提供了更多有价值的信息支持。

即使这样，本章仍存在不足，主要体现在：1）没有实现项目进度和费用集成的风险量化评估，虽然P6软件能够轻松实现资源加载的进度计划编制，但并没有在中

国承包商项目执行最佳实践中普及,因此,在缺乏资源加载的进度计划前提下,进度和费用集成风险分析是很难实现的。2)作为报价估算中较难确定的两个指标-汇率和涨价,虽然有很多研究,但并没有较好地体现这两个指标受到外部因素影响的不确定性特征,尚需更多的研究和实践来构建有效的量化模型。3)最后,在人工智能和大数据爆炸的新时代,工程总承包项目也逐渐体现出结构复杂、规模巨大、工期较长的特征,这类项目所受到的风险影响错综复杂,很难用定性分析或简单的蒙特卡罗模拟进行分析,如何利用大数据、网络关系、数据挖掘等新兴技术发现这些项目的复杂性和混沌特征,通过机器学习和深度学习,实现风险智能评估等,这些必将成为新时代的研究热点。

本章作者:金峰

金峰,男,中石化炼化工程集团国际项目风险管理负责人。中国矿业大学(北京)技术经济及管理硕士,美国工程造价协会(AACE)会员,注册建造师,国际项目经理(IPMP),中国人力资源和社会保障部教育培训中心特聘专家讲师。近十年来从事国际项目风险管理、市场开发、投标报价与战略研究等实践工作。擅长项目风险管理、项目投资和并购、投标报价、战略规划等专业技能。在国内外期刊发表学术论文数十篇,并在国际学术会议上多次学术演讲。